사람을 보면
안전이 보인다

이성호 지음

박영사

프롤로그

만사(10004)OK 유쾌한 변화 이야기

필자는 공장을 대표하는 공장장이다. 또한, 공장 안전보건 총괄책임자다. 중대사고 발생 시 산·안·법이나 중대재해처벌법 처벌대상 0순위이자 그에 따른 책임을 져야 하는 자리다. 그래서 안전과 무사고에 대한 미션이 절대적이다. 부임 후 전체 업무의 40% 이상을 안전사고 예방과 안전의식 변화 활동에 집중하고 있다. 매일 두 차례 현장을 방문해서 주요 위험시설을 점검하고 확인한다. 일상적인 안전사고 예방과 안전문화 변화 활동에 가장 큰 관심을 가지며 현장과 위험을 소통하고 안전한 작업 현장을 만들기 위해 많은 시간을 보낸다.

퇴근 후에도 자유롭지 못하다. 스마트폰 음량을 높인 채 항상 바로 옆에 둔다. 즉각적인 비상 연락과 대응지시를 하기 위해서다. 잠이 들 때도 마찬가지다. 다음날 아침 특별한 상황이 없으면 지난밤 무탈함에 감사하며 하루를 시작하는 생활의 연속이다. 이것이 산업현장 최일선 총괄책임자로 근무하고 있는 사람들의 현주소이자 애환이다. 업종에 따라 다소 차이는 있겠지만 현장 책임자로 있는 사람의 일상은 거의 유사할 것이다.

이 책은 안전을 생각하고 안전을 지키기 위해 지금도 산업현장에서 고군분투하고 있는 현장 리더들과 안전담당자들을 위해 만들었다. 또한, 내년부터 시행예정인 '중대재해처벌법'과 관련하여, 당면한 과제를 해결하기 위해 고심하고 있는 조직이나 기업 총괄책임자들에게도 도움이 될 수 있다. 이 책에서 보여주는 '만사(10004) OK' 안전경영 활동 과정과 실행 사례를 통해 그에 대한 아이디어를 구할 수 있을 것이다.

공장 총괄책임자라는 의미는?

2018년 말, 청주공장 총괄공장장으로 발령을 받았다. 총괄책임자로서 부임은 기뻤지만 새로 부여된 임무는 큰 부담이었다. 2000년부터 10여 년간 본사에서 인사·총무팀장, 인사팀장, 총무팀장 역할을 맡아 수행했다. 2012년 공장으로 이동해서 청주공장 지원부문장, 울산공장 HR부문장 직책을 맡아 공장 공통지원 업무를 경험했다. 본사 근무 12년을 제외한 20여 년간의 공장근무로 인하여 공장의 전반적 운영이나 주요 현안에 대해서는 낯설지 않았다. 하지만 총괄책임자로서 역할 수행은 처음이고 포지션 특성상, 사고 발생 시 책임자로서 감당해야 하는 엄청난 심리적 압박과 책임감은 더욱 긴장감을 가지게 할 수밖에 없었다.

제조공장 책임자로서 챙겨야 할 일은 다양하다. 생산성, 품질,

Cost, 납기, 안전, 노사관계 등 시시각각으로 발생하는 문제를 의사결정하고 대외 이슈에 즉각 대응해야 한다. 동시에 계획된 경영목표도 달성해야 한다. 특히, 안전·환경 문제에 있어서 공장 총괄책임자는 매일 매일 기도하는 심정으로 하루를 보낸다. 공장장 근무 경험이 있거나 지금 현직에 있는 대한민국의 현장 총괄책임자라면 이 사실에 적극적으로 공감할 것이다.

'安全第一'이 '安全第五'가 되는 이유?

'안전제일'이라는 절대가치가 현장에서는 작동되지 않는 경우가 많다. 본사나 사업부로부터 목표달성에 대한 압박이 점차 커지면 공장은 '안전제일'에서 '생산제일'로 바뀐다. 작업자도 마찬가지다. 쉽고 편리한 방법을 선호하는 인간의 본질적 속성 때문에 자주 위험에 노출된다. 더군다나 숙련도 높은 베테랑 사원조차도 자신의 경험을 과신해서 어이없는 사고를 일으킨다. 이것이 제조현장의 불편한 진실이고 현장 안전의 해묵은 숙제다.

총괄공장장 부임 후 안전 환경에서 가장 중요한 해결과제가 무엇인가를 생각했다. 상황에 따라 '안전제일(一)'이 '안전제오(五)'로 바뀌고, 기본과 원칙이 준수되지 않아 사고가 발생하는 이런 악순환을 멈추게 해야 한다고 판단했다. 액자 속에 갇혀 있는 회사 안전 환경원칙을 끄집어내어, 현장에 살아있는 절대가치로 숨 쉬게 하는 것이 무엇보다 중요하다고 생각했다.

먼저 생산 공장 현장마다 '안전하지 않으면 작업하지 말자'라는 플래카드를 걸었다. 부임 후 몇 개월 동안 현장을 돌며 안전경영에 대한 필자의 생각과 향후 공장 안전정책과 방향에 대해 소통을 계속했다. 이와 함께 지금까지 해오던 다양한 안전관리 활동도 계속 유지했다. 하지만 기대와는 달리 안전사고는 계속 발생되었고 전년도 대비 사고율도 점차 증가하고 있었다.

절박함과 간절함의 고민이 시작되었다. 대체 사고는 왜 계속 발생하는 것일까? 안전장치와 시스템이 확립되어 있다. 일상적인 현장점검과 안전관리 또한 변함없이 계속하고 있다. 그런데 사고는 멈추지 않는다. 원인이 무엇일까? 그동안 자체 활동자료를 들여다보고 다양한 각도에서 현상과 문제점을 파악하려고 했다. 지난 10여 년간 생산시설이 아닌 순수한 안전 환경 투자금액이 100억 이상이었다. 본사의 안전관리 IT시스템과는 별도로 공장의 특성을 반영한 자체의 안전 환경 시스템도 개발하여 운영하고 있다. KOSHA 및 ISO 14001과 같은 국제규격의 안전보건환경 경영시스템 또한 큰 문제 없이 잘 유지되고 있었다. 무엇이 문제일까?

결국, 안전은 사람이다.

무엇을 해야 하고 어떻게 해야 할지 막막함과 불안감으로 잠을 설치며 며칠 밤을 보냈다. 문제가 있다면 원인이 있다. 그 원인이 명확하다면 해결책 또한 명쾌해진다. 깊은 고심의 시간과 많은 토론을 거친 끝에 내린 결론은 '**사람**'이었다. 투자와 시스템의 문제가 아니다. **사람을 움직여야 한다.** 공장 전 임직원이 안전수칙을 지키고, 잠재된 위험요인을 선제적으로 찾아내어 제거하면 안전사고를 줄일 수 있다는 확신을 갖게 되었다.

안전은 기업이 성장하고 발전하기 위한 생명선(生命線)이다. 안전이 확보되지 않은 경영성과는 의미 없는 성과이며 기본을 지키지 않고 만들어낸 결과는 선(善)이 아니라 독(毒)이다.

2019년 5월 1일, 그래서 청주공장만의 사람중심 '만사(10004) OK 안전경영'이 시작되었다. 만사(10004)OK는 매월 위험요소 (100) 건을 점검·발굴·개선하는 활동을 통해서 무사고(04)를 달성(OK) 하자는 청주공장만의 안전 확보 캠페인 활동이다.

이 책은 안전 환경에 대한 법리적 지식이나 사고 예방을 위한 기법이나 기술을 논하는 책이 아니다. 사람이 다치지 않는 안전한 공장과 무사고를 위해서 현장 사람들과 함께했던 현장의 변화 이야기다. '안전은 사람이다', '사람은 실수하고 기계는 고장 난다'라는 전제하에서 사람 관점에서 청주공장 만사(10004)OK 안전 확보 활동 전체 추진과정을 담았다. 책 속에 소개된 내용이나 사례는 여수, 울산, 청주공장에서 근무한 20여 년 동안 습관적으로 기록한 필자의 업무 '메모노트'와 '독서노트'를 참조하였다.

제1장은 기업경영에 있어 변화의 필요성과 당위성을 토대로 조직변화 개념을 간략하게 정리했다. 어떤 문제의 해결에 있어 개념을 명확히 하는 것은 중요하다. 개념이 제대로 정립되어 있다면 본질을 제대로 볼 수 있고 추진과정에서 시행착오를 최소화할 수 있으며, 효과 또한 극대화할 수 있다. 조직변화도 마찬가지다. 변화관리자가 조직변화와 조직 변화모델, 조직변화 시 고려해야 할 사항 등에 대해서 정확한 개념을 이해하고 있다면 그만큼 문제해결에 쉽게 접근할 수 있고, 의도했던 변화를 빨리 만들어 낼 수 있을 것이다. 후반부에는 총괄공장장 부임 초기에 계속되는 안전

사고로 조직변화 필요성과 어떻게 변화를 이끌어 낼 것인가를 고민하고 대응을 하는 과정을 보여준다.

제2장은 지난 3년간 청주공장에서 추진했던 '만사(10004) 안전경영'에 대한 조직변화 이야기다. 초임 공장장, 현장 총괄 안전책임자로 발령받았거나, 끊이지 않는 사고로 안전문화에 대한 새로운 변화가 필요한 사업장이라면, 이 책에 소개된 내용이나 추진사례를 보고 해당 회사의 상황에 맞게 적용하거나 응용해 본다면 도움이 될 것이다. 그래서 추진과정에서 경험했던 실제 사례를 가능한 많이 소개하려고 노력했다. 다만 여기서 소개되는 내용과 사례는 청주공장 활동 과정에서 얻은 경험에 기초한 것이라 업종특성이나 기업 규모에 따라 적합하지 않을 수도 있다. 하지만 **안전에 있어 문제의 본질은 같다**고 생각한다. 현장 안전을 관리하고 책임지는 사람들이 부닥치는 공통된 고민과 애환을 함께 공감하고, 해결책을 찾으려는 노력만으로도 의미 있고, 가치 있는 일이라고 생각된다.

제3~5장은 '사람이 안전이다'라는 내용으로 구성되어 있다. 필자는 본사와 공장에서 20여 년 이상 HR 직무를 수행했고, 대학원에서 인사·조직 관리를 전공으로 공부했다. 그동안 인사직무 수행과 조직 리더역할을 통해 '사람의 변화와 동기부여'에 관심을 많이 가졌고, 그것을 실천하고자 노력했다. 의미 있는 성과도 있었고 한계에 부닥치는 좌절도 경험했다. 또한, 필드에서 부닥쳤던 전문지식에 대한 갈증 해소와 대안 탐색을 위한 공부를 계속 이어오고 있다.

총괄공장장 중책을 맡으면서 **안전사고 문제를 투자와 설비의**

관점이 아닌 사람 관점에서 안전을 들여다봤다. 사람 속에 안전이
보였다. 제3~5장은 사람의 심리적 요소를 고려하여 안전측면에서
변화 아이디어를 발굴하고 실행했던 일이나, 에세이 형식으로 썼
던 글을 주로 담았다. 현장 구성원들에게 보낸 안전경영 메시지,
사내 안전특강이나 외부 신문잡지에 기고했던 글이다. 딱딱하거나
무겁지 않은 내용이라 쉽고 편안하게 볼 수 있을 것이다. 각자의
관심이나 필요에 따라서 순서에 구애받지 않으면서 내용을 선택해
서 읽으면 좋을 것이다.

  제6장은 '만사(10004)OK' 활동자료 모음이다.

  제2장에서 지면 부족으로 활동에 대한 구체적인 내용까지 담
기가 어려웠다. 하지만 실제 현장에서 변화추진 방안이나 실행 계
획을 수립하기 위해서는 실무적인 상세 자료나 활동사례 등이 필
요할 것이다. 그래서 회사 보안 문제가 가능한 범위(구체적인 숫자
삭제) 내에서 많은 자료를 제공 및 공유하고자 했다. 청주공장 조
직문화 체계도, 안전경영특강 전문, 안전경영 메시지, 안전 확보
캠페인 활동사례를 함께 실었다. 각자 관심 영역에 따라 필요한
사항을 참조하면 될 것이다. 아무튼, 필자의 이런 마음이 안전한
사업장을 만들기 위한 전국의 안전관리 책임자나 실무자들에게 조
금이나마 도움이 되었으면 한다.

안전하지 않으면 작업하지 말라.

  안전에 대한 시대적 사회적 요구가 점점 높아지고 있다. **지속
가능 기업으로서 성장하기 위해 안전과 환경 문제는 피해가야 할**

소극적 경영 이슈가 아니라 필수적으로 해야 할 선결 조건이 되었다. 최근에 입법된 '중대재해처벌법'이 대표적인 사례다. 선택의 문제가 아니라 생존의 문제라는 의미다. 기업 경영자들 또한 이러한 시대적 변화에 맞추어 안전 환경에 대한 인식이 어느 때보다도 높아졌고 이와 함께 기업의 안전경영에 대한 확고한 실행 의지가 절실한 시점이다.

LG 구광모 회장이 현장방문 시 말한 메시지가 이를 명확하게 보여주고 있다.

"기업이 한순간에 무너지는 것은 경영실적이 나빠서가 아닙니다. 안전 환경과 품질사고 등 위기관리에 실패했을 때 한순간에 몰락합니다. **안전 환경은 사업을 잘하고 못하고를 떠나 당연히 지켜야 할 기본 중의 기본이며 ... <중략> ... 안전 환경을 경영의 최우선 순위로 두고 근본적인 대책을 마련해야 합니다.**"

우리 회사도 마찬가지다. 최고 경영자의 '안전 환경 우선경영' 의지가 결연하고 확고하다.

"**안전 환경이 비지니스의 최우선이며, 어떤 것과도 타협하거나 양보해서는 안 된다**"라고 늘 강조하고 있다. 지난해 월간 안전 환경업무 논의에서 CEO께서 언급했던 내용을 보면 더욱 실감할 수 있다. "**안전 환경은 달리 이야기할 것이 없다. 문제가 생기면 회사의 존폐가 달린 문제다. 안전 환경 문제와 관련해서는 어떤 사업부 어떤 사람과도 타협해서는 안 된다. 설사 매출을 하지 못하는 한이 있더라도 리스크 있는 의사결정을 하면 안 된다.**"

청주공장의 안전경영 활동은 아직도 미완성의 현재 진행형이다. 안전은 단기간의 성과를 내는 이벤트성 과제가 아니다. 중장기적인 관점에서 지속 반복적으로 실천하고 유지 발전되어야 할 미래지향형 과제이기 때문이다.

작은 성공체험은 큰 성공체험으로 이어진다.

'만사(10004)OK' 활동의 핵심은 '사람'이다. 기존에 했던 현장의 안전확보 활동 접근방법이 투자, 설비, 안전장치, 시스템과 같은 하드웨어적인 문제 해결방식이었다면, '만사(10004)OK' 활동의 접근방법은 사람 관점에 집중하는 것이 종전 변화 활동과 차별화되는 부분이다. 수십 수백억을 투자하여 안전장치를 확보하고 시스템을 운영한다고 하더라도 사람이 움직이지 않는다면 그것은 고철 덩어리에 불과하다. **사람이 곧 안전이다.**

안전은 '위험을 보는 것'이다. 안전경영의 기본은 '해야 할 일은 꼭 하고 하지 말아야 할 일은 절대 하지 않도록 하는 것'이다. 이것이 '만사(10004)OK' 활동의 본질이자 지향점이다.

3여 년에 걸친 '만사(10004)OK' 활동을 통해서 공장의 안전사고 건수가 50% 줄었다. 더욱 의미 있는 것은 안전경영 활동에 대해서 사원들과 협력회사의 자발적, 주도적 동참이 이어지고, 안전의식 또한 점차 높아져 가고 있다는 사실이다.

'목적이 분명한 꿈은 어떠한 어려움도 이겨낼 수 있다.' 머지않아 **'안전하지 않으면 작업하지 말자'**라는 살아있는 안전 문화가 정착된 청주공장이 되는 날을 기대해 본다. 그날까지 우리의 여정은 계속 또 계속될 것이다.

필자는 글을 쓰는 전문작가가 아니다. 이 때문에 서툰 글 솜씨로 인해 안전에 대한 저의 생각과 진정성을 전하기에는 부족한 부분이 있다. 하지만 안전한 회사, 안전한 사회에 대한 간절함과 열망은 누구보다 각별하다고 감히 생각한다.

　우리의 안전경영 활동과 변화관리의 경험이 안전한 기업, 안전한 사회, 안전한 대한민국을 만드는 데 작은 불씨가 되었으면 하는 바람이다.

2021. 9.

유쾌한 변화를 위한 '만사(10004)OK' 활동 현장에서

이성호

추천사

인명과 직접 관련되는 안전문제, 안전이 확보되지 않으면 성장은 물론 기본적인 생존조차도 보장될 수 없다는 철저한 인식의 전환이 필요합니다. 안전에 있어서는 '해야 할 일은 꼭 하고 하지 않아야 할 일은 절대 하지 않는 것' 즉, 기본을 준수하는 것이 무엇보다 중요합니다. 안전문제를 '불안전한 상태'보다는 '불안전한 행동' 해소에 중점을 두고 지속성과 일관성을 가지고 추진해 온 "만사 (10004)OK 변화이야기"는 안전사고 예방과 안전문화 정착에 있어 새로운 시사점을 던져 주고 있습니다. 2022년 1월 중대재해처벌법 시행으로 사고 예방 솔루션과 안전관리에 고민이 깊은 최고 경영자나 현장 조직책임자들에게 이 책의 일독을 권합니다.

박진수 前 LG화학 부회장

ESG 경영에 대한 시대적 사회적 요구가 높아지고 있습니다. 지속 가능 기업으로서 안전·환경 문제는 선택할 수 있는 문제가 아니라 필수적으로 해결해야 할 선결 조건이 되었습니다. 안전에는 지름길이 없고 무임승차도 있을 수 없습니다. 구성원 모두의 안전에 대한 꾸준한 관심과 전원동참만이 '위험사회'에서 '안전사회'로 변화할 수 있는 비결이라고 생각됩니다. 안전에 관련한 책은 수없이 많지만, 실제 산업현장에서 겪은 생생한 경험을 바탕으로 사람과 변화 관리를 통해 사고를 줄이고 안전문화 변화를 이끌어 낸 사례를 보여주는 책은 찾아보기 어렵습니다. '사람을 보면 안전이 보인다'는 산업현장의 안전 총괄책임자나 안전관리 책임자 및 실무자들에게 많은 도움이 될 것이라고 생각됩니다. 특히, 2022년 1월부터 시행예정인 '중대재해처벌법'과 관련해서 당면 과제를 해결하기 위해 고심하고 있는 조직이나 기업은 이 책에서 보여주는 '만사(10004)OK' 안전경영 활동 과정과 실행 사례를 통해 개별회사에 적합한 아이디어를 구할 수 있을 것입니다.

이두영 청주상공회의소 회장

오늘날 조직이 추구하는 끊임없는 변화와 혁신을 지속 가능한 성장 에너지로 바꾸기 위해서는 안전이 담보되어야 한다. 메타버스, 인공지능, 디지털 기술이 우리의 경영환경을 아무리 지배하여도 경영의 본질은 사람이고, 안전은 기업의 최우선 가치이다. "**안전은 기업이 성장하고 발전하기 위한 생명선(生命線)이다. 안전이 확보되지 않은 경영성과는 의미 없는 성과이며 기본을 지키지 않고 만들어낸 결과는 선(善)이 아니라 독(毒)이다(본문 중).**" 이 책은 저자가 제조공장 책임자로 현장에 오랫동안 근무하면서, 변화와 안전을 동시에 모색하고자 한 값진 노력을 구체적인 현장진단과 해결사례와 함께 제공하고 있다. 조직 내 안전을 바탕으로 건강하고 지속적인 변화를 고민하는 최고경영자와 현장 관리자뿐만 아니라, 조직 관리 및 변화 전략을 연구하는 후배 연구자들의 필독서로도 손색이 없다.

최석봉 고려대학교 글로벌비즈니스 대학 교수 겸 세종경영연구소장

목 차

제1장

변화해야 생존할 수 있다.

―어떻게 변화를 이끌어 낼 것인가?―

제2장

안전이 미래다.

—청주공장 만사(10004)OK 안전경영 이야기—

제3장

당신이 안전의 주인공이다.

제4장

안전은 위험을 보는 것이다.

제5장

사람을 보면 안전이 보인다.

제6장

기억은 기록을 이기지 못한다.

―만사(10004)OK 활동자료 모음―

제 1 장

변화해야 생존할 수 있다.

— 어떻게 변화를 이끌어 낼 것인가? —

01

변화가 곧 생존이다.

❝ 세상은 모든 것이 변한다.
다만 변하지 않는 유일한 하나는 모든 것은 변한다는 사실이다 ❞

변동성이 크고(Volatile) 불확실하며(Uncertain) 복잡하고(Complex) 모호한(Ambiguous) VUCA 시대다. 한 치 앞도 내다볼 수 없을 정도로 끊임없는 변화가 펼쳐지고 있다. 이러한 급격한 변화 앞에서 시의적절하게 대응하지 못하는 기업은 치열한 생존경쟁에서 살아남을 수 없는 시대가 되었다. 과거에 번성했던 수많은 기업이 변화의 격랑을 이기지 못하고 사라지는가 하면, 변화와 혁신을 거듭한 기업들이 그 자리를 대신하고 있다.

'세상은 언제나 끊임없이 변해왔다. 현재도 변하고 있고 지금 느끼고 있는 이 변화도 과거로부터 이어져 왔으며 이 또한 미래로 이어질 것이다. 이 세상에 절대 불변은 존재하지 않으며 변하지 않는 것은 없다. 변화에 있어 유일한 진실은 모든 것은 변하는 것이다'라는 말에 진심으로 공감한다.

변화를 받아들임에 있어 바람직한 태도와 자세는 긍정심리다.
어차피 내 앞에 도래한 상황이고 피해갈 수 없는 일이라면 부정보
다는 긍정, 현재보다는 내일, 나쁨보다는 선(善)한 영향력이 미치
도록 해야 한다.

'과거와 현재가 싸우면 미래를 잃는다'라고 처칠이 말했다. 지
나온 과거와 싸우지 말고 미래를 위해 변화해야 한다. 그렇다. **내
주위의 여건과 상황이 비록 어렵고 힘들더라도 긍정적 측면에서
이를 수용하고, 내일을 위해 유쾌한 변화로 이끌어 내야 한다.** 이
것이 미래를 위해 생존하는 합리적 대안이자, 최선의 선택이다.

그렇다면 어떻게 개인과 조직의 변화를 이끌어 낼 수 있을 것
인가? 조직 내·외부로부터 끊임없는 저항과 압박 앞에서 **변화는
조직 최고 책임자들의 당면 과제이자 리더십의 가장 본질적인 문
제이다.**

변화가 곧 생존이기 때문이다.

02

조직변화란 무엇인가?

오늘의 나는 과거의 내가 만든 것이다

조직변화(組織變化)란 조직 내에서 개인이나 집단의 행동을 변화시키는 행동 프로그램을 말한다. 이러한 **변화는 구성원의 행동을 변하게 하여 조직 능률과 유효성을 제고하며, 조직을 유지, 성장, 발전시키는 과정이다.**

넓은 의미로 볼 때 조직변화는 두 가지로 나누어 볼 수 있다. 하나는 조직의 구조, 정책, 기술 등과 같은 가시적인 형태의 '하드웨어적인 변화'이다. 이것은 즉각적인 변화가 가능하고 효과 또한 단기적으로 나타난다.

반면에 가시적이고 직접 파악하기 어려운 '소프트웨어적인 변화'가 있다. 이는 조직을 구성하고 있는 가장 기초적인 요소인 사람이 대표적이다. 사람의 변화는 조직변화에 큰 영향을 주며 조직구성원들의 내면에 깊게 관여한다. 하지만 사람이나 문화의 변화는 시간이 필요하고 단기적인 효과 또한 어렵다.

03
조직변화 시 이슈와 고려요소

“ 부정적인 사람은 기회 속에서 어려움만 찾고,
긍정적인 사람은 어려움 속에서 또 다른 기회를 찾아낸다 ”

조직 책임자가 조직변화를 원한다면 실행에 앞서 변화에 대한
몇 가지 이슈를 짚어 볼 필요가 있다.

첫째, '**무엇을 변화할 것인가?**'이다. 변화의 대상과 내용을 명확
하게 하는 것이 좋다. 둘째, '**왜 변화해야 하는가?**'에 대한 목적과
당위성을 들여다보자. 셋째, 변화의 대상과 목적이 구체화되었다
면 다음은 '**어떻게 변화할 것인가?**'에 대한 전략과 방법을 고민해
야 한다. 전략이란 가고자 하는 목적지를 알 수 있는 지도이자 나
침반이다. 전략 없는 실행은 목적지와 나침반 없는 항해와 같다.
마지막으로 '**누가 변화를 주도하고 실행할 것인가?**'에 대한 추진
주체를 결정해야 한다.

변화관리 학자들은 조직변화에서 추진 주체 중요성을 강조한

다. 그들의 공통적인 견해는 변화의 방향은 Bottom-up 방식 보다 Top-down 방식이 더 효과가 있으며, 조직 최고 책임자의 강력한 추진 의지와 열정, 그가 가진 솔선수범 변화 리더십이 성공의 70~80%를 좌우한다고 주장한다.

변화는 친숙한 일상으로부터의 편안함과 익숙함을 빼앗기는 상실경험과 그것에 따른 불안감이다. 그래서 **변화는 필연적으로 저항을 동반한다.** 더군다나 자신이 중요하다고 생각하는 요소가 변할 경우, 저항은 더욱 강력해진다. 예를 들어, 여유 있는 근무시간이 현 직장에서 가장 좋은 장점이라고 생각하는 작업자의 경우, tight한 근무시간으로의 변화에 대해서는 강렬하게 저항할 것이다.

변화에 대한 저항은 조직을 변화시키고자 하는 시도에 대한 중요한 걸림돌이다. **조직변화에 대한 이러한 저항을 극복하는 방법은 무엇일까?** 구성원들이 변화에 동참하고 몰입할 수 있도록 하기 위해서는 어떻게 하는 것이 좋을까?

우선 갑작스러운 변화요구에 당황하지 않도록 **최대한 변화계획에 대한 정보를 공유하고, 변화에 있어 조직이 구성원들에게 무엇을 요구하는지 미리 분명하게 알려주는 것이 좋다.** 또한, 변화에 대한 분명한 그림을 제공하고 가급적 변화의 **계획수립에 직접 참여할 수 있는 기회나 여지를 주는 것이 좋다.**

04

변화를 이끌어 내는 힘: 지속성과 일관성

조직 컨설팅 전문기관의 연구결과, 수많은 기업들이 변화를 추진했지만 성공하는 조직은 10개 중 3개 정도라고 한다. 70%가 실패한다는 말이다. 이는 조직 구성원들이 변화를 두려워하고 거부하는 이유 때문이다. 변화가 시작되면 구성원의 20%는 변화에 대해 저항하고, 60%는 무관심하며, 나머지 20%만이 변화를 수용한다고 한다.

그만큼 변화에 대한 저항이 크다는 말이다. **변화관리 성공요소는 구성원의 변화 거부심리를 제대로 이해하고 이들의 저항을 누그러뜨려 자발적인 동참을 이끌어 내는 것이 핵심이다.**

성공적인 변화의 구성요건은 첫째, **변화의 필요성에 대해 인식하고 공감**하는 것이다. 구성원이 변화 필요성에 대한 인식이 부족하고 공감이 없다면 조직의 변화 활동에 있어 '방관자'가 된다. 둘째, **변화에 대한 방향성과 명확한 비전**이 있어야 한다. 그렇지 않으면 사람들은 우왕좌왕하고 변화를 '혼란'스럽게 생각하게 된다. 셋째, **변화 가능성에 대한 신념과 확신**이 중요하다. 구성원들이 변화과정에서 성공할 수 있겠다는 확신과 신념이 있으면 앞을 보고 가지만 그렇지 못하면 성공에 대한 믿음이 약해져서 끊임없이 '회의'하게 된다. 넷째, **변화에 대한 체계적인 계획을 수립하고 그에 따른 실행**과 제도적인 뒷받침이 있어야 성공할 수 있다. 그렇지 못하다면 변화는 중도에서 '좌절'할 수밖에 없다. 이러한 변화 방정식의 구성요건은 곱셈 관계이기 때문에 인식/공감, 비전, 신념/확신, 실행 중 어느 하나라도 미흡하면 변화는 성공할 수 없다.

성공적인 변화의 구성요건(변화 방정식)

변화 필요성 인식/공감		변화에 대한 비전		변화가능성 신념/확신		체계적 계획 실행		성공적인 변화
(　　)	X	비전	X	신념/확신	X	실행	=	방관
인식/공감	X	(　　)	X	신념/확신	X	실행	=	혼란
인식/공감	X	비전	X	(　　)	X	실행	=	회의
인식/공감	X	비전	X	신념/확신	X	(　　)	=	좌절

　이러한 변화의 성공요소와 더불어 **실체적 변화를 이끌고 이를 유지시키는 힘은 무엇일까? 그것은 변화에 대한 진정성, 지속성, 그리고 일관성이다.**

　변화 목표와 대상을 설정하고 변화프로그램을 가동했더라도 단기적으로 성과가 나기 쉽지 않다. 물적 변화가 아니라 사람에 대한 변화이기 때문이다. 기대했던 성과가 나지 않더라도 인내심을 가지고 다양한 방안을 생각하고 시도해야 한다. 하지만 이 과정에서 유의해야 할 것이 있다. 본질을 바꾸지 않는 진정성과 일관성이다. 가랑비에 옷이 젖고 일관된 자세와 태도가 상대방을 변화의 광장으로 이끌어 내는 힘이 된다.

05

조직변화 모델

> *길을 가다가 돌이 나타나면 약자는 그것을 걸림돌이라고 말하고,*
> *강자는 그것을 디딤돌이라고 말한다.*
> -토마스 카알라일-

조직변화에 대한 이해를 좀 더 높이기 위해 변화에 대한 대표적 이론을 살펴보자. 조직변화의 가장 전통적인 모델은 **레윈**(Kurt Lewin)**이 제시한 해빙**(Unfreezing), **변화**(Changing) **재동결**(Refreezing) **3단계 모델**이다. '해빙'은 변화의 필요성을 인식하고 준비하는 단계이며, '변화'는 기존상태에서 조직이 지향하는 새로운 상태로 만들어지는 단계이다. 마지막으로 '재동결'은 변화된 상태를 유지하고 이를 안정화하는 작업이다.

좀 더 쉽게 냉장고 냉동실에 있는 얼음을 예로 들어보자. 삼각형으로 꽁꽁 얼려있는 얼음을 꺼내어 별 모양으로 다시 만들고 싶다면 어떻게 해야 하는가? 먼저 냉동고 속에 있는 얼음을 꺼내어 해동(해빙)하고 녹은 물을 다시 별 형태의 새로운 틀에 담아(변화)

냉동고에 다시 얼려야 하는(재동결) 작업으로 비유할 수 있다.

하버드대학교 경영대학원 석좌교수이자 변화전문가인 **존 코터** (Kotter, J.P)**의 조직변화 관리모델**은 더욱 정교하고 체계적이다. 그는 다년간 성공하거나 실패한 100여 개 기업을 집중해서 분석한 결과, 변화에 성공한 8가지 원인을 도출하고 이를 토대로 성공적인 조직변화를 위한 변화 8단계 모델을 제시하였다.

존 코터가 주장한 조직변화 실행 단계는 다음과 같다.

1. 위기의식 고취 2. 변화 주체 구성 3. 비전, 전략 수립
4. 비전 공유 · 전파 5. 조직변화 실행 6. 단기성과 축척
7. 후속 변화 확대 8. 新 조직문화 정착

조직변화 8단계 모델

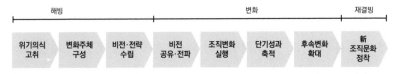

상기 **변화 8단계 과정에서 가장 핵심적인 과제는 사람들의 실제적인 '행동'의 변화를 일으키는 것**이며, 그에 대한 가장 효과적인 방법은 **구성원들의 '감정'에 호소하고 그들의 동참을 이끌어 내는 것**이다.

여기서 또 한가지 유의해야 할 것이 있다. 변화 8단계에서 사람들은 단계를 건너뛰면 변화의 속도를 높일 수 있다고 생각할 수 있지만, 결코 만족스러운 결과를 얻을 수 없다. 전체 변화과정 중 한 단계에서라도 결정적인 실수가 발생하면, 매우 치명적인 영향을 미쳐서 추진력을 떨어뜨리고 앞선 단계의 성과를 백지화시킬 수 있다.

06

안전이 기업의 생명선(生命線)인 이유?

기본과 원칙을 지키지 않는 성과는 선(善)이 아니라 독(毒)이다

사례01

2012년 11월, 울산 OO공장에서 심야에 화재가 발생했다. 회사 창립 이후 가장 큰 화재사고였고 재산상의 피해 규모 또한 컸다. 특히, 안타까운 인명 사망사고가 있었다. 회사는 사고 처리를 마무리한 후 고객과 약속한 제품 공급을 위해 임시생산 대안을 급히 마련했다. 거기에 회사가 가진 역량을 총동원하여 대응했다. 총체적인 위기 상황 앞에서 임직원들의 결집력은 대단했다. 각자가 맡은 분야에서 일사불란하게 움직였고, 생산팀 사원들은 난방도 되지 않는 임시 생산시설에서 겨울의 혹한을 감수하며 이겨냈다. 위기 앞에 닥친 절체절명의 상황을 극복해야만 고객이 우리의 미래를 보장해 줄 수 있다는 인식이 그것을 가능하게 했다.

하지만 고객은 다르게 움직이기 시작했다. 화재 발생 전에는 우리 제품에 대한 우수한 기술과 품질 때문에 독점방식으로 제품을 공급받았다. 하지만 고객은 화재사고 앞에서 냉정했다. 수급 불안에 대한 리스크 해소 차원에서 공급선 이원화라는 정책을 꺼내 들었다. 아무리 좋은 기술과 제품도 갑작스러운 공급중단 리스크를 대체할 수 없다는 입장이었다. 빠르고 기민한 사고대응과 현장 수습, 고객과의 약속을 지키기 위한 임직원들의 처절한 노력에도 불구하고 이 한 번의 사고는 뼈아픈 결과로 돌아왔다. '안전은 기업의 생명선이다'라는 말을 절감케 하는 대사건이었다. 화재사고 이후 경쟁자가 진입한 해당 제품의 경쟁은 치열해졌고, 수주량은 점차 줄어들어 결국 구조조정의 문턱까지 갈 수밖에 없었다.

 사례02

　2016년 11월, 청주 ○○공장에서 사망사고가 발생했다. 베테랑 생산 반장이 고장 난 설비를 수리하던 중 기계에 몸이 끼여 사망한 사고였다. 참으로 안타깝고 어이없는 사건이었다. 이 사고로 사람이 목숨을 잃었다는 크나큰 아픔에 이어 공장 구성원들도 그에 따른 혹독한 후유증을 겪어야 했다. 사고원인에 대한 논란이 있었지만, 법원은 재판을 통해 회사가 안전관리를 제대로 하지 않아 근로자를 사망하게 했다는 이유로 전임 공장장에게 실형을 선고했다. 더불어 회사에도 상당한 벌금형을 부과하였다. 사고가 발생한 그해 청주공장의 평가결과는 참담했다. 청주공장 설립 이래 매출, 영업이익, 제조원가 등 모든 경영지표에서 사상 최대 경영성과를 달성했다. 사고가 발생하기 직전 10월까지는 청주공장의 탁월한 성과에 대해 전사 차원에서도 놀라움과 칭찬 일색이었다. 하지만 이 사고로 인해 연말 조직평가 결과는 최하위 수준이었다. 거기에다 공장 최고 책임자는 문책 인사로 자리를 떠났다. 한 해를 마무리하는 12월, 조직평가 결과와 문책 인사로 공장 구성원들이 고개를 숙였다.

이 두 사건은 11월에 중대사고가 발생했다는 시기의 공통점도 있지만, 모든 경영 활동에 있어 최우선 순위가 무엇인지, 왜 공장에서 중대 사고가 발생하면 안 되는지를 명확하게 보여주었다. 또한, 사고 발생이 회사와 조직에 어떤 영향을 미치는지 구성원들에게 제대로 학습하는 계기가 되었다.

하지만 사람은 망각하는 동물이다. 아무리 큰 사건이 일어나도 당시에는 다시는 이런 일이 일어나지 않게 하겠다고 다짐하지만, 시간이 지나가면 점점 뇌리에서 사라진다. 그래서 개인이건 국가건 기념일을 만들고 그때 일어났던 일들을 되새기면서 결심을 새롭게 하는 것이다.

독일 뮌헨에 있는 유대인 '다카우 수용소'와 '서대문 형무소'가 지금까지 원형 그대로 보존되는 이유는 무엇인가? 이유는 단 한 가지다. 후손들이 그 장소를 보면서 다시는 같은 비극을 되풀이하지 않도록 교육하기 위한 것이다. 다카우 수용소에는 이런 글귀가 새겨져 있다. 'We are not the last ones(우리가 마지막이 아니다.)'

중대재해가 발생한 아픈 '장소'와 '날짜'를 우리는 반드시 기억해야 한다. 그래야만 기억에서 희미하게 사라져가는 그날의 다짐을 새롭게 할 수 있고, 구성원들에게 경각심을 일깨워 안전경영의 중요성을 각인시킬 수 있다.

안전은 기업이 성장하고 발전하기 위한 생명선(生命線)이다. 안전이 확보되지 않은 경영성과는 의미 없는 성과이며 기본을 지키지 않고 만들어낸 결과는 선(善)이 아니라 독(毒)이다.

07

새로운 출발, 또 다른 다짐

사업이 안전에 우선할 수 없고, 성과가 환경에 우선할 수 없다

2018년 12월, 총괄공장장 부임 후 인수인계 절차과정에서 공장의 주요 현황을 파악했다. 생산 공장장을 포함한 팀별 리더들로부터 업무보고를 받고, 공장 전체 현황과 경영실적, 당면 과제를 확인할 수 있었다. 4년 전 지원공통 부문장으로 3년간 근무한 경험이 있어, 당시와 비교해서 현재의 차이점을 발견하는 것은 그리 어렵지는 않았다. 이어서 팀장급 리더들과 One on One(1:1) 미팅을 통해 해당 팀별 현안 이슈와 총괄공장장이 지원해야 할 사항을 들었다. 또한, 작업 현장방문과 현장 소통간담회를 통해서 구성원들의 내부 목소리도 들었고, 작업 환경과 현장 사원들의 사기와 근무 분위기를 살폈다. 현장방문 때 많은 사원이 반갑게 맞이해줬고, 청주공장에 다시 함께하게 된 것을 환영해주었다. 고맙고, 감사한 일이다. 현장방문을 마치고 돌아오면서 이들과 함께 정말 훌륭한 공장, 멋진 공장을 만들어야겠다는 결의를 스스로 다졌다.

-16-

단위 생산 공장장 체제를 갖추면서 생산과 품질지표는 과거 대
비 큰 폭의 성장과 안정 단계로 들어섰다. 그에 따른 제조 경쟁력
지표와 경영성과 또한 우상향 성장곡선을 유지하고 있다. 공장의
생산·품질 체제가 안착 중이라면 총괄공장장이 해야 할 우선 과
제와 중점 활동은 무엇인지를 생각했다. 청주공장의 장기적인 성
장과 발전을 위해서 제조공장으로서 갖춰야 하고 요구되는 기본조
건은 무엇일까? '안전'이었다. 앞서 소개한 두 가지 사례를 통한 학
습효과는 신임 총괄공장장으로서 해야 할 최우선의 과제가 무엇인
지를 알려주는 나침반 역할을 해주었다.

'안전한 공장, 사고 없는 공장'을 만들자. 그렇게 된다면 자연스
럽게 성과가 이어질 것이다. **'사람이 다치지 않는 안전한 작업 환
경과 건강한 안전문화를 만들어 보자**'라는 다짐을 했다. 부임 후
첫 번째 액션은 '안전하지 않으면 작업하지 말자'라는 플래카드를
공장 곳곳에 걸었다. 작업 현장에서 작업자들이 가장 잘 보이는
위치다. 플래카드를 접한 리더들이나 작업자들의 첫 반응은 '신선
하다'였다. 또 한편으로는 갸우뚱하는 표정이다.

안전하지 않으면 작업하지 말라는 메시지는 지금까지 공장 사
원들에게 익숙하지 않은 표현이었다. 평소 생산, 품질, 원가절감,
목표달성을 독려하는 문구나 포스터를 자주 접했고, 전임 공장장
들 또한 오랫동안 그렇게 구성원들과 소통해 왔기 때문이다. 오히
려 이런 표현은 노동조합이 회사에 작업 환경 개선을 요구할 때
자주 쓰던 단골 메뉴였다. **'안전이 확보되지 않으면 절대 작업하지
말라**'는 신임 총괄공장장의 첫 번째 일성(一聲)은 기대와 함께 과
연 실행될 수 있을지는 좀 더 지켜보자는 반응이었다.

08

안전한 일터,
어떻게 변화를 이끌어 낼 것인가?

리더는 길을 알고, 길을 가고, 길을 보여주는 사람이다
-존 맥스웰-

몇 개월 동안 현장을 돌며 안전에 대한 총괄공장장의 생각과 안전정책 방향에 대해 소통을 계속했다. 이와 함께 지금까지 해 오던 다양한 안전관리 활동을 독려하고 현장에서 직접 점검했다. 하지만, 이러한 노력과 관심에도 불구하고 기대와 달리 사고는 계속되었고, 전년 대비 사고율도 점점 증가하고 있었다.

2019년 4월, 부임한 지 5개월간 누적 '산재사고'가 7건 발생했다. '경미사고'도 계속 이어졌다. 누적 '산재사고' 발생 건수를 보고받은 본사 CEO로부터 염려와 챌린지가 동시에 있었다.

초조함과 간절함으로 고민이 깊어졌다. 도대체 사고는 왜 발생되는 것일까? 무엇을 해야만 하고 어떻게 해야 할지 막막했다. 계속되는 사고를 막기 위한 마땅한 솔루션이 없었다. 불안감이 엄습

했고 며칠밤 잠을 설쳤다. 문제가 있다면 분명 원인이 있을 것이다. 그것이 무엇일까? 지난 몇 년간 공장 활동자료와 안전사고 예방과 관련된 서적들을 숙독하고 원인을 찾기 위한 고심의 시간을 보냈다. 이와 더불어 해결책을 찾기 위한 공장 리더들 간 논의와 토론도 계속되었다. 정확한 원인을 찾자. 원인이 명확하다면 해결책 또한 더욱 명쾌해진다.

결론은 '**사람**'이었다. '**사람은 실수하고 기계는 고장 난다.**' 완벽한 사람은 없고 기계나 시스템 또한 완벽한 것은 세상에 존재하지 않는다. 설비 투자와 시스템 강화, 제도의 문제가 아니다. **사람을 움직여야 한다.** 작업 현장에서 안전수칙을 지키게 하고, 위험요인을 먼저 찾아내어 제거한다면 안전사고를 줄일 수 있다. **이를 위해 공장 운영의 우선순위는 '안전'이어야 하고, 그것이 절대가치가 되어야 한다.** 여기서 가장 중요한 성공요소는 임직원들의 자발적 동참을 이끌어 내는 것이다.

2019년 5월 1일, 그래서 청주공장만의 사람중심 '**만사**(10004) OK **안전경영**'은 시작되었다. 돌이켜 보면 안전문화 정착을 위한 이 변화 활동은 존 코터의 조직변화 8단계 모델과 궤를 같이하고 있다. 무엇을, 어떻게 변화시킬 것인가? 왜, 누가 주체가 되어야 하는가? 실행을 통한 작은 성공체험으로 단기성과를 축적하여 후속 변화를 확대하고 이를 변하지 않은 고유문화로 정착시키는 일련의 과정이었다.

변화를 위한 아이디어를 머릿속으로 그리고 지우는 반복적인 무수한 순간들이 있었고, 실행하고자 했던 대안들이 난관에 부닥쳐 시행착오를 겪는 어려움도 있었다. 그런 과정에서 한 가지 잊

지 않고 했던 행동은 메모하고 기록하는 것이었다. 실제 추진과정
에서 느끼고 배웠던 생각과 경험을 시간이 날 때마다 노트에 메모
하고 추진 활동자료를 기록했다. 지난 3년간의 기억들이 적혀 있
는 '만사(10004)OK 안전경영 노트'를 다시 펼쳐본다.

제 2 장

안전이 미래다.

― 청주공장 만사(10004)OK 안전경영 이야기 ―

01

변하지 않으면 미래가 없다.
『안전이 미래다』

" 회사의 안전수준은 안전을 바라보는 리더의 눈높이를 넘지 못한다 "

| 위기의식 고취 | 변화주체 구성 | 비전·전략 수립 | 비전 공유·전파 | 조직변화 실행 | 단기성과 축적 | 후속변화 확대 | 新 조직문화 정착 |

성공적인 변화는 위기를 일깨우는 것에서부터 시작하며, **변화의 시작에 앞서 리더가 해야 할 가장 중요한 일은 구성원들에게 위기의식을 갖게 만드는 것이다.**

공장장으로 발령받은 2018년은 대한민국 산업안전에 있어서 커다란 전환점이었다. 2018년 12월, 충남 OO 화력발전소 협력업체 사원이 운송설비 점검 도중 숨졌다. 이 사건으로 인해 '위험의 외주화 방지'와 안전사고 책임자 처벌을 강화하라는 사회적 여론이 들끓었다. 이에 따라 국회는 산업안전보건법을 개정하며 안전 규제를 대폭 강화했고, 2019년 1월부터 바로 시행에 들어갔다. 일

명 '김용균법'이다. 이 사건이 발생하기 직전 또 하나의 새로운 제
도가 시행되었다. '원·하청 산업재해 통합관리제도'이다. 고용노동
부는 근로자 1,000명 이상 제조업체 대상 하청업체의 산재를 원청
업체에 합산하여 통합관리하도록 제도를 변경 시행한 것이다.

2019년이 되었다. 연초에 고용노동부 청주지청장으로부터 한
장의 공문을 받았다. '작업 현장 안전관리 강화 요청과 더불어 해
당 기업에 중대사고 발생 시 공장 전체 가동중지와 같은 강력한
행정조치를 하겠다'는 내용이었다.

단순한 엄포용 압박이 아니라는 걸 바로 알 수 있었다. 얼마
지나지 않아 공장에서 멀리 떨어지지 않은 OO제지 OO 공장에서
끼임 사망사고가 발생했다. 해당 중대재해에 대해서 고용노동부는
즉각 가동중지 행정명령을 내렸다. 해당 기업은 사고원인 규명과
재발방지대책을 수립하고 이해관계자들과의 논의과정을 거쳐 재
가동하기까지 상당한 시간을 보냈다. 그래서 그 기간 동안 가동중
지에 따른 막대한 매출 손실과 수출 업무 등에 차질을 빚었다.

안전에 대한 국가나 사회의 변화요구와 압박이 가장 높은 시기
에 안전 총괄책임자 자리를 맡았다. 산·안·법 강화, 원·하청 통
합관리제도 시행, 중대재해 발생 시 가동정지 행정명령과 같은 법
적, 행정적, 사회적 압박 강도가 높아질수록 안전 총괄책임자의 심
리적 부담은 더욱 커진다. 공장 책임자 입장은 이러한 변화는 지
극히 현실적인 문제이고 민감한 사안이다.

우리 공장에 중대재해가 발생하면 '전 공장 가동중지'라는 초유
의 상황이 올 수 있다. 만약 1개월 가동정지라는 상황이 발생한다
면 회사에 어떤 영향을 미칠까 가늠해 봤다. 상상하기도 싫었다.

하지만 가동정지 행정명령은 우리에게도 결코 자유롭지 못하다는 사실은 분명했다. 공장 총괄책임자로서 중압감과 위기감이 한 번 더 몰려왔다.

'**중대 사고를 막지 못한다면 공장 전체 가동중지라는 사태를 불러올 수 있다.** 그러면 전사 차원의 엄청난 경영 리스크가 만들어질 수도 있다. **중대 사고를 근원적으로 막아야 한다. 그러기 위해서는 안전은 선택의 문제가 아니라 사업과 성과에 우선되어야 한다.**'

이 엄청난 변화와 사회적 압박을 최일선 작업 현장의 리더와 근무자 모두에게 제대로 알리고 안전경영을 실천하도록 만들어야 한다.

"**변하지 않으면 미래가 없다. 안전문화 변화가 곧 청주공장의 미래다.**"

02

누구를 먼저 변화시킬 것인가?

| 위기의식 고취 | 변화주체 구성 | 비전·전략 수립 | 비전 공유·전파 | 조직변화 실행 | 단기성과 축적 | 후속변화 확대 | 新 조직문화 정착 |

혁신은 기득권의 포기에서 출발한다.

'혁신은 기득권의 포기에서 출발한다'라는 말이 있다. 바꾸어 말하면 혁신의 최대장애 요인은 아이러니하게 기득권 집단이나 기득권을 가진 사람이다. 즉, 리더들이다. 혁신은 이들로부터 시작되어야 하고 리더들이 변화관리자(Change Agent)가 되어야만 최고의 효과를 볼 수 있다. 변화관리자는 변화에 따른 비전을 제시하고 이를 달성하기 위한 전략을 수립하고 실행한다. 또한, 변화를 이끌어 내기 위해 조직, 시스템의 변경, 교육 등을 통해 구성원을 설득하고 이들을 몰입시키는 역할을 하기 때문이다.

안전에 있어서 변화관리자는 누구인가? 바로 안전관리감독자인 **팀장을 포함한 실장, 반장과 같은 조직장**들이다. 안전에 대한 이들의 생각과 진정성이 현장으로 스며들면 작업자들의 마음을 움직일 수 있다. 그렇다면 안전에 대한 진정성은 어디서 나오는 것일까? 그것은 솔선수범과 '안전리더십'에서 나온다.

2019년 4월, 생산 공장장을 포함한 팀장급 이상 '안전 긴급회의'를 소집했다. 부임 후 지난 5개월간 안전경영 활동과 우리의 현재 모습, 그에 따른 소회를 말했다. 이어서 앞으로 청주공장이 가야 할 안전경영 비전과 방향에 대해서 그간 정리했던 이야기를 꺼냈다. 참석한 사람들의 무거운 표정이 보였고 침묵이 흘렀다. 그 침묵 속으로 공장 대표자이자 안전보건 총괄책임자로서 절박하고 간절한 메시지를 던졌다.

> "안전 문화가 변하지 않으면 사고는 계속된다. 끊이지 않는 사고 발생을 멈추지 않으면 청주공장의 미래는 없다. 사업이 안전에 우선할 수 없고 성과가 환경에 우선할 수 없다. 우리는 스스로 당당하게 기본준수를 실천하고 있는가? 지금 이 순간부터 우리 마음속에 잠재된 안전 불감증과 전쟁을 시작한다. 이를 거부하는 어떠한 것에 대해서도 용납하지 않겠다. 안전하지 않으면 작업하지 말라."

만사K10004]OK Kick-Off 행사 메시지 예시

> ## 우리는 과연 스스로 당당하게 기본준수를 실천하고 있는가?

> ## 우리 속에 잠재되어 있는 안전 불감증과의 전쟁을 시작합니다.

> ## 이를 거부하는 어떠한 것에 대해서도 용납하지 않겠습니다.

최고 경영자의 Commitment를 확보하라.

변화관리 성공의 중요한 요소 중 하나는 Top의 Commitment 확보다. 공장 리더들과 긴급회의를 마치고 돌아와 본사 CEO께 메일을 썼다. 총괄공장장 부임 이후 파악된 현상과 문제점, 향후 공장 안전경영 활동 방향을 제시하고 Top의 적극적인 관심과 지지를 요청했다. 더불어 향후 공장 방문 시 안전·환경 문제에 최우선적인 관심을 가져달라. 안전을 중시하는 CEO의 상징적인 액션이 중요하다. 매번 공장 방문 시 가장 먼저 안전팀 방재실로 가 주실 것을 제안 드렸다. 진심을 담아 이야기했고 절박함으로 직언을 드렸다.

다음날 바로 CEO로부터 답장이 왔다.

"그렇게 하겠다. 변화 방향에 대해서 전폭적으로 지지한다. 청주공장 안전문화 변화 활동이 반드시 성공할 수 있도록 관심과 지원을 아끼지 않겠다."

안전우선 경영에 대한 최고 경영자의 지지를 확보했다. 실행력 확보를 위한 1차 배터리는 충전된 셈이다. 다음은 사업을 책임지고 있는 사업부장이다. 생산 공장별 속도와 실행력을 높이기 위해서는 해당 사업 책임자들의 역할이 너무나 중요하다. 사업부장들께도 다시 메일을 썼다. 다음날 사업부장들께서도 격려와 함께 지지와 응원으로 화답했다.

다음날 공장장 회의 시 CEO와 사업부장들의 안전경영 Commitment를 생산 공장장들과 공유했다. **'사업이 안전에 우선할 수 없고 성과가 환경에 우선할 수 없다.'**라는 공장 안전경영 원칙을 명확히 한 것이다.

CEO / 사업부장에게 보낸 메일

안녕하십니까? 청주 이성호 총괄공장장입니다.

최근에 다수 발생한 청주공장 안전사고에 대해서 지난 5개월 동안 파악한 내용을 토대로 향후 청주공장 '사고 예방 대책 방안'에 대해서 말씀드리고 실행하고자 합니다.

올 초부터 사고 예방과 안전의식 제고를 위해 "안전하지 않으면 작업하지 말자"라는 캐치프레이즈 아래 "사고 예방 안전 확보 TFT" 조직을 구성하여 활동해 왔습니다. 하지만 공장의 의지와 기대와는 달리 매월 사고가 발생하여 안타깝고 죄송스럽습니다.

올해 4월 말까지 발생한 안전사고 내용을 분석해 보면, 과거 발생한 사고 대비, '공정 內 안전사고'는 줄었지만, 개인 부주의에 의한 '공정 外 사고'가 크게 늘었습니다. 특히, 사내 협력사에서 사고가 대폭 증가하는 현상을 보이고 있습니다.

제조공장 특성상 사고요인은 늘 잠재해 있지만, 내부 구성원에게 확고한 안전의식을 가지게 하고, 잠재된 위험요소를 발굴하여 제거하는 활동을 지속한다면 언젠가는 사고 없는 안전한 공장이 만들어질 것이라 생각합니다. 따라서 이러한 안전사고 사전 예방에 대한 간절함과 절박함으로 청주공장 안전경영 활동을 아래와 같이 강력하게 추진하고자 합니다.

1. 특별 안전교육 실시

4월 18일 공장 임직원 분기 모임 시 임직원 대상 총괄공장장 안전교육을 기 실시한 바 있습니다. 하지만 이번 기회를 통해서 안전관리감독자를 포함한 사무직 전체 대상 '총괄공장장 특별 안전교육'을 다시 실시(5월 8일)하겠습니다. 현장 전문기술직에 대해서는 5월 중순까지 해당 생산 공장장이 주관하여 '생산 공장 특별안전교육'을 전원 실시하겠습니다.

〈중략〉

4. 전원 참여 "만사(10004)OK 안전 확보 캠페인" 실시

안전의식 제고 교육과 더불어 가장 중요한 것은 작업장에 있는 위험요소를 사전에 없애 주는 것이라고 생각합니다. 따라서 단위 공장별로 공장장, 팀장, 반장, 사원들은 물론 협력업체 대표 및 사원들이 전원 동참하여 현장의 위험요소를 발굴·개선하는 안전 확보 활동을 총력적으로 전개하도록 하겠으며 저부터 앞장서서 현장을 다니겠습니다.

〈중략〉

여러 가지 사업 현안 과제로 많이 바쁘시더라도 공장 방문 시 공장 안전 환경 문제에 각별한 관심을 가져주셨으면 합니다. 또한, 5월부터 시작하는 만사(10004)OK 안전 확보 활동에도 지지와 응원을 부탁드립니다.

〈중략〉

하지만 이러한 일련의 활동에도 불구하고 또 다른 난관에 부닥칠 수 있는 상황이 올 수도 있고, 또 많은 시간이 흘러도 기대했던 결과를 만들지

못할 수도 있습니다. 하지만 '사람이 다치지 않는 무재해 공장을 만들겠다'
는 진정성과 강력한 의지를 바탕으로 지속적이고 일관된 안전리더십을 발휘
한다면 목표는 반드시 달성될 수 있으리라 확신합니다. 그래서 긍정의 관점
에서 조급함을 갖지 않고, 차근차근 계속 또 계속 전력하겠습니다.

2019. 5. 1

청주에서 이성호 드림

2019. 4 청주공장 안전사고 현상파악 및 예방 대책

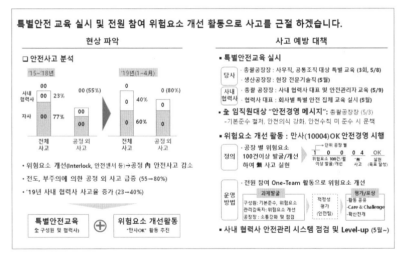

※ 상기 내용 중 사고건수의 구체적인 수치는 보안문제상 '00'건으로 표시함

안전에는 노사가 따로 없다.

마지막으로 노동조합 대표와 안전경영에 대한 진솔한 이야기
를 나눴다. 지난 몇 개월간 발생한 사고를 분석한 결과 안전장치

와 시스템의 문제가 아니다. 사람들의 안전의식과 문화에 대한 문제다. 변화가 필요한 시점이다.

안전수칙을 지키는 것은 결코 회사를 위하는 것이 아니다. 개인이 다치지 않아야 한다. 회사와 노동조합은 사원들을 최우선으로 위험에서 보호하고 사고로부터 지켜야 한다. 그것이 공장대표와 노동조합 대표가 해야 할 첫 번째 사명이자 의무라고 생각한다. **"사람이 다치지 않는 공장을 함께 만듭시다."** 그리고 향후 추진하고자 하는 안전경영에 대한 방향과 실행 계획을 설명했다. 또, 안전의식 변화와 사고 예방을 위한 노동조합의 각별한 관심과 역할을 당부했다.

노동조합 대표자 또한 화답했다. **"안전에 대한 생각은 노사가 다를 수 없다."** 무재해와 안전문화 변화를 위해서 노동조합으로서 역할을 찾아서 하겠다고 말했다.

03
위험을 보는 것이 안전의 시작이다.
『만사(10004)OK 안전경영』

| 위기의식 고취 | 변화주체 구성 | 비전·전략 수립 | 비전 공유·전파 | 조직변화 실행 | 단기성과 축적 | 후속변화 확대 | 新 조직문화 정착 |

　『만사(10004)OK』는 **청주공장만의 안전경영 활동이다.** 『만사 (10004)OK』는 청주공장의 고유명사다. 그래서 이 활동을 글이나 문서로 표현할 때는 '만사OK'가 아닌 숫자가 포함된 '**만사**(10004) OK' 형태로 고유명사화하여 쓰도록 하고 있다. 모든 일이 뜻한 바대로 잘된다는 한자성어 만사형통(萬事亨通)과 숫자 10004, 영문 OK를 합성하여 만들었다.

　안전은 위험을 보는 것이다. 위험을 보는 것이 안전의 시작이

자 출발점이다. 안전은 관심을 가지는 만큼 알게 되고, 아는 만큼
보이며, 보이는 만큼 개선할 수 있다.

『만사(10004)OK』는 '매월 (100)건 이상 위험요소를 점검·발
굴·개선하여 무사고(04)를 달성(OK)하자'는 의미다. 바꾸어 말하
면 사람의 실수나 기계 고장으로 발생될 수 있는 위험을 먼저 발
견하고 사고를 예방하자는 말이다. 이 활동은 **안전은 위험을 보는
것에서 출발하며 발굴된 위험요소를 개선하는 것이 핵심**이다. 따
라서 '현장'에서 '현물'을 보고 '현상'을 파악해 문제를 해결하는 3
現 활동과 맥을 같이 한다.

『만사(10004)OK』 안전경영 철학은 'Safety First, Business Follow'
다. **사업이 안전에 우선할 수 없고 성과가 환경에 우선할 수 없다**
는 청주공장 안전·환경 원칙을 기반으로 한다. 공장 운영에 있어
가장 우선되는 것은 '생산제일', '품질제일'이 아니라 '안전제일',
'사람제일'이라는 말이다. 이 활동의 캐치프레이즈는 『우.지.할』이
다. 『**우.지.할**』은 "**우리 함께 지킬 건 지키고 할 건 하자**"라는 함
축된 합성어다. 다소 투박한 문구처럼 보이지만 쉽게 쓸 수 있고,
기억하기 쉽도록 표현하려고 했다.

『만사(10004)OK』 안전경영 활동은 청주공장 내 근무하는 임
직원이든 상주 협력사 직원이든 청주공장을 출입하는 사람이라
면 누구나 예외 없이 실천해야 하는 활동이며 지켜야 하는 약속
이다.

만사(10004)OK 개요

❑ 만사(10004)OK 활동이란 ?

- 월별 위험요소 100건 이상 점검.발굴.개선으로 無사고 실현

1 👋 ➕ 🚫 **4** **OK**
위험요소 100건/월 이상 발굴.개선　"無사고"　실현(목표달성)

❑ 안전경영 원칙 / 철학 / 가치관 / 행동수칙

Safety First, Business Follow: 환경안전 원칙

『조직 최고 책임자가 무사고에 대한 진정성과 강력한 의지를 가지고 지속적이고 일관되게 안전리더십을 발휘하면 무재해는 달성된다』

우리 함께, **지킬 건 지키고**, **할건 하자** + **안전하지 않으면 작업하지 말자**

만사(10004)OK 실행전략과 로드맵

1) 1년차 〈도입 단계〉 2019. 5 ~ 2020. 4

- Top – down 방식의 양적 활동(전원 참여)
- 변화 필요성 소통 활성화로 활동 Boom – up

2) 2년차 〈Jump-up 단계〉 2020. 5 ~ 2021. 4

- Bottom – up 방식 질적 활동 + 맞춤형 One team 활동
- 양적 활동 ⇒ 질적 활동(활동본질은 지속성, 일관성 유지)
- 高 위험 공정/설비: 전문가 집단 심화점검 활동
- '자기 완결형' 비상대응 역량 Level – up

3) 3년차 〈성숙단계〉 2021. 4 ~

- 1~2단계 활동 시스템화, 고유 안전문화로 정착
- 안전행동 체화 ⇒ 자발적 '만사(10004)OK' 정착

4) 4년차 ~ 〈습관화 단계〉

- 습관화 및 조직문화 정착, 시스템 Level-up
- 지속적이고 일관된 안전경영 활동

만사(10004)OK 안전경영 실행전략

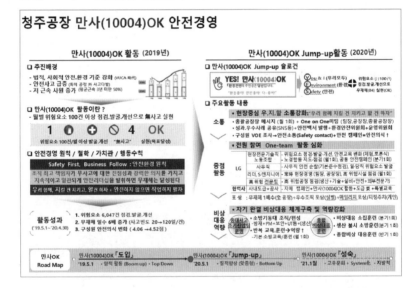

04
변화의 성공은 커뮤니케이션이다.

위기의식 고취	변화주체 구성	비전·전략 수립	비전 공유·전파	조직변화 실행	단기성과 축적	후속변화 확대	新 조직문화 정착

　변화에 있어서 소속 구성원들의 저항은 일반적이고 보편적인 현상이다. 사람은 태생적으로 불편함보다는 편안함을, 변화보다는 안정을 선호하기 때문이다. 하지만 변화에 대한 저항이 발생하면 목적한 변화가 어려워지고, 설사 변화하더라도 의도한 효과가 충분히 발휘될 수 없다.

　변화를 성공시키기 위해서는 신뢰를 기반으로 소통하여 사람들의 마음을 움직일 수 있어야 한다. 구성원들은 변화 결과가 유익하다는 믿음이 가지 않으면 비록 문제가 있더라도 자기를 희생하지 않으려는 성향이 있다. 그래서 변화를 이끄는 **조직 최고책임자나 변화관리자는 공식적 또는 비공식적인 다양한 소통채널을 활**

용하여 지속 반복적으로 변화에 대한 비전을 공유하고 전파해야 한다. 이때, 가장 강력한 소통수단은 '행동으로 말하기'이다. 리더 스스로가 새로운 변화의 살아있는 상징이 되기 위해서 의식적으로 변화를 실천하는 것이다.

결국, **사람이 중심에 있는 변화관리의 핵심활동은 커뮤니케이션이다.**

조직변화에 성공하고 싶은가? 먼저 여러분 조직의 소통 역량과 수준을 점검하라. 진심으로 소통하고 사려 깊은 태도로 왜 변화해야 하는지 상대방을 설득하라. 그리고 다양한 소통 채널과 수단을 통해서 대화하라. 사람들과 어떤 채널을 통해 소통하고 어떻게 설득하느냐에 따라 변화의 속도는 달라질 수 있다. 어떤 이슈에 대해서 조직 구성원이 납득하는 소통은 그들의 가슴을 울리고 마음을 움직인다. 이것이 곧 실천적 공감이다.

지금까지 청주공장에서 활동했던 '현장중심의 소통강화' 활동과 '만사(10004)OK' 활성화를 위한 임직원 소통 사례를 소개한다.

🛡️ 활동사례

1) '만사(10004)OK' 특별안전교육 실시

2019년 5월 1일, 공장 대강당에서 리더, 안전관리 감독자, 협력사 대표 등 약 200여 명이 「만사(10004)OK Kick-off 행사」를 실시했다. 특별안전교육이 함께 진행된 이 자리에서 총괄공장장은 청주공장 안전경영 비전을 공표했고, '만사(10004)OK' 안전 확보 활동 전원 동참을 알리는 시간을 가졌다. '만사(10004)OK' 활동의 추진배경과 세부내용을 좀 더 알고자 한다면 제5장에 소개된 '총괄공장장 특별안전교육' 자료를 참조하기 바란다.

2019. 5. 1 '만사(10004)OK' Kick-off 행사 메시지 中

> ## 사업이 "안전"에 우선할 수 없고 성과가 "환경"에 우선할 수 없다.
>
> ## "안전"하지 않으면 작업하지 말자.

2) 총괄공장장 안전 환경 메시지(월 1회)

매월 1회 총괄공장장이 직접 작성한다. 작성된 메시지는 식당 사이니지 (Signage) 알림판, 사내 오프라인 게시판, 카카오톡 단체 알림 채널을 통해 볼 수 있다. 임직원들의 안전의식 제고와 기본준수 실천 독려가 목적이다.

3) 『우.지.할 뉴스』 창간(격월 1회 총무팀)

'만사(10004)OK' 활동 시작과 함께 공장 소식지 『우.지.할 뉴스』를 창간했다. 이 뉴스는 공장 조직문화 활동 소식, 공장장 메시지, '만사 (10004)OK' 활동 우수사례, 공장의 각종 행사 또는 신입 임직원 소개, 포상 소식 등 다양한 뉴스를 임직원들에게 알린다. 사내 전자게시판, 식당 사이니지(Signage), 오프라인 알림판에 게시되며, 카카오톡 공유채널을 통해서도 실시간으로 볼 수 있다. 총무팀에서 격월 1회 발행한다.

4) H-Poster 『유쾌한 변화 이야기』 (월 1회 인사팀)

기존에 운영하던 포스터 방식의 오프라인 소통수단이다. 공장이 있는 모든 화장실 벽면에 매월 1회 게시되며, 인사팀 조직문화 파트에서 주관한다. 작성 주체는 공장장, 혁신추진팀, 안전팀, 인사팀이다.

5) 청주공장 '카카오톡' 채널 소통(2020. 6~ 그린보드 대표)

바야흐로 SNS를 활용한 홍보가 대세다. 청주공장에서도 이러한 트렌드
에 맞춰 20년 6월 『청주공장 '카카오톡' 채널』을 확보하고 홍보 및 소통수
단으로 활용하고 있다. 이 방식은 지금까지 임직원들이 접했던 어떠한 소통
수단보다 접근성과 효과가 탁월하다. 개인의 휴대폰을 통해서 실시간으로
볼 수 있고 댓글 또한 달 수 있다. 공장 사무직 사원을 대표하는 '그린보드'
에서 주관하고 있다.

6) 공장장 『One on One Meeting』(반기 1회)

소통은 특정 주체의 일(一)방향 소통보다 쌍방향 소통이 더 효과적이다.
또한, 1:다수 방식보다 1:1 방식이 대화의 몰입도가 더욱 깊어진다. 총괄공

장장 부임 후 조직 책임자인 팀장, 주요 리더를 대상으로 하여 1:1 대화방식으로, 반기 1회 주기로 시작했다. 안전경영과 공장 운영방식에 대한 제안이나 생각, 조직 운영상 애로 및 지원 사항을 상호 대화하고 해결책을 함께 고민한다. 총괄공장장 One on One Meeting에서 시작된 이 미팅은 단위 생산 공장장, 팀장들에게 확대되었다. 지금은 팀장과 팀원들을 대상으로 한 One on One Meeting도 이어지고 있다.

7) 협력사 대표자 안전환경회의(월 1회)

사고 예방과 안전문화 변화 활동에서 또 하나의 커다란 축은 공장 내 상주 협력업체와 공사업체다. 2018년부터 '원·하청 산재사고 통합관리제도'가 시행되면서 이들 업체의 안전관리 중요성은 더욱 높아졌다. 사내 협력사의 사고율은 이미 회사 내부적으로 공장 전체 실적으로 통합 관리되고, 사내 협력사 안전사고는 바로 청주공장 사고실적으로 집계된다. 사내 협력회사 대표모임과 공사업체 대표 특별안전교육을 통해서 협력사 안전의식 수준과 실태를 함께 돌아봤다. 그 자리에서 사내 협력사 구성원 모두의 기본준수와 안전의식 변화 필요성을 강조했고 협력회사 대표자들의 주도적이고 적극적인 동참 또한 요청했다. 매월 1회 협력회사 대표자와 총괄공장장이 참석하는 '안전 환경 정례회의'를 운영한다. 이때 협력회사별 '만사(10004)OK' 활동 우수사례, 안전 환경 활동 이슈와 개선대책을 논의하고 있다.

8) '만사(10004)OK' 활동 우수자 간담회(분기 1회)

분기 1회 안전팀이 주관하며, 생산 공장별 우수조직(실)과 우수자를 선발한다. 선발된 조직(실)과 개인은 공식적인 회의체에서 포상한다. 선발된 대상자는 공장 외부주차장이 아닌 공장 內 '만사(10004)OK 전용구역 주차장'에 주차할 수 있는 주차특권과 별도제작된 '만사(10004)OK 우수자 주차권'이 제공된다. 청주공장만의 독특한 인정과 격려 활동이다. 또한, 해당 우수자에 대해서는 사내 VIP 식당에서 이들을 축하하고 격려하는 중식 간담회도 별도 실시한다. 주관자는 총괄공장장이다. '만사(10004)OK 우수자 주차제도' 내용은 이어지는 활동 부분에서 상세하게 소개되어 있다.

9) '만사(10004)OK' 홍보영상 제작

활동기간 3년 동안 5편의 '만사(10004)OK' 활동 홍보영상을 제작했다. 새로운 도전이었다. 우리가 할 수 있을까 하는 염려와 걱정도 있었다. 하지만 우리는 One team 활동을 통해 제작에 성공했고, 작지만 의미 있는 성공체험을 경험했다. 영상물을 통한 새로운 소통방식에 사원들의 반응은 좋았다. 특히, 우리 임직원들이 출연하고 우리 이야기가 영상으로 제작된다는 사실에 더 큰 관심과 반응을 보였다. 제작 차수가 점차 늘어나면서 영상 몰입도와 완성도를 높이기 위해 청주대학교 영상제작 동아리와 협업으로 공동 제작하기도 했다. 제작된 활동 영상은 청주공장 카카오톡 소통 채널을 통해서 볼 수 있다.

만사(10004)OK 활동 동영상

05

아는 것이 힘이 아니고 실행이 힘이다.

❝ 안전수칙은 앎과 모름의 문제라기보다는
아는 바를 어떻게 실천하고 행동하느냐의 문제다 ❞

위기의식 고취 〉 변화주체 구성 〉 비전·전략 수립 〉 비전 공유·전파 〉 조직변화 실행 〉 단기성과 축적 〉 후속변화 확대 〉 新 조직문화 정착

변화의 최고 솔루션은 '실행'이다.

아무리 훌륭한 비전과 전략, 계획이 있더라도 실제 현장에서 실행되지 않는다면 무슨 의미가 있는가? **실행이 최고의 전략이고 가장 훌륭한 해결방책이다.** 우리는 문제를 알고도 해결책을 찾지 않고 실천하지 않는 것을 경계해야 한다. 안전에 대한 무지는 재앙의 씨앗이 되지만, 알고도 실천하지 않는 것은 대재앙이 되어 돌아온다. '아는 것이 힘이다'라고 철학자 베이컨이 이야기했다. 하지만 이 말은 안전활동 측면에서는 무색하다. **아는 것을 행동으**

로 실천할 때만 힘이 될 수 있다. 아는 것이 힘이 아니고 실행이
곧 힘이다.

변화에 대한 저항을 넘어 실행으로

'만사(10004)OK' 안전경영 비전과 전략을 설정하고 이를 전파
하기 위한 '만사(10004)OK' Kick-off 행사, 임직원 및 협력사 대
표자 특별안전교육, 총괄공장장 안전경영 메시지를 비롯한 다양한
소통 활동을 통해서 드디어 전원 참여형 위험요소 점검·발굴 활
동을 시작했다.

하지만 변화에는 항상 저항이 따르기 마련이다. 조직의 변화가
성공하기 위해서는 이러한 구성원들의 변화거부심리를 이해하고,
이를 긍정의 에너지로 전환하는 노력이 필요하다.

시작한 지 3개월 뒤부터 생산공장별 위험요소 점검·발굴·개
선 활동에 대한 실적을 보고 받았다. 유의미한 변화가 감지되기도
했지만, 공장별 활동 수준도 차이가 났고, 활동 리스트를 확인한
결과 참여하는 대상자 또한 제한적이었다. 일부 공장에서는 총괄
공장장이 추진하는 활동이라 공장별 할당된 부분을 숙제처럼 받아
들이고 있는 것은 아닐까 하는 의구심도 들었다.

안전경영 활동에 리더들이 솔선수범하지 않고 현장에만 과도
한 부담을 준다면 이러한 활동은 거짓말을 하게 만드는 요식적인
절차가 되고, 사고 발생 시 조직 책임자에게 면죄부를 주는 꼴이
된다. 공장별 매월 위험요소 100건 이상 점검·발굴·개선은 '만사
(10004)OK' 활동의 핵심이다. 이 활동의 본질은 현장의 위험을 먼

저 보고 위험요소를 개선하여 사고를 예방하자는 것이다. 이 활동이 형식적이거나 일부 인원이 숙제처럼 마지못해서 한다면 생명력이 없다. 현장에서 살아있는 활동으로 만들기 위해서 그들에게 분명한 메시지를 던지기로 작정했다.

'형식'의 면제부가 아니라 '본질'의 3현 활동으로

다음날 팀장급 이상 회의에서 아래와 같이 총괄공장장의 입장을 명확하게 밝혔다.

"'만사(10004)OK' 위험요소 점검, 발굴, 개선 활동은 청주공장 안전경영의 핵심입니다. 이 활동은 총괄공장장이 청주공장에서 근무하는 한 계속됩니다. 과거에는 매년 해가 바뀌면 또 다른 활동 Event를 찾아서 진행해 왔을 수 있겠지만, 저는 똑같은 활동을 일관되게 계속합니다. 왜냐하면 변화는 적어도 3년에서 5년은 필요하기 때문입니다. 그래서 여러분들은 이 활동에 있어서 주저하실 필요가 없습니다. 무조건 계속됩니다. 어차피 할 거라면 망설이지 말고 변화의 강에 발을 푹 담그세요. 그래야만 여러분의 조직 구성원들 모두가 편안해집니다.

이 활동은 현장에서 시작하고 현장에서 끝이 나야 합니다. 문제는 현장에 있고 그에 대한 해답 또한 현장에 있습니다. 일부 현장에서는 또 다른 업무 부담이 된다는 우려가 있습니다. 그렇지 않습니다. 지금까지 우리가 해왔던

'3정 5S', 현장 '제안활동'의 연장선상에 있습니다. 달리 생각할 필요가 없습니다. **현장(現場)에서 현물(現物)을 보고 현상(現象)을 파악하여 문제점을 개선하는 '3현(現)활동'이 본질입니다.**

변화 초기 단계라 구성원들의 참여가 아직은 미흡하지만, **이 활동의 가장 중요한 성공요소는 청주공장을 출입하는 구성원 전원이 동참하는 것입니다.** 총괄공장장, 생산공장장, 팀장을 포함한 조직장, 현장 전문기술직 사원과 사무기술직 사원, 사내 협력업체 및 심지어 공사업체 출입자들도 함께해야 합니다. 그래야만 성공할 수 있습니다.

지난달 해당 공장별로 발굴한 '위험요소 발굴 리스트'을 일일이 확인했습니다. 또한, 일·당직자들이 발굴하는 활동 내용도 아침에 출근하면 매일 빠짐없이 확인합니다. 내용을 살펴보면 우리가 하고자 하는 활동 취지에 부합하는 내용도 있고 또 그렇지 못한 부분도 보였습니다. 그렇지만 괜찮습니다. '만사(10004)OK' 1단계는 양적 활동으로 Boom-up 하는 단계입니다. **모든 사람이 한 건 이상 위험요소 발굴 활동에 참여하는 것이 무엇보다 중요합니다.** 하지만 아쉬운 부분이 있습니다. 여기 계신 리더분들 중에서도 이번 달에 점검, 발굴 실적이 없는 분이 계십니다. **변화의 시작은 리더들의 솔선수범 안전리더십에서 출발합니다.** 청주공장 신규 직책 선임자가 되면 드리는 지시봉 생각나지요. 거기에 새겨진 유지경성(有志竟成)의 뜻을 새겨봅시다. 조직 책임자들이 안전에 대한 '굳은 뜻'과

'진정성'을 가지고 꾸준히 노력하면 '공장의 내 사람이 다치지 않는 안전한 공장'을 반드시 만들 수 있습니다. 제조 공장에서 안전은 리더들이 운명적으로 해야만 할 사명이자 책무입니다.

안전팀에서는 다음 달 실적부터 공장장/팀장급 이상 리더, 관리감독자, 구성원들의 실적을 구분하고, 사내 협력사 활동실적도 포함시켜 주기 바랍니다. 또한, 우수사례는 안전환경회의체에서 공유하되 포상을 실시하도록 합시다. 사무직 일일 안전·환경 순찰 활동과 사무직 일·당직자 활동도 마찬가지로 치밀하게 관리하고 피드백해야 합니다. 총괄공장장 또한 매일 오전, 오후 현장 위험시설을 점검해서 위험요소를 발굴하고, '만사(10004)OK' 활동 활성화를 위한 사원들과의 '위험 커뮤니케이션'을 계속하고 가장 선두에서 솔선수범하겠습니다.

'만사(10004)OK' 활동은 청주공장 임직원들이 반드시 해야 할 책임이자 의무입니다. 이것은 회사를 위하는 활동이 아닙니다. 내가 다치지 않고 나의 동료들에게 피해를 주지 않는 활동입니다. 만약, 이 활동이 귀찮고 힘들다면 다른 사업장으로 이동하는 것이 바람직한 선택입니다. 왜냐하면, 청주공장 근무자라면 반드시 해야만 하기 때문입니다."

변화 시작 단계에서 변화에 대한 무관심과 저항이 감지되었고, 이를 조직 총괄책임자가 변화의 방향을 명확하게 제시하며, 강력하게 챌린지하고 소통하였다. 이와 더불어 변화 추진과정에서 주관팀인 안전팀과 Safety engineer를 비롯한 조직 책임자들이 구성원들과 다양한 변화관리 활동을 통해 변화의 속도를 높였다. 그러는 과정에서 크고 작은 이슈와 시행착오도 있었다. 하지만 활동을 시작한 지 3년이 지난 지금, '만사(10004)OK' 활동에 대한 임직원들의 인식은 불편함이나 거부감보다는 오히려 자연스러움과 익숙함으로 바뀌어 있다.

'만사(10004)OK' 활동이 청주공장만의 안전경영 고유명사가 되고, 임직원들의 일상에서 익숙함으로 안착할 수 있었던 비결은 무엇일까? 필자는 이렇게 말하고 싶다.

1. **조직 책임자**의 안전경영에 대한 '**진정성**'과 '**강력한 의지**'
2. **솔선수범형** '**안전리더십**'
3. 활동에 대한 '**일관성**'과 '**지속성**'
4. '**주기적인 실적관리**'와 '**피드백**(인정과 격려)'
5. '**전원 참여형**' 활동
6. '**소통 또 소통**'

🛡 활동사례

그간 청주공장에서 실행했던 만사(10004)OK 주요활동은 아래와 같다.
추가적인 사항은 제6장에서 상세하게 소개할 것이다.

전원 참여형 위험요소 점검 · 발굴 · 개선 활동

1) 全 사원 '만사(10004)OK' 안전 확보 활동

- 대상: 全 사원(사내 협력회사 포함)
- 활동방법: 매월 생산 공장별 위험요소를 점검, 발굴하여 '위험 요소 점검 · 발굴표' 작성 후 개선 활동
- 매월 1회 공장별 실적 취합 후 총괄공장장 보고(안전팀)
- 全 공장에 활동실적 및 우수사례 공유
- 우수자 포상 및 격려(안전환경위원회)
- 우수자 대상 Care 간담회 실시(총괄공장장)

월 활동 실적 보고 및 우수사례 예시

YES! 만사(10004)OK 활동 실적 (2020. 9)

9월 위험요소 000건 발굴로 목표 대비 전 부분 목표 달성하였습니다.

1. '공장 별' 위험요인 발굴,개선 활동 실적 : 000건 (9월)

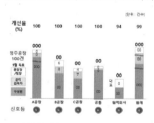

2. '高 위험공정 전문팀' (1~9월) : 위험요인 000건 발굴
3. '사무직 일일 점검'(9월) : 총 00명, 위험요인 0건 발굴
4. '일·당직 일일 점검'(9월) : 총 00명, 위험요인 00건 발굴

➤ YES! 만사(10004)OK 활동 우수 사례

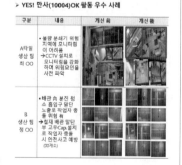

2) 공장장 주관 '만사(10004)OK' 안전경영 활동

- 대상: 총괄공장장, 단위 생산공장장
- 활동 내용:

  매일 오전, 오후 주요 위험시설 점검 확인

  현장방문 위험 커뮤니케이션 활동 실시

  격주 1회 테마별 위험요소 점검 '만사(10004)OK' 활동 실시

3) 사무직: 일일 환경안전 순찰(매일)

- 대상: 사무직 全 사원

  (사무직 1명 + 안전 환경부문 사원 1명)
- 활동방법: 사무직 전원을 대상으로 연간 순번을 정하고, 지정된 일자의 오전 10:00~12:00에 위험요소를 점검 · 발굴하며, 순찰결과를 안전 환경 시스템에 등록 후 해당 공장에 개선 요청 의뢰 및 사후 관리

4) 사무직: 일 · 당직자 위험요소 점검, 발굴(매일)

- 대상: 사무직 일 · 당직자
- 활동방법: 지정된 일 · 당직자(야간+휴일)가 현장 순찰 시, 현장의 위험요소를 점검, 발굴 후 일지를 작성하며, 작성된 일 · 당직일지는 익일 아침 안전팀장이 결재 후 해당 팀에 피드백하고 그에 따른 개선 활동 실시

5) 高 위험 전문팀: 高 위험 공정 · 설비 심화 점검

- 실시 일시: 사안 발생 시
- 대상: 생산+기술+설비+안전 환경+외부전문가(팀 구성)
- 활동방법: 공장 내 기능별 전문가와 외부전문가로 구성된 고위험 전문팀이 해당 사안 발생 시, 대상 高 위험 공정과 설비 위험요소를 점검, 발굴, 개선

6) 리더, Safety engineer TDL/BBS 현장 점검 활동(상시)

- 대상: 공장장, 생산팀장, 공장별 Safety engineer

- 활동방법:

  해당 공장별 안전·환경 TDL(To Do List)에 의거 공장장, 팀장, Safety engineer가 TDL 항목을 확인하고 이상 발생 시 즉각 조치함. 또한, 高위험 설비/작업에 대해 BBS(Behavior Based Safety) 관점에서 관련팀과 협업하여 위험요소를 사전 점검·발굴·개선

  〈대표적 실행 사례〉

  "경화재 입출고 BBS One team 활동으로 법적기준 준수 및 중대사고 예방"(By 안전팀장+생산팀장+구매팀장)

7) 『청주공장 절대 안전수칙』 제정, 노사합동 공동 활동

- 대상: 회사(안전팀) 노동조합(노조간부) 합동
- 활동방법:

  '사람이 다치지 않는 공장을 만들자'라는 노사 공동의 목표에 공감하고, 현장에서 작업 시 지켜야 할 '8대 절대 안전수칙' 제정 공표 후 홍보 캠페인 실시. 이와 함께 분기 1회 노사합동(안전팀, 노동조합간부) 위험요소 점검·발굴·개선 활동 실시

청주공장 8대 절대 안전수칙

8) 방문고객 대상 출입 전 안전교육(공장 방문 시)

• 대상: 청주공장 방문 외부고객

• 교육방법:

방문 신청 시 설치된 교육 모니터를 통해 안전 준수사항을 교육하며,

교육 완료 후 방문증 발급 및 출입허가

방문고객 안전교육 화면 예시

9) 저(低) 근속 사원 안전 자켓 착용

• 대상: 신입사원 수습기간 3개월(사내 협력사 포함)

• 내용:

구성 비율 50%가 넘는 저 근속사원의
경험 미숙, 위험 요인 사전 차단을 위
해 수습기간(3개월) 동안 별도 제작한
노란색 '안전 자켓' 착용 후 근무토록하
여 생산팀, 안전팀, 일 · 당직자 순찰 시
대상자 집중 안전 Care

성과에 대한 인정, 격려 활동

　사람을 움직이게 하는 요인은 무엇일까? 어떤 행동을 하도록 원인을 제공하거나 그러한 행동을 유발하도록 하는 과정을 '동기부여'라고 한다. 변화에 있어서 **구성원의 동기부여가 필수적이다. 변화의 가장 중요한 성공요소가 사람이고, 동기부여는 이를 움직이게 하는 성공의 열쇠이기 때문이다.**

　동기부여는 자발적으로 하는 '내재적 동기부여', 목적에 대한 수단으로 활동하게 되는 '외재적 동기부여'가 있다. 예를 들어 인정 격려 칭찬은 내재적 동기부여이며, 돈이나 물질로 하는 보상은 외재적 동기부여이다. 내재적 동기부여는 외재적 동기보다 강도가 강하며 그 기한 또한 장기적이다. 반면에 외재적 보상은 즉각적인 효과는 빠르겠지만 지속성은 떨어진다. 조직에 있어 사람을 효과적으로 동기부여하기 위해서는 이 두 가지 방법을 적절하게 조합하는 것이 중요하다.

　'만사(10004)OK' 안전경영 활동 시 임직원 동기부여를 위한 실행 사례를 소개한다.

🛡️ 활동사례

사례01 무재해 목표달성 120일 이벤트 실시

"성공 가능성을 보여주고 자신감을 부여하라."
정해진 목표를 달성하기 위해서는 실행 주체의 사기와 자신감이 중요하다. 목표 수준이 달성 가능하다고 생각되면 그들은 목표달성 행동에 집중한다. 반면에 목표가 지나치게 높거나 달성 가능성이 없다고 인식되면 태도가 달라진다. 쉽게 포기하거나 목표 수준에 대한 불만이나 핑계를 찾아 그 상황을 합리화하려는 경향이 일반적이다. 그래서 목표달성에 있어 변화관리자의 중요한 역할 중 하나는 목표달성에 대한 자신감을 부여하는 것이다.

법인이 정해 놓은 무재해 목표는 원래 210일이었다. 지금까지 청주공장은 이 목표달성에 번번이 실패했다. 어느 해는 목표달성 며칠을 앞두고 바로 문턱 앞에서 좌절한 경우도 있었다. 지나온 시간의 학습효과를 통해 임직원들은 무재해 210일 달성은 결코 쉽지 않은 목표라는 것을 인식하고 있었다.

어떻게 하면 목표달성에 대한 새로운 의지를 결집하고 이들의 도전의식을 높일 수 있을까? 곰곰이 생각했다. 우선 목표달성 가능성에 자신감과 확신을 심어주자. 그렇다면 사람들은 움직일 것이다. 우선 본사 전담부서에 총괄공장장의 생각을 이야기하고 상의했다. 고맙게도 총괄공장장이 제안한 대안에 긍정적인 입장을 보였다. 며칠 지나 공장을 방문한 CEO께도 말씀드렸다. 그리고 곧바로 리더들과 현장 사원들에게도 소통했다.

먼저, 전사 목표와는 별도로 청주공장 자체 목표 '무재해 120일'을 정했다. 1차로 이 목표를 먼저 달성해 보자. 그렇게 된다면 공장 전체 임직원(사내 협력회사 포함)에게 공장 차원의 목표달성 포상을 하겠다고 제안했다. 높게만 보였던 목표 수준이 낮아졌다. 달성 가능성 또한 현실화되었다는 사실에 현장 구성원들이 관심을 가지기 시작했다. "무재해 120일은 '넘사벽'이 아니다. 한번 해볼 만한 목표 아닌가? 달성한다면 자체 포상도 한다는데....” 새로운 목표 이야기가 현장 휴게실에서 들리기 시작했다. 목표달성이 가능할 수도 있다고 기대하며 분위기도 서서히 달라졌다.

달성 가능성이 부정에서 긍정으로 바뀌면 그것은 자신감으로 바뀐다. 새로운 목표, 새로운 도전이 시작되었다. 그리고 시간이 흘러갔다. 드디어 우리는 120일 무재해 1차 목표달성이라는 작은 성공체험을 경험했다. 이 작은 성공체험을 축하하는 소박한 자축행사와 달성 기념품을 사원들에게 배포했다.

그리고 감사한 마음을 담아 임직원들에게 메시지를 발송했다. 발송했던 메시지 내용은 제6장 안전경영 메시지를 통해 볼 수 있다.

120일 무사고 목표달성 기념품

사례02 『만사(10004)OK 전용 주차장』 운영

“인정은 또 다른 성공을 만들어낸다.”

청주공장 주차장은 사내 주차장과 사외 주차장 두 곳으로 운영된다. 사내 주차장의 주차면수 부족으로 대부분 사원은 외부주차장을 이용한다. 그런데 사내 주차장에는 다른 회사에서는 볼 수 없는 또 다른 특별한 주차장이 있다. 연두색과 흰색으로 만들어진 주차구역과 표지판을 본 고객들이 호기심을 가지고 종종 물어본다.

이 주차장은 임직원들의 안전의식 제고와 '만사(10004)OK' 활성화를 위해 만들어진 『만사(10004)OK 전용 주차장』이다. 주차장을 활용한 자부심과 동기부여를 위한 아이디어를 적용한 사례다. 이 장소는 내부 임직원이나 외부 방문고객에게 청주공장이 안전경영에 대해서 얼마나 관심을 보이는지를 상징적으로 보여준다.

[주차장 세부 운영 기준]은 다음과 같다.

1. 대상자: 임직원, 사내 협력사 사원 중 선발된 자

2. 선발 주기: 분기 1회

3. 추천 및 선발기준

   • 개인: 분기별 '만사(10004)OK' 위험요인 발굴 '개인별' 실적을 집계 후 대상자 추천

   • 실별: 분기별 '만사(10004)OK' 위험요인 발굴 '실별' 실적을 집계하여 생산 공장별 1개실을 확정하고, 우수실의 해당 실장이 실원 중 1~3명(교대조) 추천

4. 선발 방법: 공장장 회의체인 '공장 운영위원회'에서 심의 후 최종적으로 확정하며, 활동실적에 따라 '골드 패스(3개월)' 또는 '다이몬드 패스(6개월)' 주차권 지급

5. 사용방법:

   • 사내 주차장을 이용할 수 있는 특권 부여.

   • 정문 출입 시 공장 內 프리패스

   • '만사(10004)OK' 우수자 전용 주차구역 주차

만사(10004)OK 주차권 및 전용 주자구역 안내 표지판

❑ Diamond Pass (6개월)

만사(10004)OK 주차권
Diamond Pass
12우0556
'20. 6. 1 ~ 11. 31
LG하우시스 청주공장
(앞)

만사(10004) OK 우수자
소속:
성명:
만사OK 활동 우수자 선정을 축하드리며 노고에 깊이 감사 드립니다.
자발적이고 주도적인 귀하의 만사(10004) OK 활동은 청주공장
무재해 사업장 달성과 안전하고 행복한 일터를 만들어 가는데에
큰 힘이 될 것입니다.
"당신이 LG하우시스 환경안전의 진정한 주인공 입니다."
2020. 6. 1
LG하우시스 청주공장 총괄공장장 이성호
(뒤)

❑ Gold Pass (3개월)

만사(10004)OK 주차권
Gold Pass
163하2730
'20. 6. 1 ~ 8. 31
LG하우시스 청주공장
(앞)

만사(10004) OK 우수자
소속:
성명:
만사OK 활동 우수자 선정을 축하드리며 노고에 깊이 감사 드립니다.
자발적이고 주도적인 귀하의 만사(10004) OK 활동은 청주공장
무재해 사업장 달성과 안전하고 행복한 일터를 만들어 가는데에
큰 힘이 될 것입니다.
"당신이 LG하우시스 환경안전의 진정한 주인공 입니다."
2020. 6. 1
LG하우시스 청주공장 총괄공장장 이성호
(뒤)

만사 OK 우수자 전용 주차 구역
만사(100 04) OK

사례03 『10년 무재해 달성 우수실』 명판 수여

"롤(Role) 모델을 발굴하라! 그리고 인정하고 칭찬하라."

청주공장 생산현장의 최소 조직단위는 '실'이다. 일반적으로 팀은
몇 개의 실이 모여서 하나의 팀으로 구성된다. 풀뿌리 현장 혁신 활

동이라고 할 수 있는 TPM, 품질, 수율, 안전, 무사고 활동은 실 단
위로 운영 관리되며, 실의 대표인 '실장'이 주관한다.

제조공장에서 10년 무재해 달성은 의미 있고 축하할 일이다. 10
년간 작업 현장에서 한 사람도 다치지 않고 일할 수 있다는 것은 작
업 환경과 더불어 철저한 안전수칙 준수와 높은 안전의식이 있어야만
가능한 일이다. 생산 공장별로 무재해 달성 실적이 우수한 실별 조직
을 들여다봤다. 10년 이상 무재해 기록을 이어가고 있는 몇 개 실들
이 보였다.

인정과 격려를 통해 해당 조직 구성원들의 자부심과 조직의 사기
를 높이자. 무재해 목표달성 우수조직을 안전에 대한 공장 내 롤모델
(Role-model)로 삼도록 하자는 생각을 했다. 그래서 10년 이상 무
재해 목표를 달성한 '실' 출입구에는 '10년 무재해 달성 우수실' 명판
을 부착하자고 제안했다. 그리고 실행했다. 무재해 10년 우수실 달성
명판 부착식 행사에는 총괄공장장과 노동조합 대표, 안전팀이 함께하
여 해당 실장, 실원들과 함께 축하와 기념촬영을 했다.

성과 창출이나 목표달성에 대한 확실한 인정과 상징적인 액션은
그 조직과 구성원에게 자부심을 주게 된다. 이러한 자부심은 조직이
나 개인에게 또 다른 동기부여를 가져오고 더 큰 목표달성이나 조직
성과 창출에 몰입하는 계기를 만들 수 있다. 예상한 대로 효과는 적
중했다.

1. 대상 조직: 10년 이상 무재해 달성 조직(실)
2. 행사 주기: 매년 1회(전사 안전 환경의 날)

3. 행사 방법:
목표달성 조직을 총괄공장장
이 방문하여 출입구에 명판
부착 후 격려행사

사례04 『안전 콩시루』개인 포상

"의미를 담아 칭찬하라."

'만사(10004)OK' 활동 우수자에게 지급하는 상품 중 하나는 '안전 콩나물시루'다. 외재적 동기부여 수단인 금전적 보상일지라도 거기에 조직이 지향하는 가치를 담아 전달한다면 더욱 값지고 의미 있는 포상과 동기부여가 될 수 있다.

얼핏 생각하기에는 콩시루가 안전활동 우수자 포상에 적합한 상품이 맞을까 생각할 수 있다. '안전은 콩나물시루에 물을 주는 것과 같다'라는 메시지를 전달하고 싶었다. 또한, 이 콩시루를 통해 가정에서 즐겁고 행복한 가족애와 새로운 추억이 만들어지길 기대했다. 직접 길러 먹는 친환경 먹거리의 대화도 있을 테고, 날마다 무럭무럭 크는 식물 생장에 대한 신비함도 경험할 수 있을 것이다. 손수 기른 콩나물로 만든 반찬으로 식사를 하는 식탁은 더 건강하고 화기애애한 행복한 밥상, 행복한 가정이 될 것이라 확신한다.

이와 더불어 한 사람의 사원이자 한 가정의 가장인 포상 대상자에게 그가 회사에서 인정받고 있다는 사실을 콩시루를 통해 가족들에게 보여주고 싶었다. 또한, 안전콩시루에 담긴 의미와 메시지는 회사 안전(On the Job Safety)을 넘어 생활 속 안전(Off the Job Safety)으로도 연결될 수 있다. 안전한 가정, 안전한 회사, 안전한 사회와 국가, 이것이 바로 우리가 가야 할 궁극적인 지향점이자 안전 비전이다.

만사(10004)OK 안전 콩시루 포상

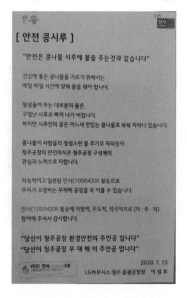

사례05 『만사(10004)OK 우수자 포상 감사카드』

"섬세함과 디테일로 칭찬하라."

'만사(10004)OK' 활동에 대한 구성원을 인정하고 포상하는 방법은 다양하다. 그중 하나가 '만사(10004)OK 칭찬 감사카드'다. 비록 작은 실천이지만 무재해를 위한 의미 있는 활동이라면 그것을 인정하고 격려한다. 칭찬할 때에는 작은 선물과 함께 실제 행동에 대한 구체적인 사항을 적고 그것을 칭찬한다.

진정성이 담겨 있는 감사카드는 선물 이상의 감동과 동기부여 요소가 될 수 있다. 감동은 결코 크고 화려한 칭찬이나 돈으로 시작되는 것이 아니다. 비록 소박하더라도 진정성 있는 인정과 감사에 에너지가 충전되기 시작한다.

만새[10004]OK 칭찬 감사카드

사례06 『당신이 진정한 숨은 영웅입니다』

올해 초 청주에 큰 눈이 내렸다. 최근 몇 년간 내리지 않던 눈이 그날 새벽에 많은 적설량을 보였다. 아침 출근길에 눈 때문에 원료 및 제품 출하가 가능할지 걱정하면서 정문을 들어섰다. 그런데 공장에는 어느새 제설 작업이 끝나 있었고 원료 공급 차량과 제품 출하 차량이 원활하게 작업을 하고 있었다.

누가 시키지는 않았지만, 새벽 시간에 단열재 협력업체 사원들이
자발적으로 제설 작업을 시작했고, 이것을 시작으로 공장 전체로 확
산되어 이른 아침에 작업이 마무리되었다는 것이다. 그 사실에 감동
했고 정말 고마움과 감사함을 느꼈다. 협력회사는 청주공장 성과 창
출을 담당하는 한 축이라는 사실을 다시금 확인하는 계기가 되었다.
협력회사 대표에게 감사 인사를 했다. 그리고 그들에게 작은 선물과
필자의 진심을 담은 감사카드를 작성해서 전달했다.

"감사합니다!"
이른 새벽 바쁜 작업 중에도 귀한 휴식시간을 쪼개 밤사이 내린 눈을 치
우느라 수고한 귀하에게 감사합니다.
이러한 마음과 노력이야말로 "전원 참여 솔선수범 3정5S 활동"의 근간이
며 우리는 이를 통해 차별화되는 경쟁력을 확보하게 될 것입니다.
"당신이 청주공장의 진정한 숨은 영웅입니다."

LG하우시스 청주공장 총괄공장장 이성호

06

작은 성공이 큰 성공을 이끈다.

> ❝ 과거를 기억하지 못하는 사람은 그 과거를 되풀이하는 벌을 받는다 ❞
> -조지 산타야나 미국 철학자-

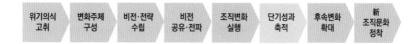

| 위기의식 고취 | 변화주체 구성 | 비전·전략 수립 | 비전 공유·전파 | 조직변화 실행 | 단기성과 축적 | 후속변화 확대 | 新 조직문화 정착 |

　변화에는 시간이 걸리고, 변화에 있어서 성취가 가능한 단기목 표가 없으면 추진력이 잃게 될 수도 있다. 설사 변화에 동참했더 라도 사람들은 단기간 내에 변화의 노력이 가시화되지 않거나 성 과가 보이지 않으면, 변화를 포기하거나 그에 저항해서 대열에서 이탈하려고 한다.

　변화관리 8단계 모델에서 존 코터 교수도 강조했다. "**큰 변화 를 성공적으로 이끌고 가려면 위기감이 높을 때, 단기적인 성공이 필요하다.**" 단기적인 성공체험은 구성원들에게 변화에 대한 불안 감을 해소하고, 성공에 대한 가능성을 보여준다는 것이다. 그렇게 되면 변화에 동참한 그들에게 자신감과 함께 목표에 대한 몰입감과 결집력을 갖게 하고 이것은 변화에 대한 확실한 전환점을 만드는 계기가 되기 때문이다.

변화관리 활동 1년이 되는 시점인 2020년 4월, '만사(10004)OK' 주관부서인 안전팀을 통해 그간의 변화 정도와 활동 성과를 점검했다. 지난 1년간 활동 내용을 돌아보고 또 다른 변화를 시작하기 위한 준비 작업이다.

그렇다면 '만사(10004)OK' 활동으로 청주공장에는 어떤 변화가 있었을까? 결과는 놀라웠다. **1년간 위험요소를 발굴·점검·개선한 활동실적은** 6,047**건이었다.** 예상치보다 훨씬 높은 수치다. 또한, 과거보다 다양한 시각에서 위험요소를 찾고 예방하고자 하는 다수의 아이디어가 나왔다. **사고 발생 건수에도 변화가 보였다.** 2018년 이후 청주공장은 매 20**일마다** 1**건씩 크고 작은 안전사고가 발생했다. 하지만 '만사(10004)OK' 활동 후 사고 발생 주기는** 20**일에서** 120**일로 대폭 늘어났다.**

더욱 반갑고 의미 있는 변화는 사원들의 안전의식이 높아지고 있다는 사실이었다. 설문조사를 분석한 결과 **안전의식은** 4.06**점** (2018.10)**에서** 4.52**점** (2020.4)**으로 약** 11%**로 향상되었다.** 활동결과로 나타난 정량적 성과와는 별도로 공장의 **안전문화 변화 성공 가능성과 자신감 확보**라는 측면은 또 다른 큰 성과물이 되었다.

고맙고, 감사한 일이다. 1년간 활동을 격려하고 성과를 알리는 총괄공장장 메시지를 임직원들에게 보냈다. 이어서 임직원들이 우리의 작은 성공체험 결과를 쉽게 접하고 볼 수 있도록 자체적인 동영상물로 제작해서 구성원들과 공유했다.

청주공장 안전사고 건수

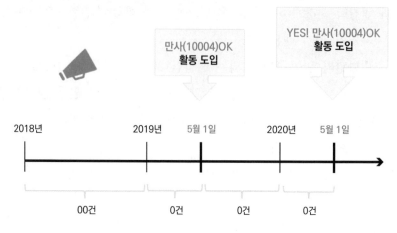

무재해 일수 6배 증가, 사고빈도(120일 ← 20일/건)

※ 사고건수의 구체적인 수치는 보안문제상 표시하지 않음

07

당신이 환경안전의 주인공이다.
『YES! 만사(10004)OK』

" 정상을 오르지 못하게 하는 것은 내 앞에 있는
큰 바윗돌이 아니라 신발 안에 있는 작은 모래알이다 "

| 위기의식 고취 | 변화주체 구성 | 비전·전략 수립 | 비전 공유·전파 | 조직변화 실행 | 단기성과 축적 | 후속변화 확대 | 新 조직문화 정착 |

    자동차를 운전할 때 운전자는 도로 상황이나 자동차 속도에 맞게 기어를 변속해야 한다. 속도가 빨라졌을 때 변속하지 않으면 엔진회전수가 높아져 엔진이 과열되고, 반면에 속도가 느릴 때 너무 서둘러 변속하면 엔진의 힘이 딸려서 제대로 이동하지 못하거나 오르막을 오를 수 없다. **변화관리도 이와 마찬가지다.** 변화의 속도에 따라 적절하게 변속해야 하고 주변 환경의 변화에 걸맞게 적절한 기어를 바꿔야 한다.

    2020년 5월, 다음 단계 도약을 위한 「YES! 만사(10004)OK

Jump-up」 행사를 했다. 변화관리 8단계 중 '후속 변화확대를 위한 Jump-up 단계' 절차다. 앞서 언급한 바와 같이 지난 1년간의 활동 성과를 통해 우리는 작지만 의미 있는 성공체험을 했고 자신감도 가지게 되었다. **사고 발생 건수가 50% 줄었고 사원들의 안전의식 변화를 스스로 확인하였다. 본 행사는 앞서 말한 변화를 토대로 안전경영 비전 달성 의지를 재확인하고 목표지점의 좌표를 더욱 분명히 해서 실행 에너지를 충전하고 전열을 재정비하는 작업**이다.

하지만 우리가 가야 할 길은 멀고 험하다. 몇 번의 이벤트와 단기간의 활동으로 무재해와 안전문화를 변화시킬 수 있다면 그것은 진정한 변화가 아니다. 변화관리 전문가들은 **조직문화가 임직원 각자에게 체화되고 쉽게 변하지 않는 문화로 안착하기까지는 최소 3년에서 5년간의 기간이 필요하다**고 했다. 절대적으로 동의하고 공감한다. 이것은 활동에 대한 **지속성과 일관성이 필요한 이유**이기도 하다.

YES! 만사(10004)OK Jump-up 행사

□시간계획

시간		내용	발표자
11:00~11:05	5'	행사 개요 소개	안전팀장
11:05~11:15	10'	동영상 시청 (만사(10004)OK, 안전문화)	
11:15~11:25	10'	전사 「안전문화」 개선활동	본사.환경안전담당
11:25~11:35	10'	노동조합 대표 말씀	청주.지부장
11:35~11:55	20'	만사(10004)OK 안전경영 추진 방향	총괄공장장
12:00~12:20	20'	만사(10004)OK 나무 및 타임캡슐 행사	외부 행사장

YES!란 "우리 모두(You & I) 환경(Environment) 안전(Safety)"의 영문글자 첫머리를 합성한 단어다. 만사형통, OK와 같은 긍정의 어감이 있는 단어다. "환경안전 YES! OK!", "목표달성 YES! OK!" 어떤가? 쉽고 간결하며 기억하기 쉬운 구호라고 생각되지 않는가? '당신이 환경안전의 주인공이다'라는 표현은 환경사고와 안전사고 예방 활동에 개인의 자발적, 주도적, 적극적인 자세와 동참을 독려하는 메시지다.

이 활동은 기존 활동과 큰 차이가 없다. 중점 활동인 '안전 소통 확산'과 '전원 참여 위험요소 발굴 개선 활동'은 '만사(10004)OK' 활동의 본질이다. 각자의 임무와 역할에 맞게 지속적이고 일관되게 추진되어야 한다. 또한, 여타 다른 활동도 중점 활동에 부가하여 변함없이 계속되어야 한다.

Jump-up 단계에서 기존 활동과 차이 나는 내용은 '환경 분야 사고 예방 활동', '행동기반 안전관리'와 '비상대응 역량 강화'다.

최근 들어 다수의 환경사고로 인해 환경법규는 강화되고 있고 기업에 대한 정부의 압박과 사회적 요구가 날로 증가하고 있다. 그에 대한 영향 또한 심각한 수준이다. 그래서 환경 위험요소를 발굴하고 개선하는 문제를 '만사(10004)OK' 활동 범위 안에 포함했다. 적절한 시기이고 바람직한 선택이었다고 생각한다.

다음은 비상역량 강화 문제다. 위험요소를 점검, 발굴, 개선하더라도 완벽하게 사라질 수는 없다. 솔직히 영원한 무사고는 있을 수 없고 완벽한 사고예방 또한 난센스다. 그렇다면 어떻게 해야 하는가? 위험요소 발굴 개선 활동을 통해서 사고를 줄이는 활동에도 불구하고 사고가 발생했다면 초기 골든 타임의 비상대응 역량이 중요하다.

그래서 비상 상황 시 중대사고 초기 진압팀인 '소방기동대'를 확대 재편성(방재요원+설비PM+보안요원+UT가동인원+생산팀 Operator)했다. 이들의 첫 번째 임무는 비상대응 역량 체화다. 불시 관리감독자 비상소집훈련(분기1회) 및 생산팀 합동 소방훈련(분기1회), 종합 비상대응훈련(반기 1회)을 통해서 '자기 완결형 비상대응 역량'을 확보하고자 하였다.

YES! 만사(10004)OK 안전경영 추가 활동

1) 환경 분야 위험요소 점검·발굴·개선 활동

① 환경 설비 위험요소 점검, 발굴, 개선
② 환경 설비 시스템 관리체계 고도화 및 Level-up

2) 高 위험 공정/설비 행동기반 안전관리(BBS)

① 작업자의 불합리한 행동 위험요소 점검, 발굴, 개선
② 작업자 행동관찰 > 관찰결과 피드백 > 핵심행동 도출
 • 작업자 행동관찰: 체크리스트로 작업자 행동특성 분석
 • 관찰결과 피드백: 불안전한 행동 → 안전행동 제시/독려
 • 핵심행동 도출: 사고유발 행동 파악 → 사고원인 분석 및 대책 수립/개선

3) 비상대응 강화 및 역량 Level-up

① Safety School 개설 운영
- 교육장 확보, 교육 체계도 수립, 맞춤형 프로그램 개발
- 직군별 맞춤형 안전교육 연 1회 이상 실시

② TDL(To Do List) 점검활동: 공장장, 팀장
- 일일 현장 안전 환경 점검 및 개선

③ 협력사 삼진 아웃제, 관리감독자 평가 조정제도 검토

④ LG화학 생산 안전 환경 기술 교류회(2021)
- 대산, 여수공장과 청주공장: 생산, 안전, 환경, 설비팀

📋 활동사례

사례01 YES! 만사(10004)OK Jump-up 행사

"성공체험을 통해 또 다른 도전을 시작하다."
- 일시: 2020년 5월 7일
- 참석대상: 공장장, 노동조합대표, 안전관리감독자, 협력회사 대표
- 행사내용: YES! 만사(10004)OK Jump-up 안전경영 추진방향

YES! 만사(10004)OK Jump-up 행사

사례02 '무재해 나무' 명명식 및 안전 타임캡슐 행사

- 일시: 2020년 5월 7일 'YES! 만사(10004)OK' 식후 행사
- 참석대상: 총괄공장장, 노동조합 대표, 생산 공장장, 사내 협력회사 대표
- 행사내용:
  식당 앞 '만사(10004)OK' 나무 식재 및 표지석 설치
  무사고 기원 임직원들의 소망을 담은 타임캡슐 매장

무재해 나무 표지석 및 안전 타임캡슐

사례03 소방기동대 비상대응훈련

- 일시: 분기 1회
- 참석대상: 소방기동대(방재+설비PM+보안+UT가동인원+생산팀 Operator)
- 내용: 비상 상황 훈련

사례04 위험물 창고 BBS One-team 활동

- 일시: 2021년 4월 ~ 9월(6개월)
- 참석대상: 안전팀장, 생산팀장, 구매팀장, 협력회사 입 · 출하 담당
  자, 납품차량기사
- 대상팀: 안전팀, 생산팀, 구매팀, 협력사
- 활동내용:
  위험물 입 · 출하 시 BBS 관점 위험요소 발굴, 점검, 개선
  (절차, 보호구, 안전수칙, 위험요소, 지정수량관리 준수)

사례05 Safety School 개설 및 운영

- 기간: 2021년 4월 ~ 10월
- 참석대상: 안전팀, 인사팀, 사내강사
- 대상팀: 전 사원 + 협력사 + 공장 방문 고객
- 활동 내용:
  강의장/안전체험시설 확보, 교육 체계도 수립 및 실행

Safety School & 교육 프로그램 과정

사례06 LG화학 생산 · 안전 · 환경 기술교류회

- 기간: 2021년 4월~
- 참석대상: 공장장, 생산, 안전 · 환경, 설비팀 실무자
- 장소: 청주공장, LG화학 대산, 여수공장 상호 방문
- 활동 내용:
  생산 · 안전 · 환경 · 설비 기술지원 및 상호방문 교류회
  단열재 공장 증설 생산 · 안전 · 환경 이슈 기술 지원
  LG화학 '공무 아카데미' 참석

사례07 풀뿌리 안전 분임조 대통령상 수상

- 매년 1회 '청주공장 분임조 경진대회'를 개최하여 최우수 1개 팀이
  충청북도 대회 및 전국대회 출전, 전국대회 금상 수상분임조 전원
  1호봉 특별승진 해외연수(발표자 외 2인) 기회 부여
- 일시: 2021년 8월 23일~27일
- 참석 분임조: 창호공장 '개미' 분임조
- 활동 내용:
  '만사(10004)OK' 위험요소 발굴
  창호 배합공정 개선으로 안전위험 요소 감소

08
전통이란 정신을 계승하는 것이다.

" 생각을 바꾸면 행동이 바뀌고, 행동을 바꾸면 습관이 바뀌고,
습관이 바뀌면 운명이 바뀐다 "

위기의식 고취	변화주체 구성	비전·전략 수립	비전 공유·전파	조직변화 실행	단기성과 축적	후속변화 확대	新 조직문화 정착

    지금까지 안전한 작업 환경 만들기와 사고 예방을 위한 정부와 기업들의 노력은 끊임없이 이어져 왔다. 또 앞으로도 계속될 것이고 더욱더 강화될 것임이 분명하다. 하지만 이러한 다양한 활동과 노력에도 불구하고 사고가 완전히 사라지지 않는 이유는 무엇일까? 사고를 근절할 수 있는 근본적인 대안은 없는 것일까?

    영국 안전보건청에서 분석한 '사고 예방 발전단계'를 살펴보자.

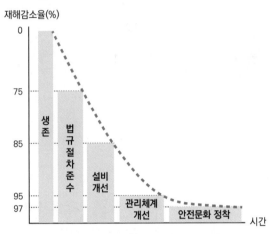

사고 예방의 발전단계

출처: 영국 안전 보건청(HSE) DNV GL

법규와 절차 준수를 통한 재해 감소율은 75%, 설비와 관리체계 개선을 통해서는 각각 85%, 95% 수준까지 사고를 예방할 수 있다고 한다. 그 이상은 한계에 도달한다. 이 한계를 돌파하기 위한 대안으로 영국 안전보건청이 제안하는 방법은 안전문화다. 한계에 부닥친 안전사고와 재해를 줄이기 위해서는 비록 시간은 많이 소요되겠지만 안전문화 정착이 꼭 필요한 요소라고 주장한다.

사고를 대하는 태도가 달라져야 한다. 사고 예방에 대한 접근 방법도 이제는 새로운 시각에서 접근할 필요가 있다. 법에서 정해놓은 법규를 준수하고, 설비에 대한 적극적인 투자, 안전시스템과 제도의 관리체계 수준을 높이는 노력은 지금처럼 계속해야 한다. 그 다음은 안전문화다. 안전문화가 정착되어야만 제대로된 사고 예방 체계를 완성할 수 있다. 그렇다면 안전문화를 변화시키는 핵심 요소는 무엇인가? 결국, 사람이다.

  최근에 읽었던 책에서 인상 깊은 구절이 있었다. '**혁신은 변화를 열망하는 구성원들의 열정과 동참을 통해서 가능하다. 하지만 제대로 된 성공을 위해서는 적절한 시간이 필요하다.** 수확한 콩을 삶아 메주를 만들고 그 메주에서 발효된 효모가 숙성되어 맛있는 된장이 된다. 이처럼 **사람이 관련된 조직변화는 적어도 일정한 시간이 지나야 제대로 된 변화의 모습이 갖춰지고 구성원들에게 체화되어 진정한 조직문화로 정착될 수 있다**'라는 구절이었다.

  무재해 공장과 안전문화 정착은 단기간에 몇 번의 이벤트로 만들어질 수 없다. 참으로 어려운 과정이고 험난한 목표임이 분명하다. 하지만 '사람이 다치지 않는 공장'을 만들겠다는 명확한 안전경영 비전과 구성원들의 열정과 동참이 있다면 가능하다. 특히, **조직 책임자들이 무사고에 대한 진정성과 강력한 의지로 지속적이고 일관되게 안전리더십을 발휘하면 무재해는 반드시 달성될 수 있다**고 확신한다.

  훌륭한 안전문화란 어떤 것인가? '벽에 새겨진 글씨는 세월이 지나면 지워질 수 있지만, 가슴에 새겨진 의식은 지워지지 않는다'고 했다. 우리는 언젠가는 조직을 떠난다. **사람이 떠나도 시간이 흘러도 변하지 않는 안전문화가 진정한 조직문화다.** 프랑스 조각가 로댕은 '**전통이란 형식을 계승하는 것이 아니라 그 정신을 계승하는 것**'이라고 했다. 안전경영에 있어서 앞으로도 영원히 계승 발전해야 할 전통은 변하지 않는 '우.지.할 안전 조직문화'다. **시스템은 모방할 수 있어도 안전문화는 모방할 수 없다.** 비록 사람은 떠나도 시간이 흘러도 '**사람이 다치지 않는 만사**(10004)**OK 안전경영**'과 '**우.지.할 안전문화**'가 청주공장에 제대로 정착되도록 구성원 모두가 힘을 모아야 한다.

이것을 가능하게 하는 것은 '만사(10004)OK' 활동의 지속성과 일관성이다. 지속성과 일관성은 조직 구성원을 한 방향으로 결집하고 변화의 대오에서 이탈하지 않도록 묶어주는 힘이기 때문이다.

09

결론: 안전경영 활동의 대전제와 접근방법

> *기업이 무너지는 것은 경영실적이 나빠서가 아니라*
> *위기관리에 실패했을 때 한순간에 몰락한다*
> -LG 구광모 회장-

안전경영 활동의 대전제

1) 완벽한 사람, 완벽한 기계는 없다.
   사람은 실수하고 기계는 고장 난다.
2) 사람은 편안함을 선호하고 변화를 거부한다.
3) 절대적인 안전은 없다.
4) 지속성과 일관성이 변화를 이끈다.

안전경영의 필요요건과 접근방법

1) 안전은 사업과 성과에 우선한다.

"Safety First, Business Follow"

안전 환경의 모든 활동은 경영의 효율성 경제성에 우선해야 한다. 고도 성장기 시대에 안전은 경영자에게 있어 경영의 우선적 고려사항이 아니었다. 하지만 오로지 매출증대와 손익, 생산성 향상에 집중했다면 지금의 상황은 크게 달라졌을 것이다. '중대재해' 하나로 기업이 '훅' 갈 수 있는 시대가 되었다. **안전은 타협의 대상이 아니다. 어떤 누구와도 타협하거나 양보해서는 안 된다. 안전은 사업과 성과에 우선해야 한다.**

2) 법적 기준은 무조건 준수한다.

안전은 사업을 위한 절대가치다. 절대가치는 절대적으로 지켜져야 하고 이를 위해서는 사업 추진과정에서 요구받는 어떠한 법적 기준도 무조건 준수해야 한다. VUCA 시대는 끊임없이 사회적 요구와 환경이 바뀌고 새로운 법규가 만들어진다. 이런 변화와 도전 앞에 기업이 해야 할 일은 '**반 발 앞서 있다 한 발 앞서 움직이는 것이다.**' 즉, 이슈를 선취하고 선행적으로 대응하는 것이다. 그것이 '지속 가능한 경영'의 본질적인 자세와 태도이다.

3) 사람·현장 중심의 안전관리체계를 확보한다.

사람 중심, 현장 중심의 촘촘한 절차를 구축하고 준수과정에서 모든 불편을 감수해야 한다. 기업에서 가장 중요한 성과 주체는 사람이다. 안전 환경은 사람이 중심이 되어야 한다. 따라서 **사람 관점에서 실수를 줄이고 안전한 작업 현장을 만드는 일에 집중해야 한다.** 위험한 환경에서 안심이 더해질 때 비로소 사람은 안전하다고 느낀다. 안전하려면 불편해야 한다. 불편을 감수하지 않으면 사고를 막을 수 없다.

4) 실시간으로 투명하게 정보를 공개해야 한다.

안전 환경 정보는 임직원들에게 실시간으로 공개되도록 시스템화하고 모든 이해관계자에게 투명하게 공개해야 한다. 일상에서 우리는 잘못된 정보 제공이나 정보 오류로 인해 크고 작은 문제를 경험하게 된다. 산업현장에서 이러한 정보가 적기에 제공되지 않거나 불투명한 정보는 사고로 인한 생명과 재산상의 큰 문제를 야기될 수 있다. 정보를 제한함으로써 이해관계자에게 불안감이나 불신을 초래해서는 안 된다. 위험을 회피하지 않고, **상호 적극적인 위험 커뮤니케이션을 통해서 신뢰를 확보**해야 한다.

5) 안전수칙 준수에는 예외가 없다.

안전경영 활동 성공의 확실한 방법은 **구성원의 결집한 마음과 전원 동참**이다. **정해진 기준과 원칙에 대해서는 임직원 모두가 예외 없이 준수**해야 한다. 일단 한번 정해진 기준과 원칙은 어느 때나 누구나 지켜야만 한다. 예를 들어 공장 작업장 방문 시 안전화와 보호구를 착용하는 기준이 있다면 말단 사원에서 CEO, 고객, 모든 사람이 안전화를 신고 현장을 방문해야 한다. 그것이 살아있는 기본준수다. 안전수칙 준수에 있어 예외는 없다.

6) 차별 없는 안전을 보장하고 폭넓은 책임을 진다.

조직의 성과를 내는 주체는 다양하다. 이러한 성과를 내는 개별 주체로서 Value chain상의 모든 조직과 사람들은 존중과 보호를 받아야 한다. 안전 환경에 있어서 **고객, 협력사, 임직원을 포함한 모든 이해관계자에게 차별 없는 안전을 보장**해야 한다. 또한, 만약 사고로 인해 피해가 발생한 경우 임직원, 고객, 협력사, 지역사회에 법 이상의 폭넓은 책임을 다해야 한다.

7) 변화의 힘은 지속성과 일관성이다.

조직변화는 일회성 이벤트로 이루어지는 것이 아니다. 특정 **조직의 변화를 이끌어 내어 이를 정착시키기 위해서는 적어도 3년에서 5년 이상의 시간이 필요**하다. 안전 환경에 대한 구성원의 의식이나 행동을 변화시키고 새로운 조직문화로 정착하기 위해서는 일정한 시간 동안 지속적이고 일관된 변화 활동이 필요하다. 위에서 언급된 각각의 필요한 요건들은 계속 또 계속 일관되게 반복되어야만 한다. 습관처럼 조직에 체화되고 남들이 흉내 낼 수 없는 **안전 문화가 만들어지는 것은 결국, 지속성과 일관성이다.**

만새[10004]OK 변화관리 프로세스 모델

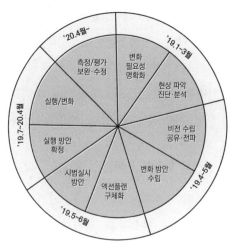

제 3 장

당신이 안전의 주인공이다.

01

나는 '만사(10004)OK' 교주다.

" 한 번 일어난 일은 다시 일어나지 않을 수 있지만
두 번 일어난 일은 반드시 다시 일어난다 "

나의 직업은 다양하다. 나는 현재 3개의 직업을 가지고 있다. '투잡'을 넘어 '쓰리잡'이다.

나의 첫 번째 직업은 제조기업 총괄공장장이다.

나는 매일 아침 7시 20분에 출근한다. 출근 후 첫 번째로 하는 일은 사무실 책상 위 '환경안전 모니터링시스템'을 켜고 안전 환경 이상 유무를 먼저 살피는 일이다. 근무시간이 시작되면 시시각각 벌어지는 다양한 이슈에 대응하고 회의, 보고 등으로 바쁘게 보낸다. 이어서 매일 두 차례 현장 곳곳을 다니며 각종 위험시설을 둘러본다. 이와 함께 작업 현장의 사고 예방 활동, 사원들과 위험 커뮤니케이션을 지속적으로 실시한다.

나의 두 번째 직업은 교직자다. Safety School 교장이다.

나는 지난해 강의실이 1개밖에 없는 작은 Safety School을 세

웠다. 안전을 책임지고 있는 사람들과 소박한 개교 기념식도 열었
다. 올해는 교육 프로그램을 체계화하고 교육 효과를 높이기 위한
교육과정 개발에 관심이 높다. 또한, 기존에 1개밖에 없는 강의실
을 확충하고 체험 교육장 확보를 위해 여러 가지 방안을 고민하며
대책을 세우는 중이다. 이러한 계획과 준비가 원만하게 진행된다
면 조만간에 청주공장에는 위험으로부터 안전을 지켜내는 명실상
부한 Safety School(안전학교)이 완성될 것이다.

Safety School 미션은 일반 학교와 달리 안전교육과 안전의식
제고를 통해 사람을 다치지 않게 하는 것이다.

병원에서 의사의 역할은 다친 사람이나 질병이 있는 사람을 치
료하고, 죽어가는 사람을 살리는 것이다. 하지만 Safety School의
**안전 강사들은 살아있는 사람을 다치지 않게 하고, 위험으로부터
생명을 보호하는 역할을 한다.** 병원이 사후적 측면에서 사람을 치
료하고 목숨을 살리는 장소라면, Safety School은 **사전적 측면에
서 사람을 보호하고 생명을 지키는 장소다.**

**나의 마지막 직업은 신흥종교 교주다. 종교는 '만사(10004)OK
교'다.**

'만사(10004)OK'는 세상의 위험으로부터 사람을 구원하는 것이
다. 2019년 5월 1일, 나는 이 엄중한 사명을 계시받고 1백여 명의
신도들과 출범식을 함께하고 제1대 초대교주로 취임했다.

청주공장이 본산인 이 종교의 신도는 거의 1천여 명에 가깝다.
이 종교의 교세 확장과 복음을 전파하기 위해서 지금도 수십여 명
의 전도사들이 현장을 다니며 목회활동 중이다. 교주인 나 또한
매일 오전과 오후에 '만사(10004)OK' 교리를 전파하고 신도들의

신앙심을 높이기 위해서 현장을 방문하고 그들에게 복음을 전파하고 있다.

'만사(10004)OK' 종교의 목회활동은 특정한 장소와 시간을 가리지 않는다. 아직도 그 믿음이 신실하지 않아 위험에 노출되어 있는 모든 사람들을 대상으로 시간과 장소를 불문하고 '우.지.할' (우리, 지킬 건 지키고, 할 건하자)교리를 전파한다. 이때 우리는 '묵언수행'보다는 '실행수행'을 중시한다.

또한, 나는 사람을 만날 때 새롭게 생긴 습관 하나가 있다. 외부 관공서를 방문하거나, 외부 행사에서 고객을 만나거나, 공장을 방문하는 방문객이든 누구와 만나더라도 '만사(10004)OK' 명함을 전달하고 '만사(10004)OK' 활동을 진지하게 설명하고 전파한다.

오늘 아침에는 26명의 새로운 신입 신도들과의 만남이 있었다. 입회식 장소에는 검은 정장과 넥타이 차림의 멋진 젊은이들이 앉아 있었다. 새로운 출발에 대한 설렘의 눈빛으로 바라보는 그들에게 나는 '만사(10004)OK' 교주로서 메시지를 보냈다.

"청주공장 가족이 되신 여러분!! 진심으로 환영합니다. … 〈중략〉 … '만사(10004)OK'를 믿고 실천하세요. '만사(10004)OK'는 여러분을 위험에서 구원합니다. 어떠한 경우도 여러분은 다쳐서는 안 됩니다. 사업이 안전에 우선할 수 없고 성과가 환경에 우선할 수 없습니다. 청주공장의 절대가치는 '안전'입니다. 사람이 다치지 않는 공장을 만듭시다. 안전의 출발은 여러분들로부터 출발합니다. 여러분의 일상에서 '만사(10004)OK' 하십시오."

불광불급(不狂不及)이란 말이 있다. '**어떤 일에 있어서 미치광이처럼 그 일에 미쳐야 목표에 도달할 수 있다**'라는 말이다. 열정과 광기는 흔히 반쯤 미친 반광(半狂, 거짓 미침)에서 시작된다. 무엇엔가 미친 듯이 몰입하지 않고는 결코 어떤 일도 이룰 수 없기 때문이다. 남들만큼 적당히 해서는 남들보다 뛰어나게 잘 할 수는 없다.

안전에 있어서도 마찬가지다. 무재해 목표를 달성하기 위해서는 목표에 온전히 미쳐야 가능하다. '**만사**(10004)**OK' 안전경영을 제대로 실행하고, 종국적으로 안전문화로 바꾸기 위해서는 변화관리자들이 불광불급 해야만 가능한 일이다.**

총괄공장장이 신흥종교 교주가 되어야 하고 안전관리 감독자인 팀장들은 목회자가 되어야 한다. 현장의 실장, 반장, 안전간사, Safety engineer들 또한 열혈 전도사가 되어야 한다.

'**만사**(10004)**OK'에 대한 믿음은 신흥종교 신도처럼 맹목적이어야 하고 절대적이어야 한다. 매일 끊임없이 현장으로 나가서 신도들과 소통하고 그들에게 만사**(10004)**OK 믿음과 확신을 심어줘야 한다.**

미쳐야 아름다운 향기가 그들에게 미친다.

02

안전, 누구의 업무이고
누가 주인이 되어야 하는가?
『안전에 갤러리란 없다』

" 안전이란 군대와 같다. 100년 동안 한 번도 사용
못 할 수도 있지만 단 한시라도 없어서는 안 된다 "

모두, 누군가, 아무나, 아무도

어느 마을에 '모두'와 '누군가', '아무나'와 '아무도'라는 네
사람이 살고 있었다. 어느 날 그 마을에 해결해야 할 중요
한 일이 생겼고 '모두'가 그 일을 해야하는 것으로 되어
있었다. '모두'는 '누군가'가 틀림없이 그 일을 할 것이라
고 생각했다. 그 일은 '아무나' 할 수 있는 일이었다. 하지
만 '아무도' 그 일을 하지 않았다. 이런 상황을 보고 '누군
가'가 매우 화를 냈다. 왜냐하면 그 일은 '모두'가 해야 할
일이었기 때문이다. 결국, '아무나' 할 수 있는 일을 '아무

도' 하지 않고 말았다는 것을 알고 '모두'가 '누군가'를 원
망하고 비난했다.

미국 어린이 동화 내용이다. 비록 동화 속 이야기지만 일상생
활이나 조직에서 우리는 이런 상황을 종종 접하지 않는가?

사고 예방 활동에 있어 가장 중요한 핵심 성공요소는 구성원
모두가 동참하는 것이다. 안전에는 무임승차가 있을 수 없다. 각자
맡은 직무와 역할에 충실히 하는 것이 안전을 지키는 것이다. 특
히, 안전관리 감독자들에게는 권한과 책임을 명확하게 부여하고
그에 따른 역할을 하도록 해야 한다.

안전, 누구의 업무인가?

제조공장에서 아직도 안전업무가 생산 본연의 업무가 아니라
안전팀 고유 업무로 생각하는가? 안전·환경업무는 누구의 업무일
까? 누가 주도해야 하는가? 안전에 대한 권한과 책임에 대한 본질
적인 문제를 짚어보자. 안전업무에 대한 R&R과 인식이 명확해지
면 안전은 더 안전해질 수 있다.

필자가 입사할 당시에는 안전업무란 안전팀에서 전문적으로 하
는 업무라고 생각하는 사람이 많았다. 골치 아픈 법 조항을 해석하
고 그에 따르는 법적 준수사항을 챙기며, 대관 인허가 업무나 소방
관서의 안전, 소방 점검에 주로 대응하는 것처럼 보였다. 내부적으
로도 그랬다. 별도의 방재실 조직을 운영(소방 공무원 출신도 다수)
해서 공장 내 소방시설이나 특수 방재 장비를 점검하는 모습을 현

장에서 자주 접했고, 유사시 비상 상황에 대비하기 위한 소방훈련을 주관하는 부서라고 생각했다. 그래서 대관 업무나 소방 방재 업무는 직무 특성상 일반 직원들이 접근하기엔 쉽지 않다는 이유로 안전팀은 별도의 전문영역이자 특수한 분야라고 이해했다. 그래서 생산 공장이나 지원부서 직원들은 안전·환경관련 이슈나 소방 방재 관련한 문제가 발생하면 자체적인 해결이나 고민보다는 무조건 안전팀으로 달려가서 도움을 요청했다. 그러면 그 당시에는 안전팀 직원이나 방재실 근무자가 무난하게 해결하거나 대응해주곤 했다.

지난해 안전 환경에 관한 조언을 듣기 위해 여수공장 OOO 공장장과 통화한 적이 있었다. 여수공장 근무 시 TF(Task force)팀 활동을 함께 한 인연도 있었고, 청주공장이 여수공장의 주요 고객이기도 해서 지금도 꾸준하게 연락하며 지내고 있다. 그래서 가끔씩 안전 또는 설비와 관련된 문제나 고민을 이야기하면 적극적으로 해결방법을 제시하고 도움을 주는 고마운 후배이기도 하다. OOO 공장장과의 전화 통화에서 들었던 안전 환경업무와 그에 따른 역할의 변화된 모습은 '제조공장에서 안전 환경업무는 누구의 업무인가?'에 대한 의미 있는 메시지를 던져주었다.

여수공장 OOO 공장장의 말이다.

"제가 입사하던 90년대 초 제조공장에서 챙겨야 할 법규는 산.안.법을 포함한 3~4개 정도였습니다. 그런데 30여 년이 지난 지금 회사에서 챙겨야 할 법규는 16~19개 이상입니다. 세상은 엄청나게 변했고 국가나 우리 사회가 기업에게 요구하는 기대 수준이 너무 높고 많아졌다는 거지

요. 그래서 요즘은 엔지니어들에게 요구하는 역량도 많이
달라졌습니다. 제가 입사해서 공장 건설프로젝트나 생산
팀 근무 시절에는 주로 공정이나 설비에 대한 전문역량을
최고로 인정했고, 그에 따라 공장을 어떻게 하면 생산량
을 늘리고 효율적으로 가동할 것인지가 첫 번째 관심이었
습니다. 지금은 그렇지 않습니다. 그렇게 할 수가 없습니
다. 요즘 엔지니어에게 요구하는 핵심역량 중의 첫 번째
는 PSM(Process Safety Management: 공정안전관리)을
비롯해 정부에서 요구하는 각종 인허가 요구사항을 놓치
지 않고 치밀하게 챙겨나가는 역량을 확보하는 것입니다.
남들이 따라올 수 없는 차별화된 기술과 아이디어를 적용
해 아무리 성공적인 프로젝트나 운영 성과를 만들었다고
하더라도 대외적인 법적 문제를 놓치게 되면 한방에 '훅'
가는 시대가 된 겁니다."

"안전 환경업무 또한 마찬가지입니다. 안전과 환경업무는
안전팀이나 환경팀에서 수행하는 것이라는 생각한 시절이
있었습니다. 지금은 그런 생각으로 접근하면 '폭망'합니
다. 너무나 많은 법적 규제가 만들어졌고 앞으로도 더욱
강화될 것입니다. 반면에 우리 공장은 과거 대비 공장이
나 설비가 대폭 늘어났고 지금도 계속 확장되고 있습니
다. 이러한 상황에서 안전 환경업무를 안전팀이나 환경팀
이 전담할 수 있는 수준은 이미 넘어섰고 또 그렇게 해서
는 관리가 안 됩니다. 그래서 여수공장은 단위 공장장이

중심이 되어 안전 환경에 대한 전반적인 책임을 지고 공
장별로 관리하고 있습니다. 단위 공장장이 안전보건 총괄
책임자가 되고 거기에 따른 권한과 책임도 함께 가지는
거지요. 다만 안전환경부문은 단위 공장장이 제대로 역할
을 할 수 있도록 지원하고 공장 전체차원에서 관리하는
역할로 분담하고 있습니다."

안전에 갤러리란 없다.

우스갯소리로 어떤 조직이든 '꿀보직'이라는 말이 있다. 자리와
권한은 있으나 책임은 없거나 가벼운 자리를 일컫는 말이다. 일반
적으로 이런 자리는 자기 임무와 역할에 대한 절박함과 간절함이
상대적으로 떨어진다. 특정사안이나 이슈 해결의 중심에 서지 않
고 갤러리가 될 가능성이 있다. 모두가 해야만 하는 역할을 누군
가 할 것이라 생각해서 아무도 하지 않는 불상사가 발생하지 않도
록 책임과 권한을 명확히 제시해주어야 한다.

여수공장 OOO 공장장과 통화 이후에 안전 환경업무에 대한
R&R을 새롭게 정립하고자 했다. 지금까지 청주공장 전체 안전보
건관리 책임자는 총괄공장장이었다. 안전팀에 지시했다. 여수공장
운영방식처럼 개별 생산 공장장은 해당 공장의 안전보건관리책임
자로 선임(총괄공장장은 공장 전체 안전보건총괄책임자, 협력사 포함)
하고, 공장장 회의체인 공장운영위원회에서 확정하여 시행했다.
단위 생산 공장장의 안전보건관리책임자 선임은 개별 공장장에게
안전 환경업무에 대한 인식을 달리하게 만들어주었다.

지금까지는 개별 생산 공장장은 안전보건 관리책임자로 선임하지 않았다. 과거 관행처럼 총괄공장장이 모두 맡고 있어서 개별 공장에 안전사고가 나더라도 그에 따른 모든 법적 책임은 총괄공장장 몫이었다. 하지만 이후로는 본인들이 그 책임을 이어받는다. 그날 이후 안전에 대한 더 많은 관심과 고민이 뒤따르는 것은 당연한 결과다.

안전 · 환경업무는 우리 모두의 업무다.

안전 환경업무는 이제 안전팀, 환경팀의 업무가 아니다. 특정한 기능, 특정한 사람에게 책임을 전가해서도 안 된다. 그렇게 할 수도 없고 그렇게 해서도 안 된다. **안전 환경에 무임승차란 없다. 조직 구성원 모두 공동의 책임이 되어야 하고 사용자 분담 원칙이 적용되어야 한다.** 환경정책 기본법에 '오염 원인자 비용 부담원칙'이라는 조항이 있다. 자기 행위 또는 사업 활동으로 환경의 오염의 원인을 유발한 자는 이에 관련한 비용을 오염 원인자 본인이 부담해야 한다는 원칙이다.

안전 · 환경 문제 또한 마찬가지다. **해당 사업에서 발생한 안전 환경 관련 문제해결은 해당 사업에서 전담하고 책임지는 것이 순리고 상식이다.** 단위 생산 공장장이나 생산팀장이 중심이 되어 책임과 권한을 가지고 주도적으로 챙겨나가야 한다. 이것이 안전 환경 역할에 대한 본질이고 현실적인 대안이다.

03

햇빛이 비치는 곳에 곰팡이가 슬지 않는다.

안전은 콩나물시루 안에 있는 콩나물과 같다.
안전에 대한 끊임없는 관심이 안전한 작업 현장을 만든다

책 서문에서 '사무실 액자 속 안전방침을 끄집어내어 현장 작업자 의식에서 숨 쉬도록 하고, 국기 게양대에 걸린 무재해 깃발을 현장에 펄럭이게 하자'고 했다. 어떻게 하면 일상 속에 안전의식이 살아 숨 쉬게 할 수 있을까?

먼저, 안전에 대한 리더들의 관심이다. '햇빛이 비치는 곳에 곰팡이가 슬지 않는다'고 했다. 관리감독자들의 눈길과 손길이 닿으면 위험요소가 사라지고 안전한 작업 환경이 만들어진다.

리더들의 관심은 현장 사원들에게 어떠한 영향을 미칠까? 조직과 리더로부터 자신이 한 사람의 인격체로 존중받고 보호되고 있다고 생각하면 리더들의 이야기에 귀 기울이며 리더에게 마음의 문을 열게 된다.

이어서 안전의식을 강조하는 '의도적', '계획적' 활동과 '상징적인 액션'이 필요하다. 모든 일에 안전을 최우선으로 해야 하며 안전이 절대가치라는 것을 상징적인 액션을 통해 보여주어야 한다. 현장방문, 면담, 보고, 회의, 행사 등을 실시할 때 자연스럽게 보여주면 더욱 효과적이다.

이때 리더의 진지한 태도와 일관된 행동이 중요하다. 새로운 변화요구 앞에서 구성원들은 리더의 행동을 지켜본다. 자연스러운 이치이자 당연한 모습이다. 보호구 착용을 늘 강조하던 리더가 어느 날 깜박 잊고 그것을 지키지 않았다면 어떤 일이 벌어질까? 안전에 대한 리더의 진정성을 의심받는다. 리더의 솔선수범이 변화의 촉매가 되고 그의 일관된 행동이 현장 작업자로 하여금 신뢰감을 가지도록 하여 그것을 따르도록 만든다.

일상에서 이러한 행동들이 반복되면 조직과 구성원들의 습관이 된다. 그리고 이러한 습관적인 행동을 시스템화하라. 시스템은 어처구니가 없는 사고를 예방하는 최적의 대안이다. 또한, 시스템은 실행력을 높이고 지속성과 일관성을 유지할 수 있는 바람직한 안전장치다.

여러분이 소속되어 있는 조직의 '상징적인 액션'은 무엇인가? 곰곰이 기억해 보라. 분명 있을 것이다. 만약 없다면 구성원들에게 조직의 안전의식을 높이는 상징적인 액션을 시도해 보라. 그리고 일관되게 지속하라. 작지만 이러한 것들이 쌓여서 안전문화 변화의 출발점이 된다.

청주공장에도 안전의식을 높이기 위한 상징적인 액션과 절차가 있다. 아래는 매월 1회 진행되는 '안전환경위원회' 회의 시 안전의 중요성을 강조하는 상징적인 절차와 액션이다.

 활동사례

1) 회의 시작 전 "비상 대피도 안내"

회의나 행사 시작 전 먼저 하는 절차는 시간 계획이나 일정 안내가 아니다. 회의 시작과 동시에 첫 번째 보이는 화면은 회의장소가 있는 '비상대피도 안내'다. 회의 진행 중 화재 등 비상 상황 발생 시 가까운 비상 통로, 피난계단, 대피방법, 1차 대피 장소와 2차 대피 장소를 그림과 함께 안내한다. 이 절차는 수년 전부터 시행되고 있고 지금은 회의나 행사 시작 전 자연스러운 절차로 인식되어 있다.

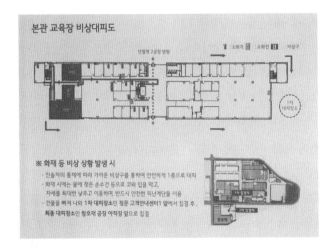

2) 안전훈(訓) 제창

비상 대피도 안내가 끝나면 회의에 참석한 사람 전원이 일어서서 사회자의 선창에 따라 안전훈(訓)을 제창한다. 이 절차는 안전의식을 높이기 위한 상징적인 액션 중 가장 오랜 전통이며 대표적인 상징적 회의절차다.

안 전 훈 (訓)

나는 / 모든 일에 안전을 최우선으로 하고 /

안전하게 행동함으로써 / 재해 없는 공장 /

행복한 가정을 추구한다.

---

3) 공장장 책상 위 살아 숨 쉬는 "그룹 환경안전 방침"

조직이 정한 원칙이나 방침이 책상 서랍 속으로 들어가서는 안 된다. 서랍이나 PC 속에 있는 그것은 이미 죽은 방침이며, 구성원들의 안전의식 속에서 지워져 가고 있는 방침이다. 청주공장 공장장, 부문장급 이상 책상 위에는 그룹 환경·안전방침 액자가 놓여져 있다. 손 가까이 있는 방침, 눈길 닿는 곳에 있는 방침, 결재나 의사결정 시 반영이 되는 방침이 진정으로 살아 숨 쉬는 방침이다.

4) 회의 시작 전 "그룹 환경·안전방침 숙독"

안전환경위원회 회의 시작 전 팀장 1명이 '그룹 환경·안전방침'을 읽으면 나머지 참석자들은 각자 숙독하도록 하고 이 방침에 대한 진정한 뜻을 되새기도록 하여 리더들의 실천을 독려하는 취지로 19년부터 시행하고 있다. 이같이 주기적으로 상기시키는 이러한 절차가 없다면 과연 어떻게 될까? 몇 달이 지나가면 이러한 환경·안전방침은 팀장들의 기억 속에서 점점 사라져 갈 수밖에 없다.

5) "Safety talk" 실시

환경·안전방침 숙독 절차에 이어 참석한 팀장 중 사전에 선정된 1인이 안전 환경과 관련한 소재를 가지고 5~10분 정도 'Safety talk'을 실시한다. 소재는 발표자가 자유롭게 정하며 주로 일상생활에서 경험한 사례나 공장에서 필요한 유용한 안전지식 자료가 많다. 당일 발표자는 발표 후 다음 달 발표 진행자를 지명한다.

청주공장 안전환경위원회 절차 및 '상징적 안전액션' 예시

① 비상 대피도 안내 ┐
② 안전훈 제창   │
③ 그룹 안전·환경 방침 숙독 ├─ 상징적 액션
④ Safety talk ┘
⑤ 전월 논의 내용 진척 사항 F/U
⑥ 무재해 현황 공유(조직별) 및 사고 사례 공유
⑦ YES! 만사(10004)OK 실적 및 우수활동 사례 공유
⑧ 기타 안건 논의
⑨ Wrap‒up
   • 회의결과 공유(전 참석자 대상 1일 내)
   • 결과 F/U 사항은 익월 회의 시작 전 진척사항 보고

04

안전인재 육성, 어떻게 할 것인가?
『미국 유학길에 오른 안전팀장』

*리더가 안전에 대해서 하지 말아야 할 말은
'안전하게 작업하라(Do work safely)'는 말이다.
대신 '안전하지 않으면 작업하지 말라'는 말을 하라*

인재란 무엇인가?

사전적 의미에서 인재란 '어떤 일을 할 수 있는 능력을 갖춘 사람'이라고 정의하고 있다. HR 직무 수행과 인사팀장, 현장 총괄 책임자를 경험해 본 입장에서 '인재'를 말하라면 다음과 같이 정의하고 싶다. 평소 '사원과의 대화' 시간이나 임직원 대상 사내 특강에서 종종 언급했던 내용이기도 하다.

인재란 '능력'과 '경험'을 가지고 '지속적'으로 '성과'를 내는 '사람'이다. 능력이란 "일을 처리할 수 있는 힘"을 말하며 학교나 책에서 배운 지식, 스킬(Skill) 등이 이에 해당한다. 그렇다면 경험이란 무엇인가? 경험이란 "자신이 실제로 해보거나 겪어 봄으로써 거기서 얻는 지식이나 기능"을 말한다.

인재의 정의

앞서 말한 대로 지식과 스킬(Skill)은 다양한 방법이나 수단을 통해서 습득할 수 있다. 개인의 열정이나 태도에 따라 차이는 있을 수 있지만 비교적 짧은 기간에 확보가 가능하다. 반면에 경험은 시간이 필요하다. 자신이 직접 해보거나 겪어 보는 것은 최소한의 시간이 필요하고 제한된 시간에 다양한 경험을 쌓는 것 또한 쉽지 않기 때문이다. 기업이 인력을 채용할 때 신입사원 대신 경력사원을 채용하는 이유와 같은 맥락이라고 보면 된다.

능력과 경험을 확보했다면 인재라고 할 수 있는가? 그렇지 않다. 우리가 몸담고 있는 곳은 조직이고 회사다. 회사가 성장하고 발전하기 위해서는 성과가 필요하다. 기업이든 조직이든 인재는 성과를 내야 한다. 여기서 유념해야 할 일이 있다. 한두 번의 성과가 아니라 '지속적인 성과'다. 한두 번 내는 성과는 운일 수도 있고 외부환경이 좋아 만들어진 성과일 수도 있다. 외부환경이나 일시적인 운을 뛰어넘는 지속적인 성과가 진정한 성과다.

안전인재 육성, 어떻게 할 것인가?

그렇다면 안전 분야에서 인재란 어떤 사람인가? 필자가 정의한 인재의 연장선상에서 보면 안전에 대한 지식이나 문제해결 스킬을 확보하고, 직무경험을 토대로 회사의 리스크를 사전에 예방하여 사업의 성과를 만들어내는 사람이다. 이때 말하는 사람은 단순히 안전 환경 전담 직무를 담당하고 있는 사람만이 아니다. 사업과 관련된 모든 사람을 포괄하는 개념이다.

하지만 우리 회사에 안전인재가 제대로 육성되어 있느냐를 물어본다면 '그렇다'라고 답하기는 아직 어렵다. 비단 우리 회사만의 문제가 아니다. 우리 사회나 국가가 지향하는 안전에 대한 국민적 요구와 열망에 비하면 현재 교육 인프라나 지원정책이 많이 부족하다고 생각된다.

예를 들어 PSM(공정안전관리) 전문 인력 확보 측면에서 살펴보자. 매년 강화되는 법적 규제와 정부가 기업에게 요구하는 책임과 의무는 높아지고 있지만, 정작 PSM 전문가 육성 교육인프라나 지원 정책은 많이 아쉽다. PSM 전문 인력 교육기관도 턱없이 부족하고 참가할 수 있는 기회 또한 매우 어렵다.

정부나 지자체, 또는 민간이 협업하여 안전인재 육성을 위한 다양한 교육 인프라와 육성 시스템을 대폭 확대해야 한다. 예를 들어 정부나 지자체가 재원을 출연하여 '안전학교'나 '안전대학'을 설립 운영하는 것은 어떤가? 정부는 정부대로 기업은 기업대로 안전인재 육성을 위한 교육인프라 강화 노력이 계속되어야 한다. 최근 일부 기업에서는 자체 안전대학을 설립하여 운영하는 사례도 있어 새로운 희망의 씨앗이 움트고 있다. 안전한 기업, 안전한 사회, 안전한 국가가 되기 위해서는 우리 모두의 공동 노력이 필요하다.

청주공장에서도 안전인재 확보와 육성을 위한 노력을 지속해오고 있다. 먼저 지난해 청주공장 Safety School을 오픈했다.

정부가 소방관을 양성할 목적으로 소방학교(消防學校/Fire Academy)를 운영하는 것처럼 청주공장 Safety School에서도 공장 자체 안전교육 프로그램과 육성시스템을 통해 임직원들의 안전교육은 물론 역량 있는 안전인재가 배출되기를 희망해 본다.

또한, 생산 단위공장별 Safety engineer(安全技師) 제도를 도입해서 운영하고 있다. 안전 관리가 보다 더 큰 효과를 보기 위해서는 작업자의 안전의식 고취와 더불어 기계장치나 공정에 대한 공학적인 안전화가 필요하다. 이 역할을 수행하는 것이 안전기사다. 이 제도는 아직 시작단계이고 가야 할 길은 멀다. 하지만 반드시 가야만 하는 길이다.

활동사례

안전인재 육성사례: 미국 유학길에 오른 안전팀장

LG석유화학 본사 인사팀장으로 근무할 때 일이다. 당시 CEO는 이 책의 추천사를 쓰신 박진수 부회장님이셨다. CEO께서는 안전·환경과 안전인재 육성에 대한 관심이 각별했다. 연초 시무식 신년사 서두에는 늘 안전환경의 중요성을 강조하는 메시지와 함께 그에 따른 실천을 강조했다.

매월 2차례 실시하는 공장 방문일정에서 가장 먼저 들르는 곳은 안전

환경팀 방재실이었다. Top의 일관된 상징적 액션이다.

CEO의 안전·환경에 대한 관심은 어느 때보다 높았지만, 반면에 당시 안전 환경팀과 해당 직무는 엔지니어들이 기피하는 부서와 직무였다. 생산 부문의 엔지니어 육성 차원에서 직무순환 프로그램을 가동하면 대상자들의 반발이나 거부로 안전·환경 직무로의 이동은 늘 애로가 많았다.

인재육성 시스템 운영의 문제를 보고받은 CEO께서는 이렇게 말씀하셨다.

"왜 사람들이 가지 않겠다고 하는지 먼저 생각해 보라. 거기에 답이 있다. 개인이 예측 가능한 인사를 하라. 안전환경 직무수행자에게 명확한 비전제시와 함께 확실한 Care를 통해 동기부여 하라."

CEO께서 언급한 핵심내용을 정리하면 다음과 같다.
1. 안전·환경은 성과를 내기 위한 기본 중의 기본이다.
2. 향후 공장장이나 경영자가 되기 위해서는 안전·환경 직무 경험은 필수라는 사실을 인식시켜라.
3. 안전·환경부문 이동 3년 후 이동 전 팀으로 복귀한다는 원칙을 만들어라.

마지막으로 CEO가 내린 지시는 더욱 놀랍고 충격적이었다.

"우리는 안전 환경이 늘 중요하다고만 말하면서 사람에 대한 인정과 Care는 관심이 부족했다. 제대로 구성원들에게 보여주도록 하자."

내부 논의 끝에 당시 안전환경팀장을 해외 대학 MBA 파견과정에 선발하여 가족동반으로 유학을 보내게 되었다.

이 교육파견은 공장 엔지니어들에게 큰 반향을 일으켰다.

조직 내 '핵심인재로 성장하기 위해서는 안전 환경 직무를 반드시 경험해야 한다'는 사실과 '일정 기간 근무 후 복귀한다'는 인사원칙, '성과가 있다면 확실히 보상받는다'라는 분명한 메시지가 전달되는 계기가 되었다.

당시 해외 MBA과정은 본사 또는 핵심인재 Pool 중에서 엄격한 선발 과정을 거쳐 보내는 과정이라 공장 안전팀장이 선발된 것은 놀랍고 대단한 일이었기 때문이다. 그것도 가족 전원을 동반해서 해외 유학길에...

05

안전교육, 교육하지 말고 훈련하라.

안전사고가 발생하면 재발방지대책 보고서에 늘 거론되는 대책이 있다. 바로 '교육'이다. "향후 철저한 안전교육을 실시하여 재발을 방지하도록 하겠다"라는 말이다. 과연 그럴까? 보고서에 적시한 대로 사고 후 안전교육을 통해 재발방지를 제대로 하고 있을까? 교육하겠다는 대책은 사고 당시 상황을 모면하기 위한 안전관리감독자의 면죄부 수단이 되고 있는 것은 아닌가?

안전교육이 사고 재발방지를 위한 매직 솔루션이 될 수 없다. **안전교육의 궁극적인 목적은 배운 안전지식을 행동으로 실천토록하여 사고를 예방하는 것이다.** 오늘도 수많은 산업현장에서 안전교육을 하고 있다. 하지만 교육의 목적과 기대와는 달리 사고는 계속되고 안전관리 책임자들의 고민은 깊어지고 있다.

보다 실질적이고 효과적인 안전교육을 위해서 어떻게 하는 것

이 좋을까? 지난 3년간 청주공장 안전교육 방식 변화와 교육 효과 제고를 위해 고민했던 경험을 토대로 다음과 같이 제언한다.

첫째, '왜' 하는가?에 대해 설명하라.

교육은 결국 사람의 마음을 움직여 행동하도록 하는 것이다. 사람의 마음을 얻기 위해서 어떻게 하는 것이 좋은가? 우선 '왜' 하는지에 대해서 진정성을 가지고 상대를 이해시켜라. 그렇지 않으면 교육 참가자는 더 이상 교육생이 아닌 사역(使役) 온 사람에 불과하다. 특히, 경계해야 할 일은 건수 채우기식 양적 관리와 교육 주관자들의 소극적 자세와 태도이다.

'법적으로 어쩔 수 없이 해야만 하는 교육'이라고 설명하면, 사원들은 어쩔 수 없는 시간 때우기식 교육으로 이해하고 참석한다. 스스로 몰입하지 않고 동기부여가 되지 않는다. 반대로 '이 교육의 주체는 당신이다.' 지금까지 해결하지 못한 현장 안전문제를 고민하고 대안을 찾는 시간이라고 말하면 그에 대한 관심이 높아진다. 제대로 된 소통만으로도 교육에 임하는 사람의 태도를 달라지게 할 수 있다.

둘째, 실질적인 시간을 확보하고 직접 참가하라.

산업안전보건법상 안전교육은 분기 6시간 이상 실시하도록 의무화되어 있다. **법정 안전교육이 안전부서나 관리감독자의 면죄부가 되어서는 안 된다.** 지금 여러분이 속한 작업 현장에서 향후 사고 발생이나 노동부 산업안전 점검에 대비하여 법적의무 이행을 위한 근거자료 확보 수단으로 교육을 하고 있지는 않은가? 진지하게 생각해 보라.

형식적인 교육시간보다 실질적인 교육시간 확보가 중요하다.

공장 가동 전·후 상·하열 시간에 자율적으로 안전교육을 실시하고 있는가? 그렇다면 제대로 된 교육이 실행되고 그에 따른 효과가 있는지 물어보라. 또 산업안전보건법상 교육 취지에 부합하지 않는 회람식 교육으로 대체하고는 있지 않은가? 안전교육 실태와 상황을 면밀하게 점검하라. **제대로 된 교육시간과 환경을 만들어 주고 실질적 교육효과에 대해 관심을 가지고 들여다보라.** 이 일은 공장 책임자들이 주기적으로 직접 점검하고 확인하는 필수적인 업무라고 생각하고 실행하기를 권장한다.

셋째, 현장 작업자의 관심과 교육 만족도를 높여라.

교육방식이나 교육 자료는 **작업자 입장에서 쉽고 흥미를 느끼도록 컨텐츠를 개발해야 한다.** 딱딱한 법 조항이나 안전이론만을 나열하는 종전방식으로는 참가자들의 관심을 끌어들이지 못한다. 매번 똑같은 내용과 방법으로 재탕 삼탕 하는 교육은 법적의무를 지키기 위한 하나의 요식행위일 뿐이다.

MZ세대가 현장을 이끌어가고 있는 요즘이다. **인적 구성 변화에 따른 교육방식의 변화가 필요한 시점이다. 주니어 세대들이 공감하는 안전교육을 고민하고 준비하라.** 프로그램 개발에 앞서 먼저 현장으로 가라. 가서 그들의 이야기를 듣고, 공감하고, 그것을 담아라.

POSCO 광양 제철소에는 몇 년 전부터 심리학을 활용한 현장 안전교육을 시도하고 있다. 현장 작업자들은 심리상담사가 실시하는 새로운 방식의 안전교육에 매우 호응이 높다고 한다. 좋은 시도이자 요즘 시대에 적합한 사례라고 볼 수 있다. 평소 안전교육을 어떻게 운영할 것인가를 고민하는 주관부서나 담당자에게 시사하는 바가 크다.

넷째, 일(一)방향의 교육이 아닌 상(相)방향으로 교육하라.

일반적으로 교육은 피교육생 입장에서는 지루하다. 안전교육은 지루하다 못해 딱딱하기까지 하다. 아무리 에너지가 넘치는 사람이라도 일단 피교육생 신분이 되면 졸리고 따분해진다. 통제된 공간에서 일방이 전달하는 강요된 소통방식에 대한 뇌의 반응이다.

교육이 좀 더 재미있고 흥미를 유발하려면 **일(一)방향의 교육보다 서로의 생각과 의견을 교환하는 방법이 좋다.** '제대로 된 교육은 던지고 받는 캐치볼과 같다'라는 말처럼 일방적인 전달보다는 상호 소통하는 교육방식이 더 효과적이다. **해당 조직단위로 자체 테마를 선정해서 소집단활동 방식의 토론식 안전교육**을 제안한다.

'사고는 현장의 문제점을 진실되게 드러내는 대표적인 특성이다.' 소집단방식의 토론 교육은 이러한 현장의 문제점을 자연스럽게 노출시키고, 그에 대한 개선방안을 스스로 찾을 수 있다. 또 실행 측면에서도 참가한 작업자들의 자발적 동참을 이끌어 내기가 용이하다.

다섯째, 반복, 반복해서 훈련하라.

교육의 효과는 휘발성을 가지고 있다. 아무리 훌륭한 안전강사가 감명 깊은 강의를 하더라도 시간이 지나면서 사람들의 기억에서는 점점 사라진다. 안전교육이 제대로 된 성과를 내기 위해서는 **'콩나물시루에 물을 주듯이' 정성을 담아 끊임없이 지속 반복해야 한다.** 일회성 이벤트로 인스턴트성 음식 같은 안전교육은 효과가 지속되지 않는다. 사원들이 흥미와 재미를 느끼는 일일 드라마 같이 다양한 컨텐츠에 대한 지속적인 고민이 필요하다.

교육은 인간 성장과 발전에 필요한 마중물이자 선(善)한 영양제다. 지식이 없는 사람은 의식이 싹트지 않고, 의식이 없는 사람은 행동하지 않는다고 했다. **안전교육을 통해 안전의식을 싹트게 하고 그 의식을 바탕으로 현장에서 안전수칙을 준수하고 행동하도록 해야 한다.** 이것이 안전교육의 궁극적인 목적이자 우리가 해야할 최대의 과제이다.

 활동사례

청주공장 안전교육 변화 사례: 집체식 안전교육

2018년 말 고용노동부 산업안전 점검 결과 과태료를 부과받았다. 일부 공장에서 관행적으로 해왔던 회람식 교육이 지적되었다. 회람식 교육은 실질적인 안전교육이 될 수 없고, 효과 또한 없다는 이유였다. 납득할 만한 이유였고 타당한 지적이었다. 겸허하게 받아들였다.

교육방식에 대한 전면적인 변화와 안전에 대한 보다 강력한 메시지가 필요했다. 우선 본사 안전 환경 부문과 의견을 나눴고 생산 공장장 회의를 소집했다. 향후 공장 안전교육 운영 원칙과 방향을 명확히 하고자 했다. 형식적인 교육이 아니라 실질적인 교육을 해야 하고 그 변화가 필요한 시점이었다.

늘 그렇듯이 새로운 정책 시행이나 변화 앞에서는 이해관계자들로부터 저항이나 클레임을 받게 된다. 생산 공장별 입장도 각각 달랐다. 공정 특성이나 매출 계획에 따른 가동 일정을 고려하여 공장별 여건에 맞게 운영하자고 일부 생산 공장장들이 주장하였다. 의사결정 과정에 있어 충분한 의견수렴과 신중한 판단이 필요했다. 또 한편으로는 공장의 총괄책임자로서 공장 생산목표 달성에 대한 현실적인 고민도 하지 않을 수 없었다. 여러 차례 논의와 검토 끝에 결론을 내렸다.

당시 짧은 기간 동안 다수의 안전사고가 발생한 A, C 공장은 집체교육으로의 전환을 결정했다. A 공장은 분기 1회 공장 전체를 가동정지하고 일괄 집체교육 방식을 선택했다. 대단한 결정이었고 큰 결심이었다. C 공장은 3 교대조 중 1개조를 특정한 날을 정해서 번갈아 8시간 동안 집체교육을 실시하겠다고 했다. 교육시간 또한 법에서 요구하는 6시간보다 2시간을 더 할애했다. 교육 운영방식도 과거 실별 자율운영에서 생산 공장장이 직접 참석해서 주관하고, 시간 계획 또한 자체 논의를 거쳐 정해진 순서에 따라 역할을 분담했다.

C 공장 안전교육 시간계획 예시

1. 1교시: 생산 공장장
   - 경영실적, 사업 환경 공유, 공장 안전 환경 방침 및 활동 계획 공유, 소통 간담회
2. 2교시: 생산팀장
   - 팀별 '만사(10004)OK' 활동 계획/실적 공유, 현장 사원 의견 수렴 및 소통
3. 3~4교시: 안전팀 또는 외부 전문강사
   - 공장 안전경영 정책, 현장에서 반드시 알아야 할 변경된 법규, 전문지식 강의
   - 위험 커뮤니케이션, 안전 환경 이슈 공유, 구성원 소통
4. 5~6교시: 현장 작업자 토론교육
   - 분기별 안전 테마 선정 후 토론식 소집단 활동

5. 7~8교시: '만사(10004)OK' 현장 활동
- 현장에서 설비점검 및 위험요소 점검·발굴·개선 활동

안전교육을 위해 일괄적으로 공장을 정지한다는 사실은 구성원들을 놀라게 했다. 안전경영에 대한 회사의 확고한 방향과 강력한 의지가 보인다는 소리도 들렸다. 과거 교육에서 접할 수 없었던 새로운 교육 운영방식과 시간계획도 긍정적인 평가를 했다. 해당 공장 구성원들이 안전교육에 대한 중요성과 변화의 필요성을 인식하는 순간이었다.

하지만 돌발적인 문제가 생겼다. 본사 A 사업부장의 클레임이었다. "아무리 안전이 중요하다지만 교육을 위해 어떻게 공장을 가동정지하느냐?"며 해당 생산 공장장을 강하게 챌린지했다. 곤혹스러운 상황이었다. 안전경영 실행과 안전문화 변화를 위해서는 반드시 극복해야 할 문제였고 해결해야 할 과제였다. A 사업부장께 전화를 드렸다. 최근 A 공장에서 다수 발생한 사고의 심각성과 향후 예상되는 문제점을 고려해서 큰 변화와 결단이 필요한 시점이었다. 진정성을 가지고 절박함으로 소통했다.

B, D 공장은 회람식 교육에 대한 문제점을 인정했지만, 공장 특성을 고려해 기계 가동 전 예열시간을 활용하여 생산팀별로 교육하겠다고 했다. 무작정 총괄공장장의 입장만을 고집할 수 없었다. 해당 공장장에게 실질적인 안전교육 시행과 주기적인 모니터링을 하겠다는 조건하에 승인했다.

성공적인 변화를 위해서는 변화가 시작되면 변화과정을 제대로 들여다보는 것이 무엇보다 중요하다. 치밀한 변화관리다. 집체식 안전교육 실시 후 안전팀으로 하여금 반기별로 공장별 교육 여부를 점검하게 했다. 첫 번째 점검에서는 양호했다. 현장사원, 생산 조직장의 관심이 아직 식지 않았다고 판단할 수 있는 신호였다. 해가 바뀌었고 시간이 흘렀다. 일부 팀장들의 이동이 있었고, 코로나와 같은 외부 이슈로 경영상황이 복잡해졌다. 공

장의 관심 또한 다른 이슈로 옮겨가고 가고 있을 즈음이었다. 다음 해 1분기에 안전팀에서 안전교육 불시 점검을 했다.

공장 가동정지를 통해 안전교육을 실시해 온 A, C 공장 집체식 교육은 여전히 계속되고 있었다. 그 결과 아차사고를 포함한 안전사고 또한 발생률이 점차 줄어드는 추세를 보였다. 현장 작업자들 또한 이제 안전교육은 당연히 가동정지 후 8시간 교육으로 인식하고 참석하고 있었다. 하지만 상·하열 예열시간에 자율적인 안전교육을 하겠다던 B, D 공장에서 문제가 발견되었다. 안전팀의 불시 점검 결과, 교육 당일 집체교육을 하지 않는 경우가 발생했고 형식적인 서명만하는 사례가 지적되었다. 또한, 정해진 교육시간을 지키지 않거나, 그 내용 또한 부실했다는 보고를 받았다. 일년 전 서로 약속했던 실질적 안전 교육 약속은 시간이 지남에 따라 안전관리감독자나 구성원들의 관심에서 점점 희미해지며 과거의 관성대로 돌아가고 있는 상황이었다.

다음날, 즉각 해당 공장장과 생산팀장을 호출했다.

"지금부터 청주공장의 안전교육 방식은 유일하다. 일부 공장에서 했던 자율방식 안전교육은 절대 불가하다. 8시간 집체교육뿐이다. 이것이 그룹 안전·환경 원칙 첫 번째 항목인 '법적 기준은 무조건 준수한다'를 실천하는 최선의 방법이다. 실질적으로 해야 한다. 형식적 안전교육을 중단하라. 그리고 즉시, 반드시, 될 때까지 실천하라."

경험해보지 못했던 큰 변화 앞에서 안전관리감독자와 임직원들 사이에서 우려와 기대 섞인 반응이 동시에 나왔다. 하지만 이미 정해진 원칙과 방향에 따라 밀어부쳤다. 수십 년 동안 관행적으로 운영하던 형식적인 자율교육, 회람식 안전교육이 사라지는 순간이었다. 우여곡절 끝에 공장의 안전교육은 지율방식에서 집체식 안전교육으로 변화하면서 일단락되었다.

하지만 아직도 효과적인 안전교육을 위한 컨텐츠 개발과 다양한 시도는

Safety School 개설을 통해 계속 진행 중이다. 하지만 이러한 과정 속에서 변하지 않아야 할 확실한 원칙은 '분기 1회 집체식 안전교육'이다. 면죄부를 받고자 하는 형식적인 안전교육이 아니라 현장 작업자들의 마음을 움직이는 실질적인 안전교육을 해야 한다.

안전은 개인의 행복한 삶을 담보하는 최소한의 의무이며, 조직 구성원으로서 반드시 지켜야 할 소중한 가치다. 결국, 안전은 앎과 모름의 문제라기보다는 배운 바를 현장에서 어떻게 실천하고 행동하느냐의 문제이다. 그러한 실천과 행동을 이끌게 하는 매개체가 안전교육이다. **형식적인 교육이 아니라 실질적인 안전교육이 되어야 하는 이유가 바로 이 때문이다.**

06

비상대응 역량,
머리가 아닌 몸으로 기억하게 하라.

> 시도했다가 실패하는 것은 죄가 아니다.
> 유일한 죄악은 시도하지 않는 것이다
> -수엘렌 프라이드-

사례01 장치공장 화재사고

"화재폭발 사고에 구경꾼이 되어서는 안 된다."

90년대 필자는 여수 석유화학 공장에서 10여 년을 근무했다. 그 기간 동안 두 차례 화재폭발 사고를 경험했다. 인명피해도 있었다. 당시 사고 상황과 조직의 비상대응 과정을 찬찬히 되돌아보면 반성할 부분이 많다. 사람의 안전측면에서 본다면 그 무모함에 아찔함조차 느껴진다.

사고 당시 상황을 기억해 보자.

사내 방송을 통해 사고 소식을 듣자마자 우리는 모두 화재·폭발 현장으로 달려갔다. 거기에는 시뻘건 연기와 화염이 맹렬하게 치솟고 있다. 추가적인 폭발 가능성 또한 잠재된 일촉즉발의 상황이다. 그런데 많은 사람이 사고 장소 가까이서 무언가를 해야겠다는 마음으로만 우왕좌왕하고 있다. 사전에 정해진 역할이나 임무도 명확하지 않다. 먼저 도착한 안전팀 현장 책임자의 지휘에 따라 일부 인원들만이 소방호스를 잡고 진화 작업을 한다. 나머지 인원들은 그냥 그곳을 지키며 발만 동동 구른다. 임무와 역할이 없는 사원들은 사고 수습에 거의 도움을 줄 수 없다. 더군다나 대부분 사람이 사고 현장으로 달려가 사무실은 비어 있었고, 사고 수습 컨트롤타워 기능도 부재다. 이에 따라 상당한 시간 동안 외부나 본사와의 연락도 불통이 되었다. 공장은 더 큰 혼란에 빠졌고, 사고를 마무리한 이후에도 본사나 지역사회로부터 강한 챌린지를 받았다. 요즘처럼 스마트폰이나 IT 인프라가 없는 환경이라 더욱 그랬다.

 사례02   대구 지하철 화재 참사

2003년 대구 지하철 화재 참사에서 192명이 목숨을 잃었다. 이 화재사고에서도 유사한 문제점이 사고를 더 크게 만들었다. 당시 분석한 사고원인에 따르면 대형 인명피해가 난 가장 큰 원인은 초기대응 실패였다. 두 번째는 비상대응시스템 부재였고, 마지막으로 관련기관 해당 인력들의 비상대응 능력 미흡으로 나타났다.

두 사례의 사고가 있은 지 2~30여 년이란 긴 시간이 지났다. 지나온 시간 동안 우리 사회에는 크고 작은 사건 사고가 있었다. 이러한 학습효과를 통해서 기업이나 우리 사회는 과거 대비 상당 부분 비상대응 역량이 강화되었고 시스템 또한 체계화되었다. 그렇다면, 2021년 지금, 개별 기업과 우리 사회의 비상 대응역량 모습은 과연 어떨까? 당시 대비해서는 장족의 큰 발전을 보였다. 대응능력 또한 정교해지고 치밀해졌다. 바람직한 방향이고 꼭 해야 할 사회적 책무이다. 하지만 아직도 언론에서 종종 보도되는 대형 사고에서 보여주는 비상대응 문제점을 들여다보면 아직 가야 할 길은 아직 험하고 멀다.

어떻게 비상시스템을 구축해야 하는가?

비상시스템 가동의 핵심은 실제 상황 발생 시 사고의 특징과 영향을 제대로 이해하고 컨트롤타워의 지시에 따라 평소 훈련한 대로 침착하게 대응하는 것이다. 그렇다면 어떻게 비상시스템을 구축하고 훈련하는 것이 좋을까?

우선, 비상대응 조직체계를 갖추어야 한다.

체계구축은 변화의 출발점이다. 평소 각자가 수행하고 있는 업무나 역할에 따라 빠짐없이 대응조직에 참여시켜야 한다. 어느 기업이든 비상 대응조직은 이미 구성되어 있을 가능성이 높다. 중요한 것은 비상 상황 발생 시 즉각적인 가동 여부다. 특히, 야간이나 휴일 취약시간대의 비상대응 조직을 좀 더 치밀하게 점검하되 부족하다면 철저하게 보강해야 한다.

두 번째, 역할과 책임을 명확하게 해야 한다.

비상 상황 시 역할과 책임이 분명하지 않으면 사고 현장으로만 달려가 구경꾼이 된다. 사고가 발생하면 현장으로 달려갈 일이 아니다. 사전에 부여받은 임무나 미션에 따라 본능적으로 움직여야 한다. 화재 진압조는 사고 현장으로 달려가야 하고, 추가 확산방지가 임무라면 타 설비와 이웃한 공장으로 화재가 도달하지 않도록 차단 조치를 해야 한다. 또한, 대외업무 담당자라면 외부신고나 인근 주민들과 소통해서 그에 따른 후속 조치를 하는 것이 그가 해야 할 일이다.

각자가 맡은 임무에 따라 일사불란하게 움직이는 것이 포인트다. 이처럼 사고 발생 초기 단계의 골든타임 초동조치 중요성은 아무리 강조해도 지나치지 않다.

세 번째, 비상 대응절차를 촘촘하게 수립해야 한다.

생산현장에는 다양한 화학물질이 사용되고 있고, 제품별 각기 다른 공정들로 구성되어 있다. 이에 따라 사고 발생유형 또한 달라질 수 있고 그에 대한 대응방법도 달라져야 한다. 해당 물질과 공정에 적합한 사고유형을 분류하고, 그에 대한 대응방법을 치밀하고 촘촘하게 매뉴얼과 시나리오를 작성하라. 그리고 개인들이 인지할 수 있도록 평소에 반복적으로 훈련하고 개인별 임무 카드를 제작해서 배포해야 한다.

네 번째, 교육하지 말고 훈련하라.

비상 상황 발생 시 평소 부여받은 임무에 따라 침착하게 대응하는 방법은 무엇인가? 비상대응 매뉴얼과 시나리오를 세밀하게 하고 대상자들에게 임무를 부여하고 교육만 한다고 해서 가능할까? 쉽지 않은 일이다. 그렇다면 어떻게 해야 하는가? 반복 훈련을 통해 체화해야 한다. **머리로 기억하게 하지 말고 몸으로 기억하게 해야 한다. 본능적인 행동으로 현장에 투입되어 실행하도록 하는 것이 진정한 비상대응 역량 확보다.**

머리가 아닌 몸으로 기억하게 하라.

사람의 기억은 10분 후부터 사라지기 시작한다. 하루가 지나면 기억의 70% 정도가 지워진다. 또 한 달이 지나면 80% 이상 잊어 버린다고 한다. 뇌 과학에 따르면 인간은 두 가지 기억을 가지고 있다. 뇌에서 기억이 유지되는 시간에 따라 '단기기억'과 '장기기억'으로 구분된다.

우리가 일반적으로 말하는 장기기억은 '선언적 기억'과 '절차적 기억'이 있다. 전자(前者)는 개인의 머릿속에 사진처럼 간직하고 있는 사건, 추억과 같은 것이다. 후자(後者)는 자전거 타기, 악기 연주, 컴퓨터 자판을 치는 것 등이 대표적이다. 절차적 기억은 수많은 연습과 훈련이 필요하다. 숱한 반복 훈련으로 거의 본능적으로 행동하는 것으로 보면 된다.

어릴 적 배웠던 자전거 타기는 비록 오랜 시간이 지나도 어느 날 자전거에 올라타면 몸이 스스로 적응한다. 유명한 피아니스트가 악보 없이 연주해내는 놀라움은 수많은 훈련을 통해 만들어진 절차적 기억 때문이다. 2009년 1월 15일, 승객 155명을 태우고 뉴욕공항에서 이륙한 비행기가 기러기떼와 충돌로 엔진 고장을 일으켰다. 이러한 비상 상황에서 한 사람의 인명피해도 없이 허드슨 강에 비상 착륙한 비행사의 능력은 절차적 기억의 중요성을 보여주는 대표적인 사례일 것이다.

총괄공장장 부임 1년 차 공장 '소방기동대' 조직을 편성해서 운영해 오고 있다. 심야나 주말 취약시간에 화재나 폭발, 누출 등의 비상 상황이 발생할 경우, 즉각 현장에 출동하여 초기 대응하는 공장 안전 환경 최전방 조직이다.

'소방기동대' 인원은 종합방재실에 근무하는 방재 요원과 일·당직자, 설비보수를 담당하는 설비팀 교대 근무자, 유틸리티실 및 정문 보안요원으로 구성되어 있다. 이들은 평상시에는 각자 본연의 업무를 수행하며, 해당 근무 장소에서 무전기를 통해 종합방재실과 상시 상황을 공유한다. 비상 상황 발생 시 종합방재실의 지시에 따라 즉각 현장에 출동하여 사전 부여된 비상대응 임무를 One-team이 되어 수행하게 되어 있다.

소방기동대 조직 편성 시 두 가지 문제를 깊게 고심했다. 첫째, 야간이나 휴일 공장근무 중인 사람들을 선발하여 초기 비상대응 인원을 최대한 확보해야 한다. 둘째, 상황 발생 시 골든타임에 즉시 대응할 수 있는 역량을 확보해야 한다. 즉시 가용한 인원 확보 문제는 소방기동대 편성으로 해결되었다. 다음은 즉각적인 대응역량 확보가 문제였다. 임무 수행 절차와 매뉴얼을 정교화하고 각자의 임무를 명확히 하는 것도 중요하다. 하지만 더 중요한 것은 폭발과 화염으로 공포와 위험이 도사리는 상황에서도 평정심을 잃지 않고 자기 임무를 수행하는 역량이다.

아무리 급박한 상황에서 당황하지 않고 본연의 임무를 수행할 수 있는 방법은 무엇일까?

이에 대한 대안은 머리가 아닌 본능적인 임무 수행하는 것이다. 앞서 말한 절차적 기억은 이를 가능하게 한다. **머리가 아닌 몸으로 익히도록 하는 가장 효과적인 방법은 반복적인 훈련이다. 교육하지 말고 훈련하라**는 말이다. 학습을 통해 익히려고 하는 '선언적 기억'은 시간이 지나면 잊어버린다. 하지만 **반복 훈련을 통한**

'절차적 기억'은 일정 수준 이상이 되면 무의식적으로 몸을 움직이게 한다. 단순 학습보다 상시적인 반복 훈련을 해야만 하는 이유가 바로 이것이다.

따라서 청주공장 소방기동대는 매월 교대조별 비상대응훈련을 반복한다. 훈련의 실행력을 높이기 위해 이 훈련은 안전 환경 부문장이 직접 점검하고 확인하고 있다. 또한, 생산팀이 연계된 불시 소방훈련 분기 1회, 종합 비상대응훈련 반기 1회 주기로 계속하고 있다. 절차적 기억 강화를 통한 비상대응역량을 높이기 위한 과정이자 절차이다.

여러분 사업장의 비상대응역량은 어떠한가?

비상대응 요원에게 교육하고 있는가? 훈련하고 있는가? 교육하고 있다면 **반복 훈련을 통해 머리가 아닌 몸으로 기억하게 하라. 절차적 기억을 강화해서 본능적으로 움직이게 하라.** 비상 상황 발생 시 즉각적으로 현장으로 달려가 본능적인 자기 임무를 수행하도록 훈련하고 육성하는 것이 안전관리책임자와 현장 리더들의 역할이자 책임이다.

🛡️ 활동사례

사례01 소방기동대(야간/휴일) 편성 및 훈련 사례

지난해 청주공장은 야간 및 휴일 비상 대응능력을 높이기 위해서 중대사고 초기 진압팀인 '소방기동대'를 확대 재편성(방재요원+설비

PM+보안요원+UT가동인원+생산팀 Operator)했다. 이들의 첫 번째 임무는 사고 발생 시 초동 단계에서 비상 대응하는 것이 가장 큰 임무이며, 비상 대응능력 체화를 위해서 매월 1회 훈련을 실시한다. 이어서 불시 관리감독자 불시 비상소집훈련(분기 1회)과 생산팀 불시 소방훈련(분기 1회), 종합 비상대응훈련(반기 1회)을 지속해서 실시하고 있다.

사례02 총괄 공장장 임무 카드 예시

1. 사고 현장 확인
   - 사고 발생 보고를 받은 후 현장 확인
   - 부상자 등 인명피해 현황, 개략적 사고 규모 파악
   - 비상 대응위원회 소집
2. 비상대응위원회
   - 부상자 등 인명피해, 인원 대피 현황 확인
   - 부상자 치료 및 Care 상황 확인
   - 사고 발생원인 및 사고 규모 확인
   - 관공서, 본사 신고 현황 확인
   - 지역주민, 인근회사 주의 통보 확인
   - 언론, 관공서 방문 확인, 대외 브리핑 자료 준비, 확정
   - 피해 규모 및 복구비용, 예상일정 확인
   - 해당 공장 부동에 따른 고객 대응 계획 및 대책 확인
   - 재발 방지대책 수립(동일/유사 설비 확산전개 포함)
   - …

07

안전은 디테일에 있다.

악마는 디테일에 있다.

'악마는 디테일에 있다.'(The Devil is in the details) 위키백과에서 이 뜻을 찾아보면 '문제점이나 불가사의한 요소가 세부사항 속에 숨어 있다'라고 쓰여 있다. 어떤 것을 제대로 해내려면 예상했던 것보다 더 많은 시간과 노력을 쏟아야 하고 철저하게 제대로 잘 해야 한다는 의미이다.

이 표현은 독일의 유명 건축가인 루트비히 미스 반데로어 (1886~1969)가 성공비결에 대한 대중들의 질문을 받았을 때 "신은 디테일에 있다"(God is in the details)라고 말한 것에서 파생되었다. '아무리 거대한 건축물이라도 사소한 부분까지 최고의 품격을 지니지 않으면 결코 명작이 될 수 없다'라는 뜻이다.

1999년 10월 NASA(미국 우주항공국)에서 발사한 화성 기후탐사위성이 화성 주위를 돌다가 대기권과 충돌한 후 우주에서 사라진 사건이 발생했다. 사고 후 조사단이 밝혀낸 사고원인은 사람의 착각으로 인한 어이없는 실수였다. 제작사인 록히드마틴사에서는 힘의 단위를 미터법 대신 파운드로 표기해서 자료를 넘겼고, 로켓을 발사한 연구기관에서는 이를 미터법으로 착각하고 발사한 것이다. 단위를 착각한 사소한 실수 하나로 약 1,500억 상당의 탐사위성이 우주 속으로 사라진 것이다. 로켓 발사에 있어 작은 실수 하나가 이러한 엄청난 결과를 초래한 유사한 사례가 또 있다. 몇 년 전 중국이 아오싱 로켓 발사에 실패한 원인은 배전기에서 알루미늄 물질 0.15 밀리미터가 초과되었던 것 때문이었다. 단, 0.15 밀리미터 사소한 차이로 로켓을 폭발에 이르게 한 것이다.

프로젝트나 업무를 처리할 때는 **아무리 작고 사소해 보이는 것이라도 절대 무시하지 않고 절차에 따라 치밀하게 점검하고 확인하는 업무 자세와 태도가 필요하다.** 작은 관심 하나가 성공의 돌파구가 될 수도 있고, 사소한 실수가 치명적인 실패로 추락하게 만들 수 있다. 프로와 아마추어, **특별함과 평범함은 단 1%의 디테일에서 결정될 수 있다. 악마는 디테일에 있고 신 또한 디테일에 숨어있다.**

일상 속에서 만나는 디테일의 힘

비지니스나 일상생활에서도 우리는 디테일의 힘을 경험한다. 해외 바이어와 오랫동안 협상을 거쳐 대박 수주를 기대하던 비지니스가 성사단계에서 세부적인 문제 하나로 협상이 결렬되는 경우가 있다. 부동산 매매계약서 내용 중 특약으로 기재했던 한 줄의 문구가 분쟁에서 승소하는 결정적인 요인이 되는 경우도 종종 있다.

사례01　'달팽이가게'의 힘

사람과의 관계에 있어서 디테일은 큰 힘을 만들어낸다. 필자의 아내는 뜨게와 생활용 소품 만들기가 취미다. 지난 수년간 취미가 같은 사람들끼리 SNS를 통해 정보를 교류하고 필요한 소재와 재료들을 공동으로 구매하기도 했다. 그렇게 만나는 사람 중 오프라인 이상의 각별한 애정을 가지고 꾸준히 교류하는 거래처가 있다. '달팽이가게'라는 곳이다. 지방의 작은 소도시에 있는 이 가게의 운영원칙은 상호와 걸맞게 '나와 아이와 지구에게 더 나은 놀잇감과 살림들'이다. 플라스틱을 사용하지 않고 유기농 친환경 소재만 사용하는 어린이 장난감이나 생활용품 소재를 취급한다.

가게 운영원칙과 더불어 달팽이가게가 고객들과 돈독한 관계를 유지하고 있는 진정한 힘은 '디테일'이다. 예를 들어, 주문한 상품의 포장은 핑크빛 한지로 곱게 포장한다. 그리고 수작업으로 직접 그린 달팽이가게 스티커를 붙이고, 포장지에는 솔방울과 나뭇잎으로 예쁘게 데코레이션한다. 상품을 받아보는 사람들에게 제품 이상의 가치를 주고 싶은 주인장의 순수하고 섬세한 마음이 담겨있다. 감동은 이런 사소한 관심과 노력에서 시작된다. 배달받은 고객에게는 포장지에 장식된 스티커, 솔방울과 나뭇잎은 이미 포장된 소품이 아니다. 이처럼 온라인 거래에서 상대에 대한 진정성 있는 작은 관심과 배려는 사람과의 관계를 끈끈하게 만들어주는 강력한 접착제가 된다.

택배로 도착된 달팽이가게 포장

 사례02 비상유도 표시등

아래 사진을 보라. 건물 내 설치된 비상유도 표시등이다. 여기서 특별한 점을 발견했는가? 일반 유도 표시등과 모양은 별반 다를 게 없지만 '디테일'에서 차이가 있다. 자세히 보라. 일반 표시등에는 없는 거리 표시(26M, 10M)가 있다. 비상 상황에서 대피하는 사람들에게 좀 더 정확한 정보를 제공하는 기능이다. 일상에서는 무심히 지나칠 수 있다. 하지만 화염과 연기가 치솟고 정전이 되어 칠흑 같은 어둠을 뚫고 비상탈출하는 상황이라면 어떤가? 단순히 화살표 표시보다는 거리가 정확히 표시된 정보가 대피자로 하여금 심리적 안정감을 주어 침착하게 대피할 수 있게 한다. '디테일' 관점에서 접근한 아이디어를 상품화한 것이 돋보인다.

거리표시가 있는 비상유도 표시등

산업현장에서 디테일이 중요한 이유

생산현장에 있어서도 마찬가지다. 90년대 초 여수 석유화학 공장에서 근무할 때 신설공장 프로젝트기간 동안 경험했던 일이다. 장기 프로젝트에 참여한 멤버 전원이 2년 여 동안 총력의 힘을 모아 공사를 마무리했다. 계획된 일정과 시방서(示方書)에 따라 기계와 장비를 설치했고 각자가 맡은 분야에서 현장을 확인하며 챙겨 나갔다. 특히, 공사종료 몇 달 전부터는 주말을 반납한 채 가동 전 안전점검 절차까지 마쳤다.

드디어 크래킹(Cracking) 히터에 불이 붙고 원료투입이 시작되었다. 기다리고 기다리던 공장 시운전(試運轉)이 시작된 것이다. 공장의 핵심 설비이자 전체 공정의 심장이라고 할 수 있는 메인 컴프레셔(압축기)는 굉음을 내면서 살아 움직이기 시작했다. 이어서 백여 미터가 넘는 빅타워(반응탑)를 거쳐 혈관처럼 복잡하게 얽혀있는 공장의 수많은 배관을 통해 원료가 흘러가기 시작했다. 이와 함께 플레어스텍(Flare stack: 초기 가동이나 비상 가동정지 시 불완전 연료를 연소하는 굴뚝)에는 비행기 소음 같은 굉음이 공장을 흔들며 50여 미터의 거대한 불꽃이 타올랐다.

긴장감 속에서 지켜보던 동료들의 얼굴이 안도와 설렘의 표정으로 바뀌며 서로를 격려했다. 수십 미터의 불꽃과 귀를 찢을 듯한 굉음은 소음이 아니라 프로젝트 성공의 화려한 불꽃놀이처럼 느껴지는 순간이었다. 조금만 지나면 굴뚝의 불꽃은 점점 줄어들 것이고 우리가 바라던 온스펙(정상) 제품이 탱크로 쏟아져 나올 것이다.

그러나 안타깝게도 그것이 전부였다. 우리의 간절한 바람과는 달리, 이후 시간은 계속 흘러갔지만, 플레어스텍의 불꽃은 줄어들지 않았고 정상제품은 생산되지 못했다. 워낙 큰 규모의 투자금액과 장기간에 걸쳐 진행된 회사의 운명이 걸린 프로젝트라 임직원들의 걱정이 커지기 시작했다. CEO는 본사에서 공장으로 내려와 현장에 상주하면서 대책회의를 진두지휘했다. 프로젝트팀, 라이센서 기술자, 생산 설비전문가들이 모인 회의가 매일 계속되었고, 원인을 찾기 위해 전사의 모든 역량과 에너지를 집중하라는 지시가 내려졌다.

1회 시운전 비용이 수억씩 들어가는 것은 물론이고 고객사와 약속한 제품 공급 일자는 점점 다가오는데, 공장은 정상 가동되지 못하고 문제가 되는 원인은 오리무중이었다. 무엇이 문제인지 원인 찾기는 계속되었고, 논의된 개선대책에 따라 다시 원료를 투입하고 시운전을 시도했지만, 그 결과는 번번이 불발이었다. 임직원들의 얼굴에 수심이 깊어지고 불안한 눈빛으로 공장 굴뚝 불빛을 바라보기 시작했다. 모두가 '잘되어야 한다'는 간절하고 절박한 마음으로 하루하루 피 말리는 시간을 보냈다.

엔지니어와 오퍼레이터 모두가 설계도면을 들고 현장에 뛰어들었다. 일일이 도면과 실물을 점검하고 또 확인하는 작업이 계속되었다. 수일간의 점검 작업과 원인분석 과정에서 드디어 결정적인 단서를 찾아서 해결하고 공장을 가동했다. 그렇게 고대하고 염원했던 정상제품은 다음날 제품 탱크로 쏟아지기 시작했다. 이것을 가능하게 한 우리의 영웅은 기술사 출신 배테랑 김○○ 기술부장이었다.

　　하지만 우리는 수많은 비용과 자원을 투입하면서 애간장을 녹였던 설비의 잘못된 원인 앞에서는 경악해야만 했다. 냉동타워와 다른 기계장치로 연결되는 작은 배관 하나가 배관공의 실수로 반대로 연결되어 있었다는 것이다.

　　공들여 쌓은 탑도 벽돌 한 장이 부족해서 무너진다. 1%의
　　실패가 100% 실패를 부른다. 100-1=99가 아니라 100-1=0
　　이 될 수 있는 것이 생산현장이고 안전문제다.

　　배관공의 작은 실수 하나가 수천억을 투자한 거대 장치공장의 가동을 상당 기간 지연시켰고 수십억의 손실을 가져왔다. 디테일의 부족이 가져온 뼈아픈 결과다. 하지만 당시 현장에서의 문제는 비단 배관연결 작업자의 휴먼 에러(human error)만을 탓할 수 없다. 가동 전 점검에서 해당 설비와 도면을 꼼꼼하게 확인하지 못한 프로젝트팀 엔지니어와 오퍼레이터 등 관련된 모든 사람이 합작한 공동의 책임이다.

　　조직을 강하게 하고 조직의 성과를 만들게 하는 힘은 디테일이다. 지금 우리에게 부족한 1%를 채워야 하는 것은 무엇인가? 회사와 생산현장에서 사람중심의 디테일한 관심과 관리가 필요하다.

　　조직이나 현장에서 문제가 있다고 생각되면 **대관세찰**(大觀細察)**하라.** '대관'은 복잡한 상황을 단순화시켜 큰 그림을 보라는 의미이고 '세찰'이란 단순한 사실도 세밀하게 뜯어보고 관찰하라는 뜻이다. 필자가 평소 업무논의나 현장방문 시 강조하는 '**큰 그림을 보되 디테일에 강해야 한다.**'(Big picture & Detail)는 말과 일맥상

통하는 의미다.

등산로에 있는 큰 돌이 정상까지 가는 데 장애물이 아니
다. 신발 속에 깨알 같은 모래알이 정상을 오르지 못하게
하는 원인이 될 수 있고, 도로 위의 작은 자갈로 차가 뒤
집힐 수 있다. 조직의 차별화된 역량과 탁월한 성과는 '디
테일'에 숨어있다.

08

시스템만 갖춰지면 사고는 사라지는가?

안전·환경의 1% 실패는 100% 실패다

시스템이 사고를 줄인다?

시스템의 사전적 의미는 필요한 기능을 실현하기 위해서 몇 가지 요소를 어떤 법칙에 따라 조합한 집합체이다. 일상생활에서 시스템은 어처구니없는 사람의 실수를 예방하거나 사용자의 편의성을 높이는 효과가 있다.

예를 들어 자동차 기름을 주유하러 주유소에 갔다고 하자. 주유할 때 차종에 따라 유종을 달리해서 주유해야 한다. 만약 실수로 착각하여 다른 유종을 주입하면 차량에 큰 문제가 생길 수 있다. 이러한 실수를 방지하도록 만들어진 것이 '혼유(混油)사고예방시스템'이다. 혼유 사고는 대부분 휘발유 차량보다 경유 차량에서 많이 발생한다. 휘발유 차량의 오너라면 실수로 경유 노즐을 들었다 하더라도 경유 노즐이 휘발유 차량 주입구에 들어가지 않도록 되어 있기 때문이다. 혼유 사고 방지를 위한 시스템 덕택이다.

컴퓨터 작업을 하면서 자판기 키보드 순서가 ABCD로 되어있지 않는 이유를 생각해 본 적이 있는가? 컴퓨터 자판기는 원래 알파벳 순서로 배열되어 있었다고 한다. 하지만 이 방식이 고속 타이핑에는 매우 불편하고 자판기를 칠 때 인접한 키를 연달아 치게 되면 타이프바 등이 자주 엉키는 문제가 발생해서 지금의 자판기 형태로 변경되었다. 이를 일명 '쿼티(QWERTY)자판'이라고 한다. 왼쪽 상단에 있는 자판 배열이 'Q,W,E,R,T,Y' 순으로 되어 있기 때문이다. 이 또한 사람의 실수나 사용자의 편의성을 최대한 높이고자 하는 관점에서 시스템화한 것이라고 보면 된다.

그렇다면 **시스템만 갖춘다고 해서 위험과 사고는 완전히 사라지는 것일까?** 그렇지 않다. 위험을 예방하는 기술이 발전하고 시스템이 고도화되더라도 사고는 줄지 않고 있다. 왜일까? 그 이유 중 하나는 '**위험 항상성**' 때문이다.

안전하게 되면 오히려 위험해진다?

'**위험**(Risk) **항상성 이론**'은 '안전하게 되면 오히려 위험해진다.'는 것이다. 사고를 발생시키고 재해 유발 가능성을 가진 '위험'에도 항상성이 있다. 이 이론은 **위험의 목표 수준을 변화시키지 않는 한 사고 발생률은 줄어들지 않는다**고 주장한다. 여름철 에어컨 설정 온도를 기존 온도에서 더 낮게 낮추지 않는 한 실내 온도는 밑으로 내려가지 않는 이치와 같다. 이는 1982년 캐나다의 학자 제럴드 와일드(Gerald Wilde)가 주장했다.

일상생활에서 예를 들어보자. 도로 주행 시 타고 있는 차량의 ABS 제동장치는 눈길 주행을 더욱 과감하게 하도록 하고, 시야 확보가 어려운 곡선도로보다는 안전하다고 느끼는 직선도로가 운전자로 하여금 속도를 더 내게 만든다. 또한, 전방 추돌방지 장치나 자율주행 기능이 있는 차량일수록 운전자는 전방주시와 도로 상황에 대해서 상대적으로 관심을 적게 가질 가능성이 있다.

산악 등반사고에서도 마찬가지다. 과거 대비 비싸고 좋은 산악 장비와 첨단기술이 결합한 수많은 안전장치가 나왔음에도 사고는 줄지 않고 계속된다. 그 이유는 뭘까? 기술 발전과 첨단 장비 덕택에 산악인이나 등반가들은 위험이 줄고 오히려 안전하다고 믿기 때문이다. 그래서 과거보다 더욱 과감하게 위험한 등반을 시도하고 있지 않을까 생각한다. 그렇기 때문에 등반사고의 위험 자체는 감소하지 않는 것이다.

'위험 항상성 이론'에 비추어 위험이나 사고를 줄이기 위해서는 리스크 목표 수준을 현재보다 더 높여야 한다. 그러면 사고율을 줄일 수 있다. 작업장에서도 마찬가지다. 안전시스템과 기술 발전만을 믿고 완벽한 안전이 확보되었다고 생각해서는 절대 안 된다. 그것보다도 훨씬 중요한 것이 바로 사람 관점에서 강화된 안전을 지향하고 관리하는 것이다.

기계와 설비를 안전하게 하라.

공장에서 대표적인 안전시스템은 풀 프루프(Fool Proof) 시스템이다. 풀(fool)은 어리석은 사람 또는 바보 같은 사람을 의미한다. 공장의 기계나 설비 등에서 고장 발생 시 작업자가 착각하거나 실수해도 위험한 상태가 될만한 조작을 하지 않도록 하는 장치를 풀 프루프 장치라고 한다.

예를 들면 기계 작동의 정상적인 조건이 충족되지 못할 경우, 기계적, 유·공압적인 방법으로 자동적으로 그 기계를 작동할 수 없도록 하거나, 설비의 위험 부분에 설치된 안전커버를 개방하면 그 기계가 즉시 중단되도록 해놓은 본질적인 안전장치이다. 이를 인터로크(Inter lock)장치, 페일 세이프(Fail safe)장치라고도 부른다. 좀 더 쉽게 이야기하면 엘리베이터 문이 열려 있는 상태에서 엘리베이터가 올라가거나 내려가지 못하도록 해놓은 것과 같은 이치다.

청주공장에는 안전사고 감소를 위한 다양한 '인터록' 장치가 설치되어 있고 실시간으로 작동되고 있다. 이러한 안전센서나 비상정지 장치의 지속적인 투자로 최근 5년간 발생한 사고를 분석한 결과, 이에 대한 사고 건수는 점점 줄어들고 있다. 특히, 전체 사고 비율의 58%를 차지하던 협착사고 비율은 26%로 대폭 감소했다. 가시적인 성과이자, 공장의 골칫거리 중 하나가 해결될 수 있다는 가능성을 숫자로 보여줬다. 안전센서와 비상정지 장치와 같은 Blocking system 투자 덕분이다.

현장 설비에 대한 안전센서와 비상정지 장치의 사고 예방 효과를 근거로 지게차 사고 예방 활동에도 이를 확산전개하고 있다. 지게차는 제품이나 원료를 상시 적재 또는 하역작업을 하는 제조공장에서는 필수적인 장비다. 하지만 그 편리함 뒤에 숨어있는 위험성은 어떤 기계장치보다도 더 높다. 그래서 개별 지게차가 이동하거나 후진할 때 "다가서면 위험합니다"라는 이동 후방접근 경보 장치가 크게 울리도록 하고 있다. 또한, 지게차가 왕래하는 입·출구에는 전방 반사경과 표지판을 설치해서 지게차 입·출입 시 경광등이 울려 다른 차량이나 사람과의 추돌사고를 예방하도록 시스템을 설치했다.

안전센서, 비상정지 장치가 사고를 모두 줄일 수 있을까?

하지만 우리는 위험 예방장치에 대한 과신을 경계해야 한다. 안전센서와 같은 Blocking system이 안전성을 높여주는 역할과 기능은 분명하지만, 모든 장애물을 완벽하게 인식해서 사고를 예방할 수는 없다. 오히려 위험을 방지하는 안전기술이나 시스템이 고도화될수록 작업자는 앞에서 언급한 '위험 항상성 이론'에 따라 안전시스템에 의존하고, 안전에 대한 의식 수준도 낮아질 가능성이 있다.

높은 기술 수준의 자율주행차를 운행하더라도 운전의 주체는 운전자가 되어야 하고, 완벽에 가깝다고 느끼는 현장 Blocking system을 탑재한 기계를 가동하더라도 여전히 가동의 주체는 작업자가 되는 것이 바람직하다. 이것이 안전의 본질이다.

완벽한 기술개발과 안전제어 시스템의 엄청난 자금투자에 앞서 사람들에게 주기적인 교육을 시행하여 안전의식을 한 단계 더 올리는 방법이 투자 효율성 면에서 더 효과적인 선택이 아닐까 생각된다. **안전은 결코 기술적인 발전과 안전 제어시스템만으로는 해결할 수 없다. 그래서 결국, 사람이다.**

09

고양이는 아홉 번 죽는다.

❝ 왜 하지 않느냐고 질책하기 전에
왜 하지 않는지를 먼저 생각하라 ❞

목표 도전이나 변화관리에 있어 늘 부닥치는 일은 실패와 실패에 대한 두려움이다.

21년 8월, 전사 차원에서 210일에서 180일로 변경된 무재해 목표 달성 도전에 실패했다. 목표달성 20일을 남기고 A 공장 협력사에서 산재사고가 발생했기 때문이다. 지난해에도 목표달성 3일을 앞두고 바로 문턱에서 실패했다. 그래서 올해 초부터 사고 근절 '안전 확보 TFT' 활동으로 어느 때보다 목표달성을 기대했던터라 아쉬움이 많이 남는 사고였다.

연초에는 B 공장에서 몇 건의 사고가 연이어 발생했다. 이어지는 사고를 막기 위해 B 공장장이 직접 나섰다. 세 번째 사고가 발생한 날 B 공장장은 전격적으로 공장을 가동정지 했다. 그리고 B 공장 전원을 대상으로 '특별안전교육'을 실시했다. 또 B 공장 '사고근절 TFT'를 구성하였고 생산 공장장이 직접 리더를 맡았다. 활동 중 완성도를 높이기 위해 기간도 한 차례 연장했다. 현장에서 작업자의 VOE를 직접 듣고, 위험 커뮤니케이션을 통해 위험요소 발굴과 개선 작업을 집중적으로 실시했다. 현장 작업자들도 계속되는 사고 발생에 위기감을 느끼면서 적극적으로 동참했다. 이와 함께 기존 작업 절차서를 점검하고 작업 매뉴얼을 리뉴얼하는 작업을 병행했다.

3개월간 활동결과 B 공장은 이어지는 안전사고의 고리를 끊었다. 이후 공장 전체 무재해 일수가 늘어나기 시작했다. 계속되던 B 공장의 안전사고가 중단되고 무재해 현황판에 무재해 달성일 수가 점점 늘자 공장 전체 무재해 180일 목표달성에 대한 기대가 높아지기 시작했다. 임직원 개인들 또한 출·퇴근 때 '무사고 안전 현황판'을 보는 사람들이 많아졌다. 하지만 A 공장 협력사에서 사고가 발생하면서 160일에서 중단된 것이다.

주관부서에서 먼저 안타까운 탄식이 나왔다. 공장 구성원들도 모두 아쉬움을 표했다. 지난 1차 목표달성(120일)에 이어 180일 목표를 달성하면 목표달성 성공체험과 그에 따른 포상도 기대하는 분위기라 더욱 그러했다.

필자 또한 아쉬움과 안타까움이 컸다. 하지만 사고 발생 보고를 하러 온 안전팀장, 생산팀장, A 공장 협력회사 대표에게 질책보다는 또 다른 도전을 주문했다.

"이미 벌어진 사고를 돌아볼 필요가 없다. 어차피 벌어진 일이라면 그것은 이미 지나간 일이다. '사고는 현장의 문제점을 대표적으로 보여주는 특징이 있다.' 무엇이 문제인지, 정확한 원인을 밝히고 그에 따른 대응책을 수립하라. '만사(10004)OK'는 끊임없는 도전의 연속이다. 지속성과 일관성을 가지고 계속 또 계속 실행하면 반드시 무재해를 달성할 수 있다. 새로운 도전을 시작하자."

'고양이는 아홉 개의 생명을 갖는다'라는 격언이 있다. 고양이가 쥐를 잡기 위해 높은 곳이나 위험한 곳에서도 무수히 떨어지며 많은 죽을 고비를 겪지만 죽지 않고 끊임없이 새로운 먹이 사냥에 도전하는 모습을 보고 일컫는 말이라고 생각된다. **'숱한 고비와 다양한 실패 뒤에 비로소 고양이는 고양이다워진다'**는 말에 전적으로 동감한다.

무재해와 안전경영에 대한 우리의 도전도 이와 본질이 같다고 본다. 우리가 가고자 하는 목표가 그저 평범하고 조금의 노력만으로 가능한 일이었다면 애초부터 이렇게 많은 시간과 자원을 투입해서 도전하지 않았을 것이다. **도전 없는 성공이란 있을 수 없다. 실패와 성공의 차이는 생각과 태도와 차이에서 비롯된다.** 실패를 두려워하는 것은 사람들이 미리 실패에 대한 두려움을 갖기 때문이다. **실패를 두려워 말고 도전해야 한다.**

목표에 대한 도전이나 실행력 측면에서 사람은 '이론 선행형 인간'과 '행동 선행형 인간' 두 가지 부류가 존재한다. 한마디로 평론가와 실천가이다.

먼저 평론가인 '이론 선행형 인간'은 당면 과제나 다른 사람들의 행동에 대해 우선 잘잘못을 비판하고 긍정적 측면보다는 안 되는 부정적인 측면을 집중적으로 부각한다. 이들의 관심은 '가능한 가?' '불가능한가?'의 여부이다. 이렇게 하면 이런 문제가 있고 저렇게 하면 저런 결과가 나올 수 있다고만 한다. 즉각적인 행동보다는 토론과 논쟁이 길어지고 결국 그 일을 포기하거나 자기 합리화나 변명을 하는 데 주로 시간을 보낸다. 그래서 그 일은 결국 중단되거나 아무 도전도 하지 않는 경우가 많다.

반면에 실천가인 '행동 선행형 인간'은 생각한 바를 우선 행동으로 옮기는 사람이다. 이들은 '할 것인가' '하지 않을 것인가'에 집중하고 신속하게 실행한다. 일단 일을 벌이고 부닥친다. 물론 실패할 때도 있다. 하지만 행동으로 옮기는 사람에게 중요한 것은 이들은 무엇인가를 실천했고 어떤 결과를 남겼다는 사실이다.

안전경영에 임하는 당신은 평론가인가? 실천가인가?

안전경영과 무재해 목표달성을 위한 도전은 평론가보다 실천가가 되어야 한다. 계속되는 실패 속에서도 반드시 성공해보겠다는 결연한 의지로 **안 되는 이유보다 될 수 있는 방안을 찾아 즉각적으로 실행하는 사람이 돼야 한다.**

고양이는 아홉 번 죽는다. 도전한 목표에 비록 실패하더라도 **실패를 두려워하지 않고 끊임없이 도전한다.** 무재해 목표달성에 대한 우리의 도전도 고양이의 도전과 같다. 8번 실패하더라도 우리는 아홉 개의 생명을 가진 고양이처럼 집요함과 처절함으로 계속 도전해서 성공해야 한다.

"도전 없이 성공 없다. 실패를 두려워 말고 도전하자."

담을 넘다
발목 삐고,
식탁 오르다 유리컵 깨고,
쥐를 잡으려다 구멍에 코 박고,
심지어는 물에 빠져 죽을 고비를
넘기기도....
숱한 실패 뒤에 비로소 고양이는
고양이다워집니다.

많은 사람이 실패를 두려워하는 건
대개 미리부터 어려움을 생각하기
때문입니다.

시도조차 하지 않아 없어지는
기회란 얼마나 안타까운 것입니까?
그래, 한번 해보는 겁니다.

1993년 럭키 행동규범 포스터 中

10
이제, 우리도 「BTS」가 되자.

❝만약 우리가 안전하게 할 수 없다면
우리는 아예 하지 않을 것이다❞

BTS(방탄소년단)가 세계 대중문화를 이끌며 트렌드를 변화시키고 있다. 놀랍고 자랑스러운 일이다.

청주공장에도 BTS가 있다. '일하는 방식'을 바꾸어 새로운 변화를 이끌고자 하는 활동이다. **청주공장 BTS는 무엇일까?** BTS란 "Big picture & detail + Timing = Smart working"**이다.** 큰 그림 (Big picture)**을 보고,** 치밀(detail)**하게 실행하되, 그 결과물은 적시** (Timing)**에 제공하여 스마트하게 일하자는**(Smart working) **것이다.**

조직의 효율적인 업무 성과를 위해서 해야 할 업무 자세와 태도는 무엇일까? 스마트하게 일한다는 것은 무엇인가?

먼저, Big picture & detail, **대관세찰**(大觀細察)**이다.**

대관(大觀)**이란 복잡한 상황을 단순화시켜 전체관점에서 명쾌하게 정리할 줄 아는 능력이다.** 어떤 일을 시작하거나 문제해결에 앞서 큰 그림(Big picture)을 먼저 보고 맥락을 잡아야 한다. 숲을 보고 나무를 보자는 말과 같다. 우리가 회사에 출근해서 열심히 일하고 문제를 해결하는 것은 회사 전체의 성과를 내고자 하기 위함이다. **업무를 추진하고 실행에 있어서 조직 전체 관점에서 어떠한 영향을 미치느냐를 먼저 보는 것이 꼭 필요하다.** 개인이나 특정팀이 아무리 많은 성과를 내도 회사 전체성과에 기여하지 못한다면 최선의 방법이 아닐 수 있다. 조직 전체 회의에서 주구장창 자기주장만을 이야기하는 사람은 대관(大觀)의 업무 자세가 부족하다고 할 수 있다. 숲을 보고 나무를 봐야 한다.

한 치수 더 큰 모자를 써야 한다. 특정한 이슈 해결이나 업무 추진 시 실무자나 또는 특정팀 입장에서만 생각해서는 안 된다. 조직 입장에서 판단하고 실행해야 한다. 내가 고객과 사외 이해관계자들과 가장 최접점(最接點)에 있다. 내가 잘못하면 고객으로부터 클레임이나 사회적 이슈가 만들어질 수 있다는 자세를 가져야 업무에서 진정한 프로다. 즉, **어떤 일이든 내가 우리 회사를 대표한다는 생각으로 업무에 임하는 것이 대관(大觀)이다.**

큰 시야로 전체 맥락을 보고 결정했다면 실행은 세찰(Detail)해야 한다. 대관(大觀)만 한다면 구체성 없는 공허한 말장난이 될 수도 있다. **세찰(細察)이란 단순한 사실을 세밀하게 뜯어보고 향후 벌어질 상황을 예측하여 이에 대응하고 해결하는 능력이다.** 단순히 '꼼꼼하다'는 말과는 의미가 다르다. 특히 **환경, 안전, 품질과 같이 고객이나 외부에 큰 영향을 미치는 일은 세찰(細察)이 더욱 중요하다. 정해진 기준과 절차를 반드시 따라야 한다.** 비록 작은 문제라도 발견하면 자의적으로 판단할 것이 아니라, 향후 예상되는 문제점을 파악하여 해당 관련자들과 적극적으로 소통하고 해결해야 한다. 회사를 위한다는 생각으로, **기본과 원칙을 지키지 않는 섣부른 판단과 행동은 선(善)이 아니라 더 큰 독(毒)이 되어 돌아온다.**

1986년 미국 우주왕복선 챌린저호는 발사 부스터와 연료통의 작은 오링(O-Ring) 결함 하나로 발사 1분 10초 만에 폭발했다. 그 사고로 7명의 비행사가 아까운 목숨을 잃었고 수천억 우주선이 공중으로 사라졌다. 이로 인해 미국 우주왕복선 사업이 중단되었고, 미국의 자존심에도 큰 상처를 입히는 참담한 결과를 가져왔다.

둘째, 일이나 문제해결에 있어 타이밍(Timing) 또한 중요하다.

타이밍은 **필요한 정보나 솔루션이 필요한 시점에 적시에 제공하도록 하는 것이 포인트다.** 아무리 훌륭한 보고서나 문제해결에 대한 기발한 아이디어도 필요한 시점에 제공돼야 가치가 있다. 타이밍을 벗어나서 제공되는 솔루션은 솔루션이 아니라 쓰레기에 불과하다. 제때에 접수되지 않는 입사지원서는 인사담당자의 쓰레기통에서 폐기되고, 유효기간을 넘긴 이벤트 상품권은 상품권이 아니라 휴지조각에 불과한 것과 같은 이치다. 축구에서 이기려면 90분 안에 골을 넣어야 한다.

주어진 시간 내에 업무를 처리하고 쉴 때 쉬는 것이 오히려 바람직한 업무 자세다. 최고의 전략 상품을 출시하기 위하여 전사 역량을 총동원하여 개발한 신제품이 골든타임을 놓친다면 시장에서 먹힐 수 있겠는가? 그것은 더 이상 전략 상품이 아니라 평범한 이류제품으로 전락함과 동시에 시장에서 도태될 수밖에 없다. 상품개발, 문제해결, 업무보고 등에 있어 심도 있는 검토와 완성도는 중요한 요소이긴 하다. 하지만 필요한 시기에 타이밍을 놓치지 않는 것이 무엇보다 중요하다.

셋째, '자·주·적' 업무 자세와 태도다.

'자주적'이라는 말은 **자**(자발적), **주**(주도적), **적**(적극적)인 의미가 담겨있다. 물론 필자가 나름대로 정리한 단어이고, 평소 업무논의나 임직원들과 대화에서 강조하는 말이기도 하다. 우리 회사와 1사 1병영 협약을 맺고 있는 지역 사단장과 간담회에서도 유사한 내용을 본 적 있다. 사단장 지휘 방침에 '자긍적' 자세와 태도가 담겨있었다. 평소 지휘관 회의나 병사들에게 수시로 강조한다고 했다. '자주적', '자긍적'이라는 단어에 함축된 의미는 그 맥락을 같이 할 것이다. 서로가 깊은 공감을 했다. 기업이든 군이든 사람이 중심에 있다. 사람을 움직여야 하고 사람의 마음을 얻는 것이 지휘관과 조직 책임자가 해야 할 일이기 때문이다.

'자발성'은 동기부여를 가져온다. **누가 시켜서 하는 것이 아니고 본인이 자발적으로 움직이는 것**이다. 아침에 일찍 출근하고 싶은 사람은 어떤 사람일까? 자발적 동기부여가 되어 있는 사람이다. 이런 사람은 회사에 조기 출근해서 자신이 하고 싶은 일이나 진행하고 있는 프로젝트에 집중한다. 또 주어진 근무시간에 성과를 내기 위해 시간 가는 줄 모르고 몰입한다. 상사로부터 일방적으로 부여받거나 자신의 의사와 상관없이 억지로 해야만 하는 일이라면 이런 자발성이 생기기 어렵다. 결국, 자발적인 동기부여가 일에 대한 몰입을 높이고 신바람나게 만든다.

일에 있어서는 '**주도적**'이어야 한다. 자기 주도적이란 **외부적인 요소에 의존하지 않고 자기 스스로 이끌어 가는 모습**이다. 일에 대한 계획수립, 실행, 결과에 대한 피드백을 누가 시켜서가 아니라, 자발적 의사결정에 따라 스스로 선택하고 조절과 통제를 해나간다. 그만큼 실행력도 높아지고 성과 또한 높아진다. 자기 주도적 학습 능력이 높은 학생이 더 좋은 성적을 만들어내는 결과와 일맥상통하다. 배움에 있어 누군가로부터 강요당하지 않고 스스로 목표를 세우고 실천하는 사람에게 목표달성에 대한 더 강렬한 의지와 욕구가 있을 수밖에 없다.

'적극적'의 의미는 긍정성과 능동성을 내포한다. **일에 있어 긍정적이고 능동적인 태도**를 말한다. 조직에서 절차와 의사결정 단계를 거쳐 확정된 과제에 대해서는 적극적인 태도를 취하는 것이 좋다. 내가 싫더라도 해야 하는 일이고, 진행 과정에서 어려움에 부닥치더라도 해야 하는 일이다. 어차피 할 것이라면 긍정적이고 능동적으로 해야 한다. **'하려고 하면 방법이 보이고, 하기 싫어하면 핑계가 보인다'**라고 했다. 어려움 속에서 또 다른 기회를 찾는 지혜를 가져야 한다.

열심히 일하는 것을 넘어 열심히 '잘'해야 하는 시대다. 열심히만 한다고 해서 큰 그림을 보지 못하면, 하지 않은 것만 못한 결과를 가져올 수도 있다. **열심히 '잘'하는 것은 스마트하게 일하는 것이다.** 스마트하게 일하는 것은 대관세찰의 일하는 방식으로 자·주·적으로 업무에 임하는 것이다.

일에 대한 자신만의 BTS '일 근육(筋肉)'을 키워야 한다. 내 앞에 놓여 있는 현상과 문제가 전부가 아닐 수 있다. 또 다른 커다란 무엇이 숨겨져 있을 수 있고 예상치 못한 작은 결함 하나가 또 다른 위험을 유발할 수 있다. 완벽을 위해 며칠 밤을 새워 검토한 보고서를 보고 타이밍을 놓쳐서 의미 없게 만들어서는 안 된다. 크게 보고 세밀하게 살펴보되 자주적으로 실행할 수 있도록 우리 모두 BTS가 되어야 한다.

'나'부터,
'작'은 것부터,
'지'금부터

제 4 장

안전은 위험을 보는 것이다.

01

안전춘화현상(安全春化現象)

지인이 카톡으로 보내 준 글을 읽고 공감하는 바가 컸다.

호주 시드니에 사는 교민이 한국을 방문했다. 돌아가는 길에 고향 동네 개나리를 꺾어다 자기 집 앞마당에 옮겨 심었다. 이듬해 봄이 되었다. 맑은 공기와 좋은 햇볕 덕에 가지와 잎은 무성했지만 정작 기대했던 노란 개나리꽃은 피지 않았다. 첫 해라 그런가보다 여겼지만 2년, 3년이 지나도 꽃은 피지 않았다. 여러 군데 수소문 끝에 비로소 꽃이 피지 않는 이유를 알게 되었다. 한국처럼 혹한의 겨울이 없는 호주에서는 개나리꽃이 아예 피지 않는다는 것이다.

봄꽃을 피우는 수목은 겨울에 혹독한 추위를 거쳐야만 생장점
이 반응하여 꽃을 피운다. 이를 전문용어로 '춘화현상(春化現象)'이
라고 한다. 우리가 자주 접하는 백합, 라일락, 철쭉, 진달래, 튤립
등이 모두 여기에 속한다. 따스한 봄기운이 화려한 꽃을 피워내는
것으로 보이지만 정작 꽃을 피우는 데 결정적인 역할을 하는 것은
겨울의 매서운 추위라고 한다.

안전과 무사고 또한 봄꽃의 춘화현상과 같다. 사람들은 누구나
온실 속 화초 같은 평온하고 안락한 일상을 원할 것이다. 하지만
세상에는 공짜가 없다. 온실 속에서 따뜻한 겨울을 보낸 개나리가
결코 화려한 봄꽃을 피울 수 없듯이 겨울의 혹한을 이겨낸 화초만
이 그것을 경험하는 기쁨을 누릴 수 있다. 이같이 우리가 소망하
는 무재해, 사람이 다치지 않는 안전한 공장은 **'안전춘화현상**(安全
春化現象)**'**을 거쳐야만 가능하다.

"불편한 것이 곧 안전이다." 즉, **안전하기 위해서는 불편해야
한다.** 작업 현장에서 무재해 꽃을 피우기 위해서는 불편함을 감수
하는 인내의 시간이 필요하다. 잠재된 크고 작은 위험요소를 사
전에 발굴하고 차단하는 끊임없는 노력 또한 있어야만 가능한 일
이다.

'사고는 공장의 문제점을 드러내는 대표적인 특징이다.' 발생한
사고는 우리가 지금까지 가지고 있던 임직원들의 위험에 대한 인
식이나 안전의식 수준을 고스란히 보여주는 안전거울이기도 하다.
실패를 통해 발전하는 안전 문화가 정착되도록 해야 한다. 거울에
비친 우리의 부족한 모습을 반성하며 새로운 도전의식으로 구성원
을 재결집하고 목표달성에 대한 결의를 다져야 한다.

‘농부는 굶어 죽어도 봄에 파종할 씨앗을 먹지 않는다’는 말이 있다. 우리 앞에 놓여 있는 상황이 아무리 어렵고 힘들더라도 무재해 사업장을 향한 ‘만사(10004)OK’ 활동의 본질을 포기해서는 안 된다. 안전에는 지름길이 없다. 가고자 하는 길을 확고하게 가는 것이 결국 지름길이 된다.

‘봄을 이기는 겨울은 없다.’

겨울 추위와 세찬 북풍을 이겨낸 개나리가 화려한 봄꽃을 피우듯이 청주공장도 ‘사람이 다치지 않는 공장’이라는 무재해 꽃을 피우기 위해서는 혹독한 겨울나기가 필요하다. 전 구성원이 결집해서 안전춘화현상(安全春化現象)을 거쳐 우리가 소망하는 보다 안전한 작업 환경, 사람이 다치지 않는 무재해 청주공장의 소중한 꽃이 활짝 피고 열매가 맺기를 기대한다.

02
안전, '위험 커뮤니케이션'이 답이다.

소통이란 무엇인가?

　소통(疏通)의 사전적 의미는 막히지 아니하고 서로 잘 통한다 또는 뜻이 서로 통하여 오해가 없음을 말한다. 이와 같이 개인이나 비즈니스 관계에 있어서 소통은 각자가 전달하고자 하는 바가 서로 막힘이 없어야 하고 잘 통해야 한다.

　그래서 '소통은 캐치볼이다'라고 표현하기도 한다. 상대방이 공을 잘 받을 수 있도록 정확하게 잘 던져줘야 한다. 또 반대로 받은 공을 상대에게 던질 때는 상대방 입장에서 거리와 높이를 고려하여 던져줘야 한다. 소통도 캐치볼처럼 상대방의 입장을 고려하면서 이루어져야 한다. 그래야만 상대방과 제대로 된 소통을 할 수 있기 때문이다.

소통이 잘 안 되는 이유는 3가지다. 먼저, 서로 다르다는 사실을 인정하지 않는 것이며, 둘째는 상대방을 배려하지 않고 일방적으로 소통하는 것이며, 마지막으로 자신이 하고 싶은 말을 제대로 전하지 못하기 때문이다.

역지사지, 현장의 언어로 소통하라.

유명 카피라이터이자 작가인 박웅현의 '여덟단어'라는 책에서 역지사지 소통의 중요성을 읽었다. 공감했다.

'법성포 한적한 어촌 어느 버스정류장에 유명 제빵회사인 SHANY 제작 광고가 걸려 있다. "We bake goodness" 나이 많은 할머니 할아버지가 대부분 이용하고 있는 시골 버스정류장의 이 광고 문구는 어딘가 어색하고 부족하다. 대신 "우리는 좋은 것을 굽는다" 정도가 모범답안이 아닌가?' 라고 반문했다. 그렇다. 상대방이 알아들을 수 없는 말이면 욕이 되고 제대로 이해되지 않는 광고 문구는 더 이상 광고가 아니다. 상대방 입장에서 쉽게 이해할 수 있는 용어를 사용하는 것이 소통의 시작이다.

한두 가지 더 예를 들어보자.

겨울철이면 화장실 수도꼭지 위에 보이는 안내 문구도 마찬가지다. "동파방지 관계로 누수함"이라는 표현보다는 "잠그면 얼 수 있으니 잠그지 마세요"라고 쓰는 것이 상대를 배려한 쉽고 제대로 된 소통방법이다. 하고 싶은 말을 제대로 전달하는 연습을 해야 한다.

"사갈새 1간이섬", 무슨 뜻인지 이해할 수 있는가?

대학시절, 필자가 다니던 대학가 주변 자취집 골목에 실제 붙어 있었던 문구다. 빈방을 세 놓기 위해 집주인 할머니가 직접 써서 집 앞 대문과 벽에 붙였다. 무슨 말일까? 처음에는 도무지 알수 없었다. 어떤 섬에 사는 새이름인가? 그게 왜 여기 붙혀있는 거지? 시간이 조금 지나 그 뜻을 알게 되고 나서 많이 웃었다. 또 한편으로는 안타까움으로 그 상황을 이해했다.

주인 할머니가 알리고자 했던 바는 "삯월세 1칸 있음"이었을 것이다. 지금은 삯월세가 통일된 표준어인 '사글세'로 통용되고 있지만, 당시는 삯월세, 삭월세, 사글세와 같이 복잡하게 사용되고 있었고 그 뜻과 받침법 사용 또한 어려웠다. 방을 구하려고 골목을 들어선 학생들이 처음에는 이 글귀를 제대로 이해할 수 있었을까? 차라리 이렇게 써보면 쉽게 이해했을 것이다.

"월세방 있음"

안전확보와 위험요인 발굴 활동에 있어서도 상대방을 배려하고 현장의 눈높이에 맞춘 소통방식이 필요하다. 쉽고 간결한 표현을 사용하고 현장의 언어로 위험을 커뮤니케이션해야 한다. 그러면 더 확실한 안전확보와 효율적인 위험요인 발굴을 통해 보다 안전한 현장으로 바뀔 수 있다.

위험을 커뮤니케이션하라.

'위험 커뮤니케이션'이란 **위험을 회피하지 않고 적극적으로 소통하고 공유함으로써 위험을 관리하고 대처하는 과정이자 기**

술이다.

위험은 작업 현장에서 필연적으로 발생한다. 피할 수 없는 게 위험이라면 위험을 피하는 최적의 방법은 위험요소를 사전에 발굴하고 차단하는 것이다. 이는 청주공장이 2019년부터 3년째 추진하고 있는 '만사(10004)OK' 활동과 맥을 같이 한다.

'위험 커뮤니케이션' 활성화는 어떻게 해야 할까?

먼저, 작업 현장에서 인지한 **위험요소에 대해서 서로 편안하고 솔직하게 이야기할 수 있도록 '심리적 안전감'을 줘야 한다.** 현장 근무자가 느꼈던 위험요소나 문제를 즉각적으로 동료나 반장, 실장, 팀장에게 이야기하면, 이에 대한 현상파악과 개선방안에 대해 스스럼없이 토론하도록 만들어야 된다.

비록 제기된 문제나 위험요소가 현실에 맞지 않거나 개인의 실수가 있을 수 있다. 하지만 새로운 각도에서 현장의 안전 문제점과 안전 환경 시스템을 점검하는 기회로 활용하면 된다. 이렇게 해야만 작업현장에서 위험 커뮤니케이션이 더욱 활성화되고 바람직한 안전문화가 만들어지는 단초가 된다.

2021년 8월, 전국 품질분임조 경진대회에서 청주공장 '개미'분임조가 영광의 대통령상(안전품질부문)을 수상했다. 해당 분임조의 자랑이자 회사의 경사다. 분임조장과 발표한 분임조원을 축하하고 격려하는 오찬미팅에서 나눴던 이야기는 매우 인상적이었다.

"현장 안전 문제점이나 개선을 위해 조직장들과 소통함에 있어 불편함이나 애로 사항이 없었는지?"를 물었다. 그 질문에 현장 사원은 이렇게 대답했다.

"신입사원이라 처음에는 제 생각이나 제안이 적합한지, 반장님이나 실장님이 어떻게 생각하실지 고민하고 망설였다. 하지만 사소한 제안이나 의견을 제시하더라도 적극적으로 받아주셨고 함께 고민해주셨다. 또 이런 부분은 가능할까 하는 제안도 제가 생각하지 못한 기술적인 부분까지 해결해주셔서 놀랐고 많이 배웠다. 그래서 지금은 사소하더라도 안전에 대한 문제점이나 생각을 편안하게 이야기할 수 있고 상의하려고 한다. 감사하게 생각한다."

이처럼 위험에 대한 구성원들의 자발적이고 적극적인 위험 커뮤니케이션은 안전한 사업장을 만들어 가는 기본이자 동기부여의 에너지가 된다. **위험을 피하는 방법 중 하나는 위험 커뮤니케이션 활성화다. 이를 위해서 위험에 대해서 서로 편안하고 솔직하게 이야기하는 분위기를 만들어 주는 것이 중요하다. 또 스스럼없이 토론하고 개선방안을 찾는 데 리더들이 함께해야 한다. 결국, 문제는 현장에 있고, 그에 대한 해답 또한 현장과 현장 작업자로부터 나오기 때문이다.**

03

안전한 일터,
'심리적 안전감'을 갖게 하라.

심리학에 '**심리적 안전감**(安全感)'이란 말이 있다. 심리적 안전감은 **개인이 어떠한 의견을 이야기하거나, 실수하거나 실패했을 때 조직 구성원으로부터 질책이나 비난을 받지 않는다는 느낌을 받는 것**이다.

수십 미터 상공의 놀이기구 위에서도 사람들이 두려움 없이 놀이기구 위에서 웃으면서 뛰어내리는 이유는 무엇인가? 바로 안전장치 때문이다. 조직도 그렇다. 조직의 구성원들이 두려움을 느끼지 않고 자기 의견을 개진할 수 있도록 심리적 안전장치가 필요하다.

심리적 안전감이 갖춰질 때 구성원이 보다 더 자유롭게 각자의 아이디어나 생각을 말하고, 더 나은 성과창출을 위해 몰입하는 환경이 만들어진다. 이러한 몰입상태는 그 조직에 대한 충성도를 높이고, 보다 창의적인 생각을 이끌어 낼 수 있다.

심리적 안전감은 친절함, 편안함, 안락함과는 다르며, 상대방에 대한 나의 믿음인 신뢰감과도 차이가 있다. 이것은 내가 상대방을 불편하게 할 수 있는 말이나 행동을 하더라도, 상대방이 나를 이해하고 어떤 불이익도 가하지 않고, 서로의 관계가 손상되지 않을 것이라는 학습된 믿음이다.

안전사고 예방 활동에서도 '심리적 안전감'은 필수적이라고 생각한다. 작업 현장에서 발견하는 위험요소와 불합리한 문제를 언제라도 스스럼없이 서로 이야기하고, 제안과 토론을 통해서 개선할 수 있도록, 심리적 안전감과 환경을 만들어 주는 것이 중요하다.

청주공장은 3년 미만 근속사원 비율이 50%를 넘는다. 이들은 취업과 동시에 새로운 환경에서 처음 만난 사람들과 좋은 관계를 맺어야 하는 어색함과 부담감을 가지고 있다. 또 맡겨진 직무를 빨리 익히고 조직 분위기에 적응해서 상사나 동료로부터 인정받고 싶은 인간의 본원적인 욕구도 함께 있다.

이런 환경변화와 적응과정에서 저 근속사원들이 가지는 공통점은 심리적 불안감과 불완전한 행동이다. 더군다나 위계서열이 엄격하고 경직된 조직일수록 이런 심리적인 압박은 더욱 심할 수밖에 없다.

특히, 직무지식이 부족하고 경험이 없는 상황에서는 설사 불합리한 방법이나 안전상의 문제점이 있더라도, 상사나 선배로부터 받을 혹시 모를 비난이나 질책이 두려워 이야기하지 않을 경우가 있을 수 있다.

심리적 안전감에 대한 중요성을 말할 때 대표적인 사례로 항공기 추락사고가 자주 언급된다. 1997년 8월 6일 228명의 고귀한 목숨을 앗아간 OO항공 801편 괌 추락사고의 원인 중 하나는, 조종사와 부조종사 간 불완전한 소통이었다고 한다. 기장의 잘못된 판단에 대해, 부기장이 보다 적극적인 자세로 말하고 대응했다면, 대형 참사를 막을 수 있지 않았을까 하는 전문가들의 안타까운 의견이 있었다.

따라서 高 맥락문화 속에서 성장해온 동양권이나 우리나라 사람들에게 있어서 직장이나 작업 현장에서 심리적 안전감을 갖게 해주는 것은, 보다 더 좋은 성과나 안전사고 예방을 위해서 꼭 필요하다고 생각된다.

'심리적 안전감'을 갖도록 하기 위해서는 어떻게 해야 할까?

우선, **소통의 문턱을 낮추고 정보공유를 통해 '팀 유대관계'를 높여야 한다. 솔직하게 현 상황을 공유해야 한다.**

환경 안전에 대한 목표나 자신의 임무, 역할에 대해 상하 간의 정확한 소통이 필요하다. 사람들은 깜깜할 때 불안하다. 정보가 차단되어 있다고 느낄 때 한 팀이 될 수 없다. '만사(10004)OK' 활동에 대한 방향과 왜 해야 하는지에 대한 이유를 제대로 소통해야 한다.

안전에 대한 답은 현장에 있고 현장에서 답을 찾도록, 구성원들의 눈높이에서 쌍방향의 진정성 있는 대화를 하는 것이 중요하다.

둘째, **자신의 실수와 약점을 인정하는 '상황적 겸손함'을 보여 줘야 한다.**

세상에 완벽한 사람은 없다. **리더와 선배는 내가 아는 지식과**

경험이 100% 옳지 않을 수도 있다는 '지적 겸손함'의 태도를 가져야 좋다. 지금의 전문성과 경험을 확보하기까지 자신도 실수와 시행착오를 많이 거쳐 왔다는 것을 부하 사원에게 노출하는 것이 좋다. 너무 맑은 물에는 물고기가 몰려들지 않는다. 완벽을 추구하는 선배에게 후배 사원이 끼어들 자리가 있겠는가? 어설픈 권위보다 심리적 거리감을 좁히는 노력이 우선이다.

셋째, **개인의 실수와 문제 제기에 대해서 생산적 반응을 해야 한다.**

현장에서 작업자의 실수나 문제점에 대한 개인의 의견을 말할 때, **긍정적 관점에서 받아들이는 관심과 노력이 필요**하다. 누군가가 제안한 아이디어가 뛰어나지 않거나, 설사 현실에 맞지 않더라도 새로운 각도에서 점검하는 기회로 활용하는 과정을 지지하고 유도해야 한다. '만사(10004)OK 활동'의 핵심 성공 요인은 특별한 한 사람의 매직 솔루션이 아니라, 전 구성원의 자발적인 참여를 통해 만들어내는 다양한 아이디어와 현장의 실행력이다.

'우문현답', 우리의 문제는 현장에 답이 있기 때문이고
'우문우답', 우리의 문제는 우리에게 답이 있기 때문이다.

04

보고도 못 본 것은 안 본 것이다.

안전한 일터가 행복한 세상을 만든다

현장에서 발생한 사고원인을 파악하고 대책을 수립하는 과정에서 도저히 이해하기 어려운 상황을 가끔씩 접한다. 사고를 당한 사원도 원인 조사 인터뷰에서 이렇게 대답한다.

"그때 왜 그렇게 했는지 도무지 알 수가 없다. 뭔가에 홀린 것이 아닌지..."라며 대답을 흐린다.

당신도 일상에서 그런 경험을 해본 적이 있는가?

필자도 그런 경험이 있다. KTX를 이용해서 울산으로 출장 가는 일이 종종 있었는데, 지난해 어느 날 울산공장 출장 일정이 잡혀 출발 하루 전 스마트폰 앱으로 KTX 승차권을 예매했다. 다음날 아침 오송역에서 울산으로 가는 열차에 승차해서 지정된 자리를 찾았다. 그런데 이미 내 좌석에는 다른 사람이 앉아 있었다. 양해를 구하고 자리를 비켜달라고 말했다. 하지만 그 사람은 자신의 승차권을 확인한 후 나를 보며 좌석을 다시 확인해 보라고 한다.

석연찮은 표정이다. 스마트폰에서 좌석을 확인했다. 내 자리가 틀림없다. 들고 있던 휴대폰으로 승차권을 그에게 보여주며 다시 확인시켰다. 내가 보여준 승차권을 찬찬히 보던 그가 하는 말, "이 승차권은 내일 날짜 승차권이잖아요?" 그럴리가... 다시 승차권을 들여다봤다. 참으로 황당하게도 그다음 날짜로 예약된 승차권이었다. 얼굴이 빨개지며 후끈거림을 느꼈다. 쥐구멍이라도 있으면 들어가고 싶다는 상황이 이런 기분일까 생각했다. 도대체 나는 무엇을 예약했고 예약 후에도 무엇을 본 것일까?

직접 '**눈으로 보고도 못 본 것은 안 본 것이나 다름없다.**' 개인의 일상이나 작업 현장에도 이런 유사한 사례가 있을 수 있다. 익숙한 일일수록 문제를 간과하기 쉽고 오랫동안 했던 일이라면 자만심에 빠질 수 있다. 늘 지나던 출·퇴근 길에서 평소 보지 못했던 가게 간판이 어느 날 갑자기 시야에 들어온다. 숨을 헐떡이면서 앞만 보며 정상을 오르던 그때는 보이지 않던 예쁜 들꽃과 나무가 하산 길에 발견해서 발걸음을 멈춘 기억이 있을 것이다.

사람은 사물과 환경을 있는 그대로 보는 것이 아니라, 자신의 상황에 따라 자신이 보고 싶은 대로 보려는 습성이 있다. 지난해 KTX 승차권 예매 실수 이후, 나에게는 또 하나의 새로운 습관이 생겼다. 승차권을 예약할 때나 탑승할 때 몇 번이고 승차권을 확인하고 점검하는 일이다.

마음의 여유를 가지고 제대로 보도록 연습해야 한다. 특히, 사람의 생명을 위협할 수 있는 위험한 작업 현장이나, 대외적으로 연결되는 비즈니스 문제는 더욱 각별한 주의와 관심이 필요하다. 울산행 KTX 승차권을 예매할 당일 나는 평소보다 바쁜 일정과 계속되는 회의로 승차권 일자를 꼼꼼히 확인하지 않고 지나간 것이다.

사람의 주의력은 가끔은 불완전한 상태가 만들어질 수 있으며 내 눈에 보이는 것이 절대 완전한 것이 아닐 수 있다. 어느 누구도 완벽할 수 없다는 생각을 하라. 바쁠수록 마음의 여유를 가지려는 노력과 타인의 의견을 듣고 수용하려는 자세가 필요하다.

서두에서 언급했던 현장의 어처구니없는 사고는 왜 일어났을까? 작업자의 근무태만 또는 게으름에서 발생한 사고일까? 그렇지 않다. 그 작업자는 수십 년간 한 공장에서 동일한 업무를 수행했고 상사나 동료들로부터 근면과 성실함을 인정받은 베테랑 숙련자였다. 근무태만의 문제가 아니라 익숙함과 매너리즘의 문제라고 생각한다. 늘 그랬듯이 자신이 하던 방식대로 작업했을 것이고, 설비의 이상 징후에도 본인이 생각하는 대로 판단해서 세심한 점검을 하지 않고 기계 가동 스위치를 눌렀을 것이다.

당신은 현장의 위험요소를 온.전.히 제.대.로 보고 있는가?
늘 보고 지나던 현장의 작업자와 설비를 자세히 들여다보라. 그러면 위험이 보이고 안전이 보인다.

심부재언 시이불견 청이불문
心不在焉 視而不見 聽而不聞

'마음이 있지 않으면 보아도 보이지 않고 들려도 들리지 않는다'라는 말이다. 안전에 있어서 문제점을 발굴하고 이를 개선하기 위해서 꼭 필요한 자세와 태도를 지적하는 말이다. **위험요소를 바라볼 때 시청하지 말고 견문하는 습관을 가져라.** 예컨대, TV 프로그램을 가벼운 마음으로 흘려보면 시청(視聽)하는 것이고 내가 관심이 많은 작가의 작품을 깊이 보고 듣는 것은 견문(見聞)하는 것이다.

사람은 실수하고 기계는 고장 난다. 하지만 거기서 멈추지 않고 사고를 경험했던 **사람은 더 이상 실수를 하지 않도록 '확인 또 확인'을 해야 하고 기계는 고장 나지 않도록 철저한 예방 보전을 해야 한다.** 만약 비정상적이거나 예상치 못한 돌발적 상황이라면 작업 시작 전 몇 분이라도 촘촘히 안전을 챙겨보는 것이 바람직한 작업방법이다. 그것이 안전경영이 지향하는 방향이자 조직 구성원들이 해야 할 가장 중요한 책무이다. **그저 보지(見) 말고 관심을 가지고 자세히 들여다봐야(觀) 한다.** 일상이나 현장에서 관심을 가지고 자세히 들여다봐야만 안전이 보이고 제대로 된 사물과 현상을 볼 수 있다.

나태주 시인의 '풀꽃'이라는 시를 소개한다.

〈풀 꽃〉
자세히 보아야 예쁘다
오래 보아야 사랑스럽다
너도 그렇다

05

'넛지'로 안전을 확보하라.
『넛지 안전경영』

택시를 탈 때 당신은 안전벨트를 매는가?

이 질문이 뜬금없이 들릴지 모른다. 몇 년 전이라면 "예"라는 대답보다 "아니요"라는 대답이 더 많았을 것이다. 2018년 9월, 택시 운전자는 물론 뒷좌석 승객들에게 안전벨트 미착용 시 범칙금과 과태료 부과라는 새로운 제도가 시행되었다. 시행 이전에는 단지 불편하다는 이유로 안전벨트를 매지 않은 경우가 많았기 때문이다.

법으로 강제하는 방식보다 운전자나 동승자들이 스스로 안전벨트를 착용하도록 유도하는 방법은 없는 것일까? 이 문제의 해결방법에 대한 모범사례가 있다. 브라질에서 사람의 심리를 고려하여 자발적으로 벨트 착용률을 대폭 올린 실험이 있었다.
그것을 들여다보자.

　　브라질에서 한 승객이 택시를 탄다. 택시의 뒷좌석에 어
　　떤 안내문이 붙어 있다. 택시를 탄 승객들이 이 문구를 보
　　자마자 즉각적으로 안전벨트를 착용한다. 운전사가 요청
　　하지도 않았다. 승객이 먼저 안전벨트를 맨 이유는 무엇
　　이었을까? 택시 뒷좌석에는 다음과 같은 안내문이 적혀
　　있었다.
　　SAFETY WI-FI, BUCKLE UP YOUR SEAT BELT
　　AND GET FREE WI-FI

　　2015년, 브라질의 좌석 안전벨트 미 착용률은 92%였다. 이에 따라 정부나 사회단체의 안전벨트 착용 권고 캠페인이 다양하게 벌어졌다. 이어서 교통사고 경각심을 높이기 위해 사고 현장의 끔찍한 모습을 보여주는 공익 광고가 계속 진행되었다. 하지만 이런 활동에도 꿈적 않던 사람들이 스스로 안전벨트를 맨 이유는 의외로 다른 곳에 있었다. 택시에서 안전벨트를 착용하면 동시에 무료 와이파이가 터지기 때문이었다.

　　이는 자동차 회사 피아트와 광고 대행사가 협업으로 실시한 기발한 공익 캠페인이었다. 2015년 캠페인 동안 이 택시에 탄 승객은 4,500명 이상이었는데 놀랍게도 거의 모든 승객이 안전벨트를 맸다. 작은 변화로 큰 효과를 끌어낸 이 캠페인은 '넛지 효과

(Nudge effect)'를 활용한 것이었다.

출처: FIAT 광고 'Safety WIFI'

세상을 바꾸는 작은 변화, 넛지(Nudge)

넛지(Nudge)의 사전적 의미는 '팔꿈치로 슬쩍 찌르다'라는 뜻이다. 2008년 시카고대 교수이자 행동 경제학자인 리처드 탈러와 하버드대 교수 캐스 선스타인이 '넛지'라는 책을 출간하면서 '넛지'란 '사람들의 선택을 유도하는 부드러운 개입으로 강압적이지 않으면서 사람들의 행동을 바꾸는 현상'이라고 주장했다.

넛지 효과의 대표적 사례로는 네널란드 암스테르담 공항의 공중화장실 남자 소변기에 설치된 파리 모양의 표시다. 이 작은 표시 하나가 사람들이 서서 소변기를 사용할 때 자연스럽게 소변이 밖으로 튀지 않도록 유도하는 효과를 보이도록 만들었다.

　　실생활 속에서 부드러운 개입, '넛지'를 통해 변화를 이끌어 낸 사례는 많다. 상품 판매를 높이기 위하여 넛지 기법을 이용하면 '넛지 마케팅'이 되고, 공익적 목적을 위해 넛지 효과를 이용하면 '넛지 캠페인'이 된다.

　　우리나라에서도 이 '넛지 효과'를 활용해 다양한 변화를 시도하고 있다. 대표적인 예로 서울시청 시민청 입구에 있는 '기부하는 가야금 건강 계단'이다. 시민청에서 서울광장으로 나가는 계단에 위치하며, 계단을 오를 때 가야금 소리가 난다. 무병장수를 기원하는 십장생 디자인에 이용자 수를 카운트하는 센서가 부착되어 있어서 시민 한 사람이 계단을 오를 때마다 10원씩 기부되며, 이 기부금은 걷기 힘든 아이들의 보행 보조기구를 구입하는 데 사용된다.

　　이 계단은 바로 옆 에스컬레이터를 이용하던 시민들을 이곳으로 유도하여 시민의 '건강'을 챙길 수 있는 효과도 있다. 또한, 계단을 오를 때마다 가야금 소리를 통해 '재미와 즐거움'의 신박한

기부하는 가야금 건강 계단

출처: 서울시 온라인 뉴스

경험을 제공함은 물론 '기부'라는 사회적 공헌 활동의 삼박자를 갖췄다. 지금 이 특별한 계단은 서울 지역에 16여 곳에 확산 운영되고 있다.

넛지(Nudge)로 안전을 확보하라.

강압적인 제재 없이도 자율적으로 움직이게 하는 '넛지', 기본 준수와 안전수칙을 강요하는 그 어떤 문구나 안내문보다 훨씬 강력한 효과를 가지고 있다. 이 작은 아이디어가 가져온 놀라운 변화인 '넛지'를 이용하여 생산현장의 안전과 무재해를 위해 '넛지 안전'이라는 새로운 발상의 전환이 필요하다. 청주공장에서 넛지를 활용한 안전 확보 활동의 몇 가지 사례를 소개한다.

활동사례

사례01 보행자 전용 통로 넛지

청주공장에는 하루 3~500여 대 이상의 제품 출하 차량이 출입한다. 또 원료나 생산된 제품을 출하하거나 적재하고 이동하는 지게차가 100여 대 이상이 항상 움직이고 있다. 공장 내 도로는 하루종일 혼잡하고 공장 안에 있는 도로를 이용하는 사원들은 늘 위험요인에 노출되어 있다. 보행자와 차량을 구분하는 도로 또한 명확하게 표시되어 있지 않았다.

도로 가장자리에 보행자 전용통로를 만들었다. 인도와 차도라는 구

분이 확실하게 보행자 통로 바닥은 청색과 흰색 페인트를 칠했다. 공장
을 방문하는 고객은 물론 외국인도 이해할 수 있도록 바닥에는 글자가
아닌 보행자 그림 표시와 스마트 사용금지 안내 표지판을 그려 넣었다.
효과가 어땠을까? 넛지가 안전을 만나자 놀라운 변화가 일어났다. 공
장의 도로를 이용하는 모든 사람이 이 블루라인을 따라 걷기 시작했다.

사례02 소방시설 앞 주차금지 안내 넛지

어느 공장이나 화재나 재해를 대비하여 공장 곳곳에 다양한 소방시
설이 설치되어 있다. 이러한 소방시설은 화재가 발생하거나 비상 상황
시 초기에 즉각적으로 대응하여 사고를 차단하고 피해를 최소화하도
록 해야 한다. 하지만 이러한 초기 방재를 방해하는 요소 중 하나가
소방 설비 앞에 불법 주차된 차량이다. 우리는 뉴스에서 화재나 재해
발생으로 출동한 소방차가 도로에 불법 주·정차한 차량으로 인해 사
고 현장에 접근할 수 없거나 늦게 도착함으로 인한 2차 피해를 종종
접한다. 몇 년 전 제천 목욕탕 화재사고가 대표적인 사례 중 하나다.
아래 왼쪽 사진을 보라. 청주공장에서 과거 종종 목격했던 광경이

다. 안전팀의 안내와 단속에도 불구하고 소방 설비 주변 불법주차 문제는 완전히 사라지지 않았다. 이처럼 출입한 외부 차량이 소화전을 막고 있을 때 화재나 비상 상황이 생기면 낭패다. 운전자는 왜 이곳에 차량을 주차했을까? 왜 하지 않느냐고 질책하기 전에 왜 하지 않을까 생각해야 한다. 그냥 도로 가장자리에 별생각 없이 세웠을 뿐이다. 바로 옆 옥외 소화전이 그의 눈에 들어오지 않았고, 비상 상황 발생 시 벌어질 수 있는 심각한 문제를 크게 의식하지 않았을 가능성이 있다.

질책이나 강제적인 단속이 아니라 다른 곳에서 아이디어를 찾았다. 최근에 도심이나 일반 도로의 소방시설을 보면 화재나 비상 상황 시 소방차가 바로 도착하여 사용할 수 있도록 도로와 인도 턱에 주차금지를 알리는 빨간색 띠가 길게 칠해져 있다. 참 기발한 발상이고 가시적인 효과가 있다고 생각했다.

외부에서 얻은 아이디어를 공장 안으로 들여왔다. 옥외 소화전 앞에 빨간색 바탕으로 '소방시설 주정차금지'라는 띠 표지를 공장 전 구역에 새로 설치했다. 반응이 좋았고 효과를 확신했다. 강제적인 단속 없이도 옥외 소화전 앞 불법 주차문제가 대폭 개선되었다. 왜 그랬을까? 이 또한 목시 관리를 기반으로 하는 일종의 넛지 효과가 아닐까?

소방시설 주차금지 넛지

사례03 차량 유도선 넛지

앞서 말했듯이 매일 3~500여 대 제품 출하 차량이 청주공장을 출입한다. 출입하는 차량은 각각의 장소에서 출하가 이루어지므로 운전자는 지정된 출하창고를 찾아가야 한다. 처음 방문하는 차량 기사는 자신이 가야 할 창고를 쉽게 찾아가는 데 애로가 있을 수 있다. 도로 길목마다 군데군데 세워진 표지판을 따라가다가 다른 창고로 가는 혼선도 종종 있다. 이때 차량 간 간섭이 생기면 안전사고 위험에도 노출될 수 있다.

넛지 효과를 활용한 총무팀 담당자의 제안으로 안내 표지판 대신에 도로 바닥에 출하창고별 주행 유도선을 그렸다. 정문을 통과한 운전자는 이 유도선만 따라가면 가고자 하는 출하장소를 쉽게 찾아갈 수 있다. 효과는 대단했고 고객들로부터도 많은 긍정적 피드백을 받았다.

그를 즉시 칭찬했고 이와 함께 포상도 제공했다. 또한, 공장 전역에 넛지를 활용한 다양한 적용방안을 검토하도록 했다. 사업과 안전에 가시적이고 실질적인 도움이 되는 살아있는 넛지 사례다.

차량 유도선 넛지

06
'상황의 힘',
안전한 현장을 만들 수 있다.

> 안전이란 단어는 기술적 전문용어가 아니라 사회적 언어다
> -페트로스키-

횡단보도를 건너기 위해 사람들이 기다리고 있다. 시간이
조금 지나자 빨간색 신호에 한 사람이 주변을 살피며 슬
금슬금 건너기 시작한다. 옆에 있던 사람도 그를 따라 앞
으로 간다. 그러자 눈치를 보면서 어쩔까 잠시 망설이던
나머지 사람들이 모두 횡단보도를 건넌다.

이 상황을 어떻게 생각하는가? 도로에서 당신은 이런 경험을
해 본 적이 없는가?
사람의 행동을 결정하는 요인은 의식적인 것만이 아닐 수 있
다. 대표적인 영향요인 중 하나가 그 시점에 놓인 '상황'이다. 행동
심리학에 **'상황의 힘'**이라는 말이 있다. **행동에 있어 내 의지와는**

달리 남의 의견을 따르거나, 또는 모른 척 외면하는 경우를 말한다. 위에서 벌어진 횡단보도 상황이 대표적인 사례다. 빨간색 신호등인데도 상황의 힘이 작용하면 횡단보도를 건너게 된다.

또 다른 실험 사례가 있다.

> 사람이 많은 거리에서 한 사람이 하늘을 올려다보고 있다. 하지만 지나던 사람들은 그 사람의 행동에 관심을 가지지 않고 각자 가던 길을 바쁘게 걸어간다. 잠시 후 실험자 2명이 그 자리에서 똑같이 하늘을 쳐다보고 있다. 이때까지도 지나는 사람은 행동에 대해 크게 관심을 가지지는 않는다. 간혹, 무언가 '이상한 사람이다' 생각하며 흘깃 스쳐보며 지나간다. 다음은 실험자 3명이 동시에 하늘을 보고 있다. 놀랍다. 갑자기 지나가는 대부분 사람이 그들이 향하고 있는 하늘을 쳐다보며 관심을 가지기 시작한다. "뭐야? 뭐가 보인다는 거야?" 거리에 있는 수많은 사람이 걸음을 멈추고 다 함께 하늘을 올려다본다.

상황을 움직이는 '3의 법칙'이다. **세 사람이 모이면 집단이 형성되어 그 집단의 주장에 힘이 실린다는 현상**이다. 3인의 법칙은 옳지 않은 일을 옳게 만들 수 있고 옳은 걸 옳지 않게 만들 수도 있는 권력과 같은 것이다. 인간은 상황에 지배당하기 때문이다. 3명이 모이면 집단이라는 개념이 생긴다. 이러한 개념은 또다시 발전하여 새로운 힘과 기준이 생기고 이것이 사회적 규범의 토대가된다. **'세 사람이 모이면 누구도 함부로 할 수 없는 힘과 새로운**

기준을 만들 수 있다'는 말이다.

실제 상황에서 벌어진 사례다.

2005년 10월, 지하철 5호선 천호역에서 노인 한 명이 열차와 승강장 사이에 끼였다. 이를 발견한 누군가가 소리쳤고 노인을 구하기 위해 3명이 지하철 차량을 밀기 시작했다. 3명의 행동을 본 주변 사람들이 함께 힘을 합쳐 객차를 밀기 시작한다. 드디어 지하철 차량을 기울여 그 틈에서 승객을 구조하게 된다. 3명에서 출발한 작은 힘이 33톤의 거대한 기차를 움직이는 엄청난 괴력이 되어 지하철의 작은 기적을 만들었다.

청주공장 구성원의 안전에 대한 마음과 행동도 3의 법칙이 통용될 수 있다. 무사고와 안전한 작업장에 대한 몇 사람의 생각과 행동은 청주공장 전 임직원들을 변화시킬 수 있는 힘을 지니고 있기 때문이다. 보호구를 착용해야 하는 작업 현장에서 철저한 보호구 착용과 솔선수범하는 작업자 3명이 안전사고를 예방할 수 있다. 협착사고 위험이 있는 설비 트러블이 발생했을 때 지정된 치공구를 들고 기계 앞으로 다가가는 몇 명의 작업자가 있다면 상황의 힘이 작동한다. 일상적인 위험요인 발굴·개선 활동이나 불완전한 행동에 대해서도 마찬가지다. 조직 내에 몸담고 있는 **사람들이 안전에 대한 어떤 태도와 자세로 상황을 만들고, 그 상황의 힘이 어떻게 작동하느냐에 따라 안전한 작업장과 위험한 작업장 여부가 결정될 수 있다.**

청주공장 '만사(10004)OK' 안전경영의 궁극적인 목표도 이와 맥락을 같이한다. 전 구성원 변화를 이끌어 내는 힘은 청주공장 구성원의 안전에 대한 작은 관심과 실천에서 출발한다. 3명의 기본준수와 솔선수범을 가볍게 보지 마라. 사람의 마음을 바꾸는 '상황의 힘'이 작업 현장을 안전하게 바꿀 수 있다.

일상 속 경험사례

동심 속에서 발견한 '3인의 법칙'과 '상황의 힘'

주말 산책길에 아파트 놀이터에서 아래 사진 속 4명의 어린이 대화에서 안전에 대한 상황의 힘을 목격했다. 자전거 안전헬멧과 팔목, 무릎 보호대를 착용한 어린이 3명과 착용하지 않은 친구 1명의 대화다.

A: "○○야! 헬멧과 보호구를 해야 넘어졌을 때 다치지 않아..."

B,C: "맞아! 나도 넘어진 적 있었는데 이것 때문에 다치지 않았어..."

D: "아! 그래, 나도 엄마한테 헬멧 사달라고 해야겠어."

일상에서 만났던 3인의 법칙과 상황의 힘이 작동하는 실제 사례다. 이러한 작은 사례들이 모여 안전한 사회, 안전한 국가를 만들어 가는 큰 힘이 된다.

동심 속에서 본 상황의 힘: 안전 보호구

07
'안전제일'은 '사람제일'이다.

❝ 생산과 안전은 표리부동의 관계가 아니라 일심동체의 관계다 ❞

산업현장에 '안전제일'이라는 표현은 익숙한 용어다. 하지만 지금도 작업 현장에서 '안전제일'은 단지 구호로만 그치는 작업 현장이 많고, 이 절대가치를 정착하기 위해서 우리가 가야 할 길이 아직 멀다.

'안전제일'이라는 이 용어는 어떻게 만들어진 것일까?

1906년 미국 최대 철강회사인 U.S. Steel에서 철판 작업을 하던 근로자가 사망했다. 이때 사고로 남편을 잃은 미망인이 했던 말은 당시 회사 사장이었던 게리와 그의 동료들에게 큰 울림을 주었다.

"당신에게는 내 남편이 비록 종업원 몇천 명 중의 한 사람일지는 모르지만 나와 우리 가족에겐 단 한 명밖에 없는 모든 것입니다."

이 말은 들은 게리 사장은 깊은 반성과 깨달음을 통해 회사의
경영방침을 '생산제일'에서 '안전제일'로 바꿨다. 당시 고성장 위주
의 산업 환경에서 안전을 생산의 상위개념으로 둔다는 것 자체가
대단한 결단력이자 생산이 사람의 생명에 결코 우선할 수 없다는
그의 진정한 경영철학이 엿보인다.

그렇다. 사업이 안전에 우선할 수 없다. 성과가 환경에 우선해
서도 안 된다. **사람의 생명과 안전은 그 어떤 것 보다 우위에 있
는 절대적인 가치이다. 안전의 핵심은 결국 사람이다. 안전제일은
'사람제일'이라는 말이다.** 다치고 사망한 사람이 비록 조직 내에서
는 한 사람의 조직 구성원으로서 미미한 존재일지 모른다. 하지만
집으로 돌아가면 한 사람의 남편이자 아버지이며, 가족의 행복과
미래를 책임지는 가장이자 모두이다. 그래서 사람의 생명을 지키
고 그들이 다치지 않게 보호하는 것이 안전경영의 본질이자 우리
사회 건강과 근간을 유지하는 버팀목이 되는 것이다.

지난해 어느 날 퇴근길, 사택에 있는 숙소 엘리베이터를 타기
위해 기다리고 있었다. 그때 목발을 짚은 젊은 사원과 가족으로
보이는 여성이 함께 엘리베이터 입구로 다가왔다. 순간 직감했다.
며칠 전 작업 도중 안전사고로 발목을 다친 OOO 사원이고 옆에
있는 사람은 결혼한 지 얼마 되지 않은 배우자였다. 엘리베이터가
내려오는 동안 배우자에게 말했다. "공장장입니다. 죄송합니다. 얼
마나 많이 놀라셨는지요? ……" 배우자는 얼굴을 마주치지 못하고
고개를 숙였다. 그녀의 눈가에는 눈물이 촉촉이 맺혀 있었다.

엘리베이터에서 내린 후 공장 총괄책임자로서 많은 생각을 했다. 사람이 다쳐서는 안 된다. 안전사고는 단순히 다친 사람만의 문제가 아니다. 사고로 인해 그 주변에 있는 많은 사람들이 2차, 3차 피해자가 되고 상처와 아픔을 겪는다. 사고가 발생하지 않도록 더 챙기고 '만사(10004)OK' 활동 실행 속도를 더 높이자. 사원 가족의 눈물을 이제 더 이상 봐서는 안 된다.

'안전제일'이라는 용어가 생겨난 지 한 세기가 흘렀다. 지금도 길거리를 가면 공장 외벽이나 정문 간판에 '안전제일'이라는 구호가 걸려 있다. 사람의 생명이 가장 소중하고 보호받아야 할 핵심 가치라고 사용되고 있지만, 이 표현이 만들어진 배경과 진정한 의미에 부합하는 살아있는 안전제일을 실천하고 있는 산업현장은 그리 많지 않은 것 같다. 안전제일, 사람제일에 대한 사회적 공감과 국가적 안전혁신 활동이 필요한 시점이다.

작업 현장에서 당신의 안전은 어떠한가? 의사결정에 있어 사람을 가장 우선하는가? 만약 당신이 생산 총괄책임자라면 생산계획이나 매출에 차질이 생기더라도 안전하지 않으면 작업하지 말라고 할 수 있으며 그렇게 할 수 있는 회사인가? 또 그런 안전문화를 가지고 있는가? **안전하지 않으면 작업하지 말라는 의미는 어떠한 상황에서도 사람이 다치지 않게 우선 안전을 확보한 후 작업해야 한다**는 말이다. 그렇지 않다면 기계를 즉각 멈춰야 한다. **안전은 더 이상 타협의 대상이 아니라 지켜야 할 절대가치이기 때문이다.**

08

실패의 경험에도 깨닫지 못하면 사고는 계속된다.

> 66 성공은 자긍심을 키워주고 실패는
> 같은 실수를 반복하지 말라는 교훈을 일깨워준다 99

동일한 사고가 반복되는 이유는 뭘까?

과거에 발생했던 사고가 다시 똑같은 형태로 계속 발생되는 것을 '후진국형 사고'라고 한다. 최근 언론을 뜨겁게 달구었던 이천 냉동 창고 사고사례를 보면 몇 년 전에 발생했던 인근의 냉동 창고 화재사고와 그 원인과 문제점이 거의 흡사하다. 우리 사회에 동일 유사한 대형 사고가 계속 이어지고 있다. 기업 또한 마찬가지다. 건설현장이든 제조현장이든 고소 작업 추락 사망사고나, 밀폐공간 작업 중 질식 사망사고 등을 살펴보면, 장소만 달리할 뿐 사고 상황이나 원인은 동일하거나 비슷한 유형의 사고이다.

같은 사고나 비슷한 유형의 사고가 계속되는 이유는 무엇일까?

후진국형 사고가 계속되고 있는 것은 **사고를 겪고도 그것을 통해서 제대로 깨닫지 못하고, 그에 대한 근본 해결책을 찾지 못하고 있다는 의미이다.** '오늘의 나는 과거의 내가 만든 것'이라고 했다. 실패의 경험에도 교훈을 얻지 못하고 깨우치지 못하면 안전에 대한 희망이 없다. 공자는 "자신의 실수에서 교훈을 얻지 못하면 어리석은 사람이고, 교훈을 얻은 사람은 현명한 사람이다"라고 말했다.

자신이 속한 조직이나 작업 현장에서 **사고가 발생했다면 이에 대한 심각한 고민과 절실함으로 정확한 원인 규명과 함께 근본적인 개선대책을 수립하고 실행**해야 한다. 그렇지 못하면 현장 관리 감독자로서 안전을 이야기할 자격이 없다.

안전사고 예방에 대한 두 가지 접근법

사고 예방을 위한 개선대책을 수립할 때 두 가지 접근 방법이 있다.

하나는 개인의 행동이나 절차의 준수 여부 등에 관심을 가지고 이를 강화하고 보완해나가는 방법이다. 이는 기존의 안전시스템이나 규정 또는 절차를 그대로 유지한 채 이를 지키지 않는 **사람이나 관리책임자를 처벌하는 방식**이다. 또한, 안전부서 명칭을 바꾸거나 안전부서에 대한 인원을 보강하고 관리 감독과 권한을 강화하는 방법이다. 전체 시스템이나 운영방식에 대한 문제점을 찾기보다는 개인의 잘못을 질책하고 외부 요인을 바꾸어 절차와 기준을 더 엄격하게 지키도록 강요하는 방법이다.

세월호 사고 후 당시 정부가 했던 대처방법과 흡사하다. 해양
경찰청을 해체하여 '국민안전처'를 신설하였으며 그에 따라 관련자
들을 처벌하고 권리와 감독을 강화하는 대책을 요란하게 세우고
발표했다.

**또 하나의 접근방법은 시스템과 운영 규범의 적절성 자체에 의
문을 제기하는 해결방법**이다. 안전사고의 근본 원인을 내부에서
찾는 것이다. 사람은 실수할 수 있고 기계는 고장 날 수 있다는
생각에서 현재의 **운영시스템이나 제도나 절차에 있어 문제나 보완
해야 할 것이 무엇인지를 들여다보는 방법**이다. 기술이 발전하고
시스템이 복잡해질수록 작업 현장에서는 예측하지 못한 오류나 위
험요소가 발생될 수밖에 없다. 이를 먼저 발견하고 해결하고자 하
는 것이다. 조직학습 측면에서 보면 이중 순환학습방법으로 장기
적으로 조직의 사고 예방능력을 개발함으로써 스스로 역량을 강화
하고 진화해 나갈 수 있다.

조직학습이란 개인이 아닌 조직 차원에서 **제도와 시스템, 업무
환경, 문화적 기반을 어떻게 최적화**하면 개인 차원의 학습효과가
발생해 **조직 전체가 환경변화에 능동적으로 대응할 수 있는지 탐
색하고 더 나아가 어떻게 해야 조직이 지속적으로 발전할 수 있는
지를 모색**하는 학습이다. 조직학습이 발생하기 위해서는 개인 차
원의 학습촉진 및 지원활동과는 별개로 조직 차원에서 근본적으로
다른 어떤 노력이 필요함을 역설한다.

사고를 대하는 태도가 달라져야 한다. 사고는 일어날 수 있다.
사고 발생 시 사고 예방에 대한 접근방법도 이제는 새로운 시각에
서 접근해야 한다. **사람 관점에서 기준과 원칙을 엄격히 지키도록**

하고, 보다 근본적으로 사고원인을 밝혀내야 한다. 이와 함께 다각적인 대책 방안을 모색하고, 이를 통하여 현행 시스템과 설비, 절차에 대한 심도 있는 해결책을 실행해야만 한다.

09

안전, 72시간 법칙

안전지행합일론(安全知行合一論)

'지행합일(知行合一)'이라는 사자성어가 있다.

'지식과 행위는 원래 하나이므로 알고 행하지 않으면 진짜 아는 것이 아니라'는 말이다. 이는 중국 명나라 유학자 왕양명이 주창한 지식과 행위에 관한 이론이다. 주자(朱子)가 주장한 '선지후행(先知後行)', 즉 먼저 알아야만 비로소 실행할 수 있다는 주자학설에 대한 반대 개념으로 참된 지식은 반드시 실행이 뒤따라야 한다는 주장이다.

안전관리에 있어서 지행합일의 정신은 특별한 가치를 지닌다. 안전교육은 지식 습득이 아니라 현장에서 실행하는 것이 궁극적인 목적이라고 주장하는 필자의 생각과 궤를 같이한다.

안전에 있어 지행합일(知行合一)을 실천하라. **선지후행(先知後 行)하면 죽은 지식이 되고 어설프게 선행후언(先行後言)하면 더 큰 사고를 칠 수 있다. 알고서 실행하지 않는 안전지식은 더 이상 안 전지식이 아니다. 실천을 통해 현장에 녹여내고 실행하도록 만드 는 것이 진정한 지식이자 안전한 사업장으로 가는 지름길이다.**

안전, 72시간 법칙

마법의 시간, '72시간의 법칙'이 있다.

'어떤 생각이나 계획을 72시간(3일) 내에 실행하면 성공 확률 이 90% 이상이 되고, 그렇지 못할 경우 단 1%밖에 안 된다'는 법 칙이다. 아무리 번뜩이는 아이디어도 실행에 옮기지 않으면 무용 지물이라는 의미다.

개인의 삶이나 조직 생활도 우선순위를 정해 일의 본질에 집중 하는 것이 무엇보다 중요하다. 목표를 달성하는 사람들의 공통적 인 특징은 절대적으로 중요한 것을 먼저하고, 그렇지 않은 것은 나중으로 미룬다. 반면에 실패하는 사람들은 중요하지 않은 쉬운 일을 먼저하고, 중요한 일은 나중에 미룬다. 당신의 선택은 무엇이 고 어떻게 할 것인가?

누군가 이야기했다.

인간이 사용하는 말이나 글 중에 가장 후회하는 말은

'껄껄껄'이라고

"아, 그때 해볼 껄"

"좀 더 챙겨볼 껄"

"좀 더 잘해줄 껄"

부정적인 사람은 내 앞에 놓인 기회 속에서 어려움과 불편함만 찾아내고 변명으로 일관한다. 반면에 긍정적인 사람은 모든 어려움 속에서 또 다른 기회를 찾아내서 즉시 실천한다. 여러분의 일상은 어떤가? 여러분의 일에 있어서 중요한 일을 먼저 하라. **생각했거나 계획했던 바를 반드시 72시간 이내에 직접 행동으로 옮겨라.**

안전 문제에 있어서도 마찬가지다. 현장의 위험요소를 발견하거나 문제해결을 위한 반짝이는 아이디어가 떠올랐을 때 72시간 이내에 행동으로 옮겨보라. 실패에 대한 가능성을 두려워하지 말고 일단 시도해 보라. 72시간의 법칙을 실천한다면 안전문제의 좀 더 본질적인 것에 집중할 수 있고, 성공 가능성 또한 높아질 것이다.

긍정 심리학자인 캐시 셀리그만은 이렇게 말했다. **"타석에 들어서지 않고는 홈런을 칠 수 없고, 낚시줄을 물에 드리우지 않고는 고기를 잡을 수 없으며, 시도하지 않고는 목표에 도달할 수 없다."** 실패에 따른 불안감에서 벗어나라. 72시간의 법칙으로 행동하라.

제 5 장

사람을 보면 안전이 보인다.

01

싱가폴이 한국보다
교통사고가 적은 이유?

" 패자는 말로써 행동을 변명하지만,
승자는 행동과 실천으로 말을 증명한다 "

2020.07.29 오후 9:32

며칠 전 딸아이와 실제 대화

- 딸 : 싱가폴하고 한국, 어느 나라가 운전면허 따기 쉬워요?
- 아빠 : 싱가폴이 100이라고 하면 한국은 약 30 정도의
연습만 하면 운전면허 딸 수 있어.
- 딸 : 와, 그럼 한국가서 면허를 따야겠네요.
- 아빠 : 노노. 한국에서 면허따기는 쉽지만 미숙한 운전
스킬때문에 사고 가능성도 훨씬 높고 죽을 가능성도 그만큼
높아서 한국에서 운전하는 거 절대 추천하지 않아.
- 딸 : 한국 사람들 운전 잘 한다던데요.
- 아빠 : 운전 잘 하는 이유는 운전 스킬이 없으면 도로에서
살아남기 쉽지 않기 때문이야. 학원에서 대충 배우고 면허 딴
사람들이 사고낼 가능성이 높은 이유지.

운전문화와 그 나라의 정치수준은 상관관계가
높다고 생각한다.

SNS를 통해 안부를 물으며 서로 소식을 전하는 싱가폴에 사는 지인이 있다. 성인이 된 딸아이와 운전면허 취득에 관한 대화를 카카오스토리에 올린 그의 글을 읽었다. 가족 간에 나눈 개인적인 이야기였지만 그 내용은 공감하는 바가 무척 컸다. 마지막에 언급한 '운전문화와 그 나라 정치 수준은 상관관계가 높다'는 그의 말에는 이 사회를 살아가는 기성세대로서 뜨끔함을 느꼈다.

2019년 기준 우리나라 교통사고 사망자 수는 3,349명으로 집계되었다. 자동차 1대당 교통사고 사망자 수는 다른 OECD국가에 비해 2배 이상이다. 교통사고 사망자 수가 많이 발생하는 이유는 인구 대비 자동차 대수, 도로 및 교통 인프라 조건, 교통 안전시스템과 국민의 안전문화 등 다양한 원인이 있다.

현 정부 국정 과제인 '국민생명 지키기 3대 프로젝트'에서 자살, 교통사고, 산재 사고에 따른 사망률 50% 감소를 달성목표로 제시했다. 그래서 국토교통부는 관계기관과 함께 행정력을 총동원하여 교통사고 사망률을 줄이기 위해서 전력하고 있다. 이런 결과 경찰청이 발표한 올해 상반기 기준 교통사고 사망자 수는 전년도 동기 대비(1,621명) 10% 줄어든 1,495명이라고 밝혔다. 반가운 소식이고 바람직한 방향이다.

하지만 갈 길이 멀다. '삼성교통안전문화연구소'가 발표한 2020년 8월까지 발생한 음주운전 교통사고 건수는 4,627건으로, 전년도 음주운전 사고 건수 3,787건을 이미 넘어선 것으로 나타났다. 음주운전 처벌을 강화한 '윤창호법' 시행으로 주춤했던 사고가 다시 증가하고 있다. 음주운전 면허 취소 비율도 높아졌다. '윤창호법'이 시행된 지난해는 취소 비율이 전체 면허 취소 중 36.6%였으나, 올해 8월 말 기준으로 이미 45.2%로 다시 올라섰다. 또한, 면허 취소자의 음주운전 재적발률도 높아졌다고 한다.

우리나라의 교통사고 발생률이 높아지는 현상에는 국가 운전면허 제도와 낮은 안전의식도 큰 영향을 미쳤다고 생각된다. 국민의 안전의식 제고, 엄격한 법 적용과 더불어 체계적인 운전 면허제도의 개선이 요구된다. **운전면허는 결코 '쉽게' 주어져서는 안된다.** 운전면허는 단순히 개인의 자동차 운전 자격 요건을 평가하고 허가하는 행위라고 단정해서도 안 된다. 움직이는 자동차가 언제라도 불특정 다수의 목숨을 앗아가는 살인 무기가 될 수 있는 국민안전의 문제라는 것을 명심해야 한다.

뉴스나 신문 기사를 통해서 교통사고로 아까운 목숨을 잃은 사건들을 종종 접한다. 초보 운전자의 운전 미숙이 부른 인명 사고, 고령 운전자의 차량이 가게로 돌진하는 어이없는 사건에는 안타까움과 함께 일상의 거리에서 벌어질 수 있는 사고 위험성이 두렵기까지 하다. 특히, 무면허 운전 사고와 몇 번의 음주운전 처벌에도 연이어 음주사고를 일으키는 사람들의 뉴스를 접하면, 우리나라 운전면허제도에 대한 신뢰성은 물론 정치권과 정부가 안전한 대한민국에 대한 정책실행 의지를 가지고 있는지까지 의심하게 된다. 운전문화와 그 나라 정치 수준은 상관관계가 있다는 지인의 말이 어떤 의미를 지적하고 있는 것일까?

제대로 된 운전면허제도에 대한 검토가 필요한 시점이다. 특히, 음주 운전자에 대한 면허제도는 더 엄격하고 강력하게 절차를 강화해야 한다. 현재 우리나라 면허제도는 음주운전에 따른 면허취소 결격 기간도 짧고, 형식적인 6~16시간의 교육만 이수하면 면허를 다시 취득할 수 있다. 이것이 문제다. 해외에서는 3개월 이상 음주운전 교육 프로그램을 이수해야 하고 운전면허 발급에 엄격한 제재를 가하고 있다.

음주단속과 제재 측면에서도 각국은 다양한 아이디어와 정책대안을 수립하여 시행하고 있다. 일본에서는 자전거를 타고 가는 사람까지도 음주측정을 해서 벌금을 부과하고, 미국에서는 음주운전 경력자 대상으로 혈중 알콜 농도 측정기를 활용하여 단속기준에 걸리지 않는 경우만 시동이 걸리게 하는 '시동잠금장치'를 부착하도록 하고 있다. 공공질서 준수에 투철하다고 소문난 싱가폴은 음주운전 시 최대 410만원 벌금에서 징역 6개월을 선고할 수 있는 강력한 정책이 시행 중이다. 2016년 기준 10만 명당 교통사고 사망자 수는 우리나라가 8.3명이다. 반면에 싱가폴은 3.6명이다.

싱가폴 지인과 지인의 딸이 나눈 대화 내용 중에 해법이 있다. 대충 배우고 면허 따서 길거리로 차량을 끌고 나오지 않도록 체계적이고 엄격한 운전면허 제도로 개편해야 한다. 음주운전에 대한 보다 철저한 단속과 강력한 법 집행을 통해서 도로에서 음주운전이 비집고 들어올 틈을 막아야 한다. 이와 함께 상습적인 음주운전 면허 취소자는 도로에서 완전한 격리가 필요하다. 더 이상 한국이 면허 따기 쉬운 나라가 되어서는 안 되고, 이제는 교통사고 사망률이 OECD 국가 중 최고수준이라는 불명예를 벗어나야 한다.

<충청일보 기고>

02

중대재해처벌법,
채찍만으로 사고를 막을 수 있는가?

'중대재해처벌법'을 말한다.

'중대재해처벌법'이 국회에서 통과되었다.

2022년 1월 27일부터 이 법이 시행되면 사고로 근로자가 사망할 경우 해당 사업주나 경영 책임자는 1년 이상 징역이나 10억 원 이하 벌금으로 처벌될 수 있다. 법인이나 기관도 50억 원 이하의 벌금형이 내려진다. 이와 별도로 중대재해를 일으킨 사업주나 법인이 최대 5배의 징벌적 손해배상을 하도록 명시되어 있다. 다만 법안 시행 시 파장을 감안해서 5인 미만 사업장의 사업주는 처벌 대상에서 제외됐고, 50인 미만 사업장은 2024년 1월 27일부터 법이 적용된다.

하지만 기업과 노동계 양측 모두가 반발하며 시끄럽다. "현실을 고려하지 못한 시일에 쫓겨 만든 누더기법이다","김용균 없는 김용균법이다", "처벌법이 아니라 기업 살인 방조법이다"라는 다양한 목소리가 나왔다. 특히, '5인 미만 사업장 적용배제'를 두고 노동계에서는 "국민의 생명과 안전에 차별을 두느냐?", "누더기를 쓰레기로 만든 이 법은 철회돼야 한다"고 주장한다.

경영계에서도 마찬가지다. 한국 경영자 총협회를 포함한 30개 경제단체는 "지난 김용균법만으로도 한국의 사업주 처벌 규정은 이미 세계 최고수준이다. 모든 사망사고에 사업자를 4중 처벌(징역형, 벌금, 영업정지, 작업 중지)하는 나라가 어디 있느냐?", "경영계 요청이 대부분 반영되지 않아 참담하고 좌절감을 느낀다"라고 입장을 밝혔다. 법 시행 이후에도 이런 논란과 파장은 계속 이어질 전망이다.

채찍만으로 사고 예방이 가능한가?

'중대재해처벌법'이 시행되면 중대재해는 사라지는 것일까? 이 법이 산업현장의 안전 확보와 사고를 막을 수 있는 매직 솔루션이 될 수 있는가? 결론적으로 필자는 동의하지 않는다.

문제의 본질을 보고 대안을 제시하는 절차와 해법이 아쉽다. 우리 사회에 계속되고 있는 사고와 중대재해의 본질은 무엇인가? 처벌이 약해서 그런 것인가? 처벌 법규가 없어서 그런 것인가? **문제해결의 본질에서 원인을 분석하고 대책을 수립해야 한다**. 정부와 정치가 처벌수위만 높이면 산업재해를 획기적으로 줄일 수 있다는 착각에 빠진 건 아닐까? 이미 지난해 1월부터 원청 사업주

처벌수위를 높인 산업안전보건법이 시행되고 있지만, 정작 2020년 산업재해 사망자 수는 860명으로 전년(855명)보다 오히려 늘었다.

논산 훈련소 주변이 깨끗한 이유?

'논산 훈련소 주변이 깨끗한 이유?'라는 짧은 글을 읽은 적이 있다. 입영하는 사람과 그를 배웅하는 수많은 사람이 오가는 그곳이 어떻게 쓰레기 없는 청결한 거리를 유지하는지 궁금했다. 그것은 다름 아닌 훈련소 주변 도로에 설치된 작은 팻말의 효과다. 팻말에는 다음과 같이 쓰여 있다.

쓰레기를 버리지 마시오
귀하의 자식들이
청소해야 합니다.

어떤가? 법이나 강압적인 방법만으로 이와 같은 효과를 낼 수 있는가? 아들을 군대 보내고 돌아오는 부모들이 어떻게 길거리에 함부로 쓰레기를 버릴 수 있겠는가? 강요된 방법만으로 사람을 움직일 수 없다. 지금 우리 사회나 조직에서 시행하고 있는 많은 정책이나 과제가 통제나 강압적인 시각에서만 접근하고 있지는 않은지 돌아볼 때다. **법으로만 사람을 움직일 수 없다면 강요하지 말고 설득해야 한다.**

사고는 왜 반복될까?

사고 발생 사업장의 기업주나 사고 낸 사람만을 처벌한다고 사고원인은 제거되지 않는다. '누가 잘못 했는가'가 아니라 '무엇이 문제인가'를 먼저 들여다보고 그에 따른 대책을 세워야 한다. 접근 방법과 생각을 달리해야 한다. 그래야 근원적인 사고 재발을 막을 수 있다. 산업현장의 목소리를 좀 더 진중하게 듣되, 현장의 전문가 집단이 실행 가능한 효과적인 대책을 수립해야 한다. 바다의 풍랑을 잠재우고 어부들의 사고 예방을 위해 용왕께 재물을 바치는 심청전 이야기는 그냥 고전 속의 이야기일 뿐이다. 근본적인 대안이 못 된다. 경영 책임자 한 사람을 처벌해서 근원적인 사고를 방지할 수 있다면 그렇게라도 해야겠지만 현실은 그렇지 않다.

살아 있는 '중대재해처벌법'이 되려면

공장 총괄책임자와 안전문화 변화관리주도자로서, '중대재해처벌법' 시행에 대한 생각은 남다를 수밖에 없다. 이번 법시행이 이루어진다면 우리 사회의 안전에 대한 경각심과 관심을 높이는 효과는 긍정적일 것이다. 하지만 이 법이 실제 산업현장이나 국민의 삶 속에서 제대로 녹아들고 그에 따른 효과를 보기 위해서는 다음과 같은 공동의 관심과 노력이 필요하다.

첫째, '인민재판법'이 아닌 '중대재해예방법'이 되어야 한다.

'중대재해처벌법'의 목적은 중대재해를 예방하고 사람의 생명과 신체를 보호하는 것이다. 이것이 본질이다. 안전한 작업 현장,

안전한 사회를 만드는 바람은 경영계든 노동계든 동일하다고 생각
된다. 하지만 작업 현장이나 공공시설 운영에 있어 사고는 불가피
하다. **'사람은 실수하고 기계는 고장 난다'는 사실을 애써 외면한
다고 해서 피해 갈 수는 없다. 안전시설과 안전시스템을 사전에
확보하여 사람의 실수나 기계 고장 시 사고를 예방하도록 하는 것
이 핵심이다.** 특정인이나 해당 기업의 잘못만으로 여론몰이하여 공
격하는 '인민재판법'이 돼서는 안 된다. 사고에 대한 잘못만을 옥
죄며 해당 기업을 반사회적인 범죄자로 몰아가는 방법으로는 중대
재해를 막을 수 없다. **사고는 발생할 수 있다는 사실을 인정해야
한다.**

　사고 처리에 대한 절차와 방법도 달라져야 한다. 지금까지 사
고 처리에 대한 우리 사회의 단면을 보자. 원인과 근본적인 대책
보다는 사고 상황이나 결과에 집중했다. 먼저 언론이 나선다. 자극
적인 사고 기사가 TV나 신문을 뜨겁게 달구며 끊임없이 사고 현
장을 비춘다. 이어지는 보도 속에서 사고원인을 기업의 관리 부재
와 안전 불감증으로 몰아간다. 여론은 더욱 뜨거워진다. 이런 상황
이 되면 기업은 사회적 비난과 감독관청의 가중된 처벌을 모면하
는 것이 우선 급선무다. 서둘러 사고를 조사하고 회사 대표자는
언론 앞에 나선다. 재발방지대책과 함께 기자회견장에서 고개를
숙이고 사과한다. 문제해결보다 여론 무마와 사건 조기 종결이라
는 방어적 접근방법이다. 사회의 시선이 그랬고 냄비 여론이 늘
그렇게 만들어 갔다. 이렇게 마무리된 사고는 시간이 지나면서 언
제 그랬냐는 듯이 국민의 기억 속에서 점점 사라진다.

　29명의 목숨을 앗아간 제천 목욕탕 화재사고도 그랬다. 밀양

OO병원 37명의 사망사고, 최근에 발생했던 이천 냉동 창고 화재 참사 또한 유사하다. 며칠 전 2017년 제천시 목욕탕 화재사고에 대한 지역 방송사의 후속 보도가 있었다. 사고 당시 출동 소방차가 도로 옆 불법 주차로 현장 진입이 늦어져 더 큰 인명피해를 가져왔다는 것이 큰 이슈였다. 방송에서 보여준 지금 그 도로의 모습은 어땠을까? 놀랍다. 도로는 그때와 똑같은 모습이다. 순간 소름이 돋았다. 사고 발생 당시의 언론 보도, 정부, 지자체의 요란한 대책 발표와 지역 시민들의 성난 여론에 대한 잔상이 떠올랐다. 인간은 참으로 어이없는 망각의 동물이다. 너무 빨리 달궈지고 너무 빨리 식어버리는 냄비근성, 한국 사회의 우울한 단면이자 우리가 경계하고 반드시 고쳐야 할 해묵은 숙제다.

둘째, 산업별, 규모별 사고원인과 대책을 수립해야 한다.

'중대재해처벌법'은 대증요법(對症療法)에서 출발했다. 대증요법이란 어떤 질환을 치료할 때 겉으로 나타나는 증세에 대해서만 치료하는 것을 말한다. 예를 들면 폐결핵으로 열이 계속되는 환자에게 해열제를 투여하여 열을 내리는 방법이다. 하지만 이를 치료하는 효과적인 방법은 해열제와 더불어 폐결핵제를 함께 사용하여 근본 원인을 치료하는 '원인요법(原因療法)'을 병행해야 한다.

'중대재해처벌법'은 정부와 정치권의 의지는 있었다. 하지만 전문성이 부족했고 '원인요법'을 제공하지 못했다. **산업재해를 절도, 폭행과 같은 반사회적 범죄로 인식해서 기업을 코너로 몰고 가면 안 된다. 그렇게 하면 산재 발생의 구조적인 본질만 왜곡되고 기업은 점점 피해가기만 할 뿐이다.** 또한, 현장 공무원의 자의적 법 집행과 압박은 더 늘어나게 되며, 기업은 이를 피해 대증요법 방식으로 더 멀리 도망가는 악순환이 계속된다. 최근 언론에서 재해 발생 12대 대기업 CEO를 국회에 불러 산재 청문회를 열겠다고 보도했다. 안전 대중요법의 점입가경 사례다. 기업 CEO에게 국회 의원이 호통을 치고 윽박지른다고 해서 해결될 문제인가? **문제에 대한 원인요법이 우선이다.**

5인 미만 사업장이 빠졌고 50인 미만 사업장이 3년간 유예되었다. 현실성이 떨어지는 법이다. 경제에 정치가 개입하면 본질은 늘 훼손된다. 먼저 보호받아야 할 소규모 사업장을 예외로 두면 이것은 법이 아니라 정치가 된다. 지난해 전면 개정된 산업안전보건법이 기대 이상의 효과를 발휘하지 못하는 것은 현실성이 떨어지는 조항이 많기 때문이다. 산재사고 사망자의 85%가 50인 미만 사업장에서 발생했다. 금번에 통과된 '중대재해기업처벌법'은 산재 사망사고 1% 미만의 대기업군에나 적용이 가능한 법이다. 과연 이것이 실효성이 있는 정책이고 입법인가?

어떻게 하면 중대재해를 예방할 수 있는지가 문제해결의 핵심이다. 소규모 기업의 안전시스템 확보와 자체 역량강화에 대한 범정부적인 지원과 노력이 우선되어야 한다. 최근 안전보건공단이 50인 미만 중소규모 사업장을 대상으로 하는 3년간 1조 4천억 원 규모의 「안전투자 혁신사업」은 반가운 일이다.

대기업과 중소기업 간 협업을 통해서 상생 협력 모델로 만드는 것도 한 가지 대안일 수 있다. 예를 들어 2018년 1월부터 시행한 '원·하청 산재통합관리제도'가 좋은 사례다. 하청회사 산재를 원청에 합산하여 통합 관리함으로써 원청회사가 하청회사에 대한 안전관리와 재해예방활동에 더 적극적인 관심을 갖도록 하는 결정적인 계기가 되었다.

다양한 업종별 사고를 분석하여 그에 적합한 대안을 제시해야 한다. 또한 이에 대한 실행력을 확보하기 위해 전문가 집단이나 지원 기관의 설치도 필요하다. 살아있는 대책과 수용 가능한 대안 제시가 우선이다. 처벌은 그 다음이다. 너무 과도한 요구와 압박은 포기로 이어진다. 비단 기업만의 문제가 아니다. 언론, 정치, 정부와 지방 자치단체가 기업과 함께 머리를 맞대야 가능한 일이다. 입법만이 능사가 아니다.

셋째, 규제가 아닌 예방과 개선차원의 법집행이 필요하다.

한국은 근로자 100만 명당 산재 예방 직원이 130명이다. 미국보다 6.7배 많고 일본과 비교해도 3배 이상 높다. 고용노동부 산업안전감독관은 2016년 350명에서 2020년 지난해 말 기준 705명으로 2배 늘었다. 그만큼 규제 방식의 단속과 행정 지도를 했을 것이다. 하지만 산업재해는 크게 줄지 않았다. 법이 제대로 작동되고 있지 않다는 증거다. 규제 방식만의 법 집행은 반발만을 키운다. 산업재해 전담 공무원의 전문성을 높이고 예방과 개선에 집중해야 한다. 몇 건을 지적하고 적발했는지가 아니라, 몇 번의 개선요소를 발굴하고 개선했는가가 성과지표가 되어야 한다.

청주공장은 최근 10여 년간 순수한 안전 환경 투자에만 100여억 원 이상을 투자했다. 금년에도 10억 정도의 투자를 진행하고 있다. CEO께서도 관심이 높다. 전사 경영위원회나 안전환경회의체에서 강조했던 말이다.

"안전 환경은 비지니스의 최우선이며 어떤 것과도 타협하
거나 양보해서는 안 된다. 안전 환경은 달리 이야기할 것
이 없다. 문제가 생기면 회사의 존폐가 달린 문제다. 안전
환경 문제에 관해서는 어떤 사업부 어떤 사람과도 타협해
서는 안 된다. 설사 매출을 못 하더라도 리스크가 있는 결
정을 하면 안 된다."

안전 환경을 경영의 최우선 순위에 두고 경영하는 기업이 늘고
있다. 기업들의 안전 환경에 대한 인식도 과거와는 확연히 달라졌
다. 특히, 최고 경영자들의 인식 또한 많이 변했다. 그만큼 사안에
대한 심각성을 인지하고 있다는 말이다. 기업이 변하고 최고 책임
자들이 인식이 바뀌고 있다면 정부 또한 사고 예방에 관한 법 집
행 접근방식 전환이 필요한 시점이다.

질책의 채찍보다 변화의 스크럼을 짜라.

청주공장 부임 후 얼마 되지 않아 연달아 사고가 터졌다. 보행
중 스마트폰을 보고 걷다 지게차와 추돌하는 사고가 났다. 며칠
지나 원단 컷팅 작업 중 정강이 베임 사고가 났다. 이어서 탱크로
리 차량 원료투입 중 또 사고가 이어졌다. 사고원인을 봐도 사소
한 부주의와 안전수칙을 제대로 지키지 않은 결과다. 사고 발생
보고를 하러 온 생산팀장과 안전팀장을 강하게 질책했다. 현장 작
업자에게도 기본준수와 안전수칙 위반 시 책임에 대한 강한 메시
지를 던졌다. 하지만 사고는 끊이지 않았다. 또다시 사고 보고를

하는 팀장과 안전보건팀장의 얼굴에는 당황한 빛이 역력하다.

무엇이 문제일까? 질책만 하면 사고는 줄어드는 것일까? 처벌만으로 안전수칙을 지키게 할 수 있는가? 보호구를 착용하지 않는 이유는 무엇일까? 아무리 많은 투자를 하더라도 사람이 지키지 않는다면 효과는 과연 있는 것인가? 수많은 자문자답(自問自答)을 통해 결론을 내렸다. **사람의 마음을 움직여야 한다. 왜 하지 않느냐고 질책하지 말고 왜 하지 않는지 생각해 보라.** 처벌만으로 사고를 막을 수 없다. 왜 발생하는지, 왜 안전수칙을 지키지 않는지를 들여다보자. 작업자 입장에서 현장을 보자. 공장의 모든 사람이 함께 매일 매일 안전지킴이가 되어야 한다. 변화가 늦더라도, 중간에 좌절을 겪더라도, 다시 일어서서 계속 또 계속 가자. 핵심은 사람이고 시스템이고 안전문화다. 이렇게 시작된 것이 '만사(10004)OK' 안전 확보와 우.지.할 조직문화 활동이다.

무재해의 길, '만사(10004)OK'는 계속된다.

오늘 새벽 3시 45분에 사고가 났다는 문자를 받았다.

문자 알람 소리에 잠이 확 달아난다. 얼른 스마트폰을 켠다. 현장 작업자가 작업 도중 베임 사고가 났고, 인근 병원 응급실로 이동하고 있다는 소식이다. 응급조치와 검사를 받고 이상 유무 결과를 접하기까지 가슴을 졸이고 기도한다.

"제발 크게 다치지 않았으면..."
그 시간은 늘 길고 힘들다.

상황이 종료되면 안도의 한숨과 함께 가슴을 쓸어내린다.

'만사(10004)OK' 안전경영이 시작된 지 3년 차가 되었다. '만사(10004)OK'를 위한 위험요소 점검, 발굴, 개선 활동은 앞으로도 계속될 것이다. 오늘 새벽처럼 사고는 가끔 발생할 것이고 더 위중한 상황도 발생할 수 있을 것이다. 기대하는 안전의식 변화 속도가 더디고 또 다른 문제가 우리 앞을 가로막아 어려운 여건에 부닥칠 수도 있을 것이다. 하지만 '사람을 다치지 않게 해야 한다'는 이 엄중한 목표와 활동은 계속 또 계속 이어져야만 한다.

조직과 사람이 변화를 거부하고 두려워함은 자연스러운 이치다. 변화에 필요한 핵심 요소는 처벌이나 챌린지만이 답이 아니다. 스스로 필요성을 느끼게 하는 자발적 동기부여가 더욱 효과적이다. 처벌과 채찍보다는 그들의 마음을 움직여 안전한 문화, 안전한 일터로 만들어야 한다.

03

장수의 투구가 찌그러지면 영(令)이 서지 않는다.

권력을 쌓지 말고 권위를 쌓아라.

권위(權威)란 일정한 분야에서 인정을 받고 영향력을 끼칠 수 있는 위엄과 신망이다. 이것은 남을 지휘하거나 통솔할 때 따르게 하는 힘이 있다. '**권력은 사고팔 수 있고 주고받을 수 있다. 하지만 권위는 결코 사고팔거나 주고받을 수는 없다.**' 권위란 한 인간으로서 사람에 대한 영향력과 관련이 있고 희생과 봉사의 자기 변화로부터 출발한다. 누구나 세상을 변화시키려 하지만 자기 자신을 변화시키려는 사람은 많지가 않다. **조직에서 훌륭한 리더가 되기를 원한다면 권력을 쌓는 것보다 우선 권위를 쌓는 것이 중요하다.**

안전 권위와 리더십을 확보하려면 어떻게 해야 하는가?

안전경영에 있어 리더의 권위란 무엇이며 안전리더십을 발휘하기 위해서는 어떻게 하는 것이 좋을까? 안전에 대한 권위와 안전리더십은 조직 리더십과 일맥상통하다.

우선, 안전에 대한 '진정성'이 있어야 한다.

조직을 구성하는 개개인은 하나의 인격체로서 존중받아야 하고, 하나의 생명체로서 보호받아야 한다. 조직은 이들을 존중하고 보호하는 안전시스템을 갖추고 유지 관리해야 한다. 이때 리더는 이러한 시스템이 잘 작동하도록 관리하고 구성원들이 위험으로부터 노출되지 않도록 안전리더십을 발휘하는 것이 중요하다. 무사고가 조직이나 리더의 목표달성이나 성과 창출의 수단이 되어서는 안 된다. 안전 확보와 사고 예방 활동은 작업자가 작업 현장에서 다치지 않도록 하여 개인과 한 가정의 행복한 삶을 지켜주는 것이 더욱 유의미하고 가치 있는 일이다. 사고예방 활동에 앞서 구성원들에게 안전경영과 무사고에 대한 진정성을 제대로 이해시켜야 하는 이유가 바로 이것이다.

둘째, 목표달성에 대한 '신념과 열정'을 가져야 한다.

뜻이 있으면 반드시 이룰 수 있다는 유지경성(有志竟成)의 확고한 신념과 뜨거운 열정이 필요하다. 청주공장은 조직 책임자가 선임되면 공장 전체 리더들이 모이는 회의체에서 직책 선임자에 대한 상징적인 행사를 한다. 회의 시작 전에 선임된 직책 책임자(실장/팀장)를 소개하고, 총괄공장장이 지휘봉을 증정한 후 신임 직책 책임자가 소감과 향후 각오를 밝힌다. 이때 지급되는 개인

지휘봉에는 유지경성(有志竟成)이라는 한자성어와 더불어 개인 이름 석자에 대한 이니셜이 새겨져 있다. 직책 책임자로서 인정과 함께 부여된 미션과 역할을 반드시 달성하기를 기대하는 조직의 메시지이다. 이어서 참석한 공장 전체 리더들이 이를 축하하고 목표달성 동반자로서 협력을 약속한다. 조직의 성과는 혼자보다는 함께함이 보다 효과적이고 달성 가능성 또한 높기 때문이다.

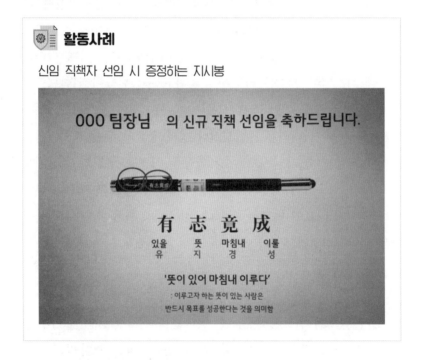

활동사례

신임 직책자 선임 시 증정하는 지시봉

OOO 팀장님   의 신규 직책 선임을 축하드립니다.

有 志 竟 成

있을   뜻   마침내   이룰
유   지   경   성

'뜻이 있어 마침내 이루다'

: 이루고자 하는 뜻이 있는 사람은
반드시 목표를 성공한다는 것을 의미함

셋째, 언행일치형 '솔선수범'이다.

조직문화를 바꾸거나 **새로운 변화는 리더의 솔선수범이 절대적이다.** 기본준수와 원칙을 지키는 문화를 만들고자 한다면 조직 최고 책임자나 리더들이 기본과 원칙을 철저하게 지켜야 한다. 안

전수칙을 독려하고 안전문화를 정착하려면 작업자들에게 솔선수
범하는 리더의 모습을 보여주는 것이 우선이다. **찌그러진 투구와
누더기가 된 갑옷을 입은 장수가 "공격 앞으로"를 외치면 영(令)
이 서지 않는다.** 아무리 훌륭한 식견과 경륜을 가진 선비도 갓이
찌그러지고 얼룩이 묻은 구겨진 도포를 입고 나서면 선비로서 품
위가 살지 않고, 권위가 서지 않는다.

안전도 마찬가지이다. 현장을 방문하는 조직 책임자나 안전보
건 책임자가 안전화를 신지 않거나, 정해진 안전 보호구를 착용하
지 않고 현장에서 소통하면, 현장 작업자에게 권위가 서지 않고
영이 서지 않는다. 현장에서는 그곳에서 정해진 안전수칙을 무조
건 지키고 정해진 절차나 규칙에 따라 행동하고 실천해야 한다.

넷째, '지속성과 일관성'이 변화를 가져온다.

안전문화를 바꾸고 무사고 사업장을 만드는 것은 일회성 이벤
트로 가능할 수 없다. 문화를 바꾸는 작업은 지속성과 일관성을
가지고 계속 또 계속해야만 한다. 변화관리 전문가들은 사람과 조
직의 변화에 필요한 최소한의 기간은 적어도 3년에서 5년이라고
한다. **한꺼번에 많은 것을 하기보다는 한 가지를 하더라도 지속적
이고 일관되게 하는 것이 핵심이다.** 이러한 시간을 기다리지 못하
면 조직의 변화는 다시 원위치로 돌아간다.

청주공장은 안전과 무사고에 대한 간절함과 절박함으로 안전
경영 활동을 일관되게 계속하고 있다. 출장이나 특별한 회의 일정
이 없으면 필자는 매일 오전 10시와 오후 3시에 현장을 방문해서
위험요소를 점검하고 현장의 임직원들과 소통하고 있다. 안전과
환경에 대한 총괄책임자로서 관심과 솔선수범을 실천하려는 자신

과의 약속이다. 이와 같이 '조직 최고 책임자가 안전과 무사고에
대한 진정성과 신념을 가지고, 지속적이고 일관되게 열정적 안전
리더십을 발휘하면, 안전문화는 바뀌고 무사고는 반드시 달성될
수 있다.'

04

안전하지 않으면 작업하지 말라.

❝ '안전제일'은 '사람제일'이다 ❞

역대 최장 장마가 끝이 났다. 여름 장마는 일상의 불편함을 넘어 사람들을 고통스럽게 하기도 한다. 특히, 폭우나 태풍으로 인한 농작물 피해나 주택 침수 같은 재해는 우리의 삶을 더욱 피폐하고 힘들게 만든다.

2020년 8월 6일
북한강 의암호에서 인공 수초섬 고박작업을 하던 민간 고무보트와 춘천시청 행정선, 경찰정 등 선박 3척이 급류에 휩쓸려 뒤집히는 사고가 발생했다. 전복된 선박과 사람은 폭 13m, 높이 14m의 의암댐 6번 수문을 통해 빨려 들어가 하류로 떠내려갔다. 승선했던 8명 중 6명의 아까운 생명이 희생되었다.

이 사고를 두고 안전 불감증에 따른 인재(人災)라는 지적이 전문가와 언론에서 제기되었다. 당시 의암댐은 수문 14개 중 9개를 10m 정도 높이로 열고, 초당 1만 톤의 물을 하류로 방류 중이었다. 더군다나 댐 상류의 소양강댐과 춘천댐도 폭우로 수문을 활짝 열어 많은 물을 쏟아내고 있었다. 의암호 전체의 유속은 빠르고 세차게 흘렀을 것이다. 이런 상황에서 인공 수초섬이 떠내려가지 않게 고박작업을 실시한다는 것은 전문가들의 시각에서도 "상식 밖의 행동"으로 보이는 무리한 작업이었다.

사안의 심각성을 고려하여 국무총리가 현장을 찾았다. 사고 상황에 대해 "그땐 떠내려가게 둬야지 판단을 잘못한 게 아니냐. 너무 어처구니가 없어 기가 막힌다"라는 말을 했다. 이어서 관계기관과 희생자 가족들 사이에서 무리한 업무지시 여부에 대한 진실 공방이 이어졌다. 하지만 이미 사람은 생명을 잃었고, 늘 그렇듯이 정부와 관계기관은 익숙한 사후 약방문식 재발방지대책을 수립하겠다고 했다.

해마다 왜 이런 유사 사고가 끊이지 않고 계속되는 것일까? 폭우로 인한 자연재해뿐만 아니라 우리 사회의 곳곳에서 이런 유형의 사고가 계속되고 있다. 왜 그럴까?

자연재해나 산업현장 안전사고에 있어 '무재해'라는 말은 이상적인 목표다. 철저한 관리체계를 갖추고 다양한 활동을 하더라도, 사고는 필연적으로 발생할 수밖에 없다. 부정할 수 없는 현실이다.

하지만 무재해가 불가능하다는 것이 현실적인 문제라 하더라도 의암댐 선박 전복과 같은 터무니없는 사고는 예방되어야 한다. 재해가 발생하지 않도록 사전 안전관리를 강화하고 실행하는 것이 우리 사회가 지켜야 할 기본적인 의무이자 국가 안전시스템의 궁극적인 목표이기 때문이다.

그렇다면 예기치 못한 상황에서도 안전사고를 예방하고 희생자를 막을 수 있는 대응책은 무엇인가?

먼저, 사람 중심의 촘촘한 '비상대응 매뉴얼'이 있어야 한다.

의암댐 사고의 주요 원인에는 '무리한 업무지시'가 있었다. 담당 공무원과 관련자들의 '잘못된 판단'이라는 각각의 주장이 있다. 사고원인 논란에 앞서 우선 들여다 봐야 할 것이 있다. 댐관리에 있어 그런 상황이 왔을 때 적용하는 비상대응 매뉴얼이 있었는지, 있었다면 제대로 만들어져 있는지 살펴볼 필요가 있다. 폭우나 악천후 시 댐의 수위가 어느 정도면 작업을 해서는 안 되고, 수문 개방하에서는 '어떤 작업을 절대 해서는 안 된다'는 사람 중심의 세부적인 기준과 행동요령이 명기된 매뉴얼이 있었는지 궁금하다. 언론 보도에 따르면 그런 돌발 상황에 따른 세부적인 현장지침은 없었다고 한다.

사람의 판단은 완벽하지 않다. 완벽할 수 없다. 일반적으로 사람들은 자기 주변에서 접할 수 있는 제한된 정보나 지금까지의 경험을 토대로 판단하고 의사결정을 하게 된다. 이 때문에 판단한 의사결정은 늘 최적의 판단일 수는 없다. 그래서 개인들은 잘못된 판단으로 인해 가끔은 손해를 보기도 하고, 자신의 결정에 대해 후회하는 기억이 누구에게나 있을 것이다.

사람의 생명이 달린 국가시설이나 산업현장에서 의사결정은 차원을 달리해야 한다. 한순간의 잘못된 판단이 불특정 다수의 생명을 위협할 수 있다. 나아가서는 국가나 사회 시스템의 신뢰도에 중대한 영향을 미치기 때문이다. 그래서 재난이나 긴급 상황 시 대응해야 하는 매뉴얼은 개인의 자의적인 판단을 최소화하고, 객관적인 Data와 근거를 기반으로 구체적이고 명확해야 한다. 그래야 사람이 저지르는 실수나 잘못된 판단을 막을 수 있다.

일상생활에서 전자제품을 구매하면 포장박스 안에는 사용자 매뉴얼이 제공된다. 제품에 대한 제원, 성능과 더불어 사용방법, 미작동 시 응급처치 방법 등이 소비자 입장에서 쉽고 상세하게 적혀 있다. 생활가전에도 이런 사용자의 위험 사항에 대한 상세한 정보를 제공하고 있는 것을 고려하면, 산업현장의 설비나 시설은 보다더 엄격하고 구체적인 방법과 절차가 정립되어 있어야 한다. 그래야만 이와 같은 어이없는 사고를 막을 수 있다. 사람 중심의 쉽고 상세한 비상대응 매뉴얼을 만들어야 하는 이유가 바로 이것이다.

둘째, 예상되는 문제를 먼저 파악하고 선행대응체제 역량을 갖춰야 한다.

비상 상황에서 매뉴얼이 작동된다고 하더라도 사고 발생을 원천적으로 차단하는 것은 쉬운 일이 아니다. 사고 발생 시 매뉴얼에 있는 상황이 그대로 벌어질 수 있다. 하지만 현장의 여건과 상황은 살아있는 생물이다. 현장은 시시각각 변한다. 예측하지 못한 변수가 발생되고, 한 번도 경험해보지 못한 상황이 눈앞에 놓여 있을 수 있다. 이런 상황 속에서는 해당 분야의 전문가가 대응한다 하더라도 피해는 불가피하다. 특히, 경험이 부족하거나 숙련되지 않는 경우 더 큰 추가 사고와 피해가 발생할 가능성이 항상 잠재하고 있다.

의암댐 선박 전복 사고에서도 그러한 상황을 추론해 볼 수 있다. 인공 수초섬을 설치된 지 얼마 되지 않았고, 수초섬이 떠내려갈 수 있다는 예측이나 이에 대한 현장 대응력이 부족했을 가능성이 높다. 사고 당일 동시다발적인 기상악화와 댐의 수문 개방으로 물살이 엄청나게 빠른 조건이었다. 이런 조건 속에서 폭우나 기상악화에 따른 대응능력이 우수한 전문가가 없었고, 이에 대한 대응훈련도 부족했을 것이다. 오로지 자신이 맡은 업무에 대한 책임감으로 현장에 뛰어들었을 것이다.

앞으로도 이러한 사고가 발생할 가능성은 있다. '**반 발 앞서 있다가 한 발 앞서 움직여라**'라는 말이 있다. 이제는 대응방법을 달리해야 한다. 사후 백 가지 정책보다 한 번의 사전예방이 더 효과적인 방책이다. 사고 발생 후 수습을 아무리 잘하더라도 그것은 이미 상처뿐인 실패사례다. 위험성을 사전에 예측하고, 그에 따른 선행 대응방식으로 전환해야 한다. 그러기 위해서는 적합한 조직과 자원, 시스템을 확보하고 그에 대한 인적역량을 높여야 한다. 재난이나 사고에 대한 기관들의 정보교류를 활성화하고, 일상적인 집중훈련을 통해 다양한 비상대응 역량을 높이는 것이 무엇보다 중요하다. 안전은 이론도 중요하지만, 실전 같은 지속 반복적인 훈련이 답이다.

셋째, 안전하지 않으면 작업하지 말라.

대응 매뉴얼과 대응체제가 갖춰져 있다 하더라도 비상상황은 언제든지 발생할 수 있다. 긴급 상황이 되면 비상대응 매뉴얼 절차와 방법에 따라 사고나 재해가 최소화될 수 있도록 조치하여야 한다.

하지만 이런 과정에서 무엇보다 중요한 것은 '先 안전 확보, 後 작업'이다. 안전하지 않으면 작업하지 말아야 한다. 조직의 성과도 소중하고 자신이 맡은 일의 소명의식도 가치 있는 일이다. 하지만 더 가치 있고 소중한 것은 자신의 목숨이고 사람의 생명이다.

언론에서 접하는 사고 중에서 우리는 상식적으로 납득할 수 없는 사례를 종종 접한다. 그런 사고원인을 자세히 살펴보면 공통적인 특징이 있다. 안전보다 성과를 우선하는 회사의 운영정책, 오랜 직무 경험에 따른 안전의식 둔감으로 인한 안전수칙 미준수가 대부분이다. 이런 결과는 단순한 경미사고를 넘어 목숨을 잃는 중대사고로 이어지고, 사회적으로는 대외적 이미지 손상으로 인해 심각한 경영상의 위기를 초래할 수 있다.

내가 다쳐서 만들 낸 조직의 성과, 내 목숨을 담보로 한 책임감이 나와 내 가족에게 어떤 의미나 가치가 있는 것일까?

"안전하지 않으면 작업하지 말자"

이 단순한 원칙이 나와 내 가정을 보호하고, 나아가서 우리 사회의 안전시스템을 더욱 견고하게 하고 국민의 행복한 삶을 보장하는 확실한 방법이다. <충청일보 기고>

05

한 장의 명함이
기업의 명암(明暗)을 가른다.

❝ 지혜로운 사람은 당황하지 않고, 어진 사람은 근심하지 않으며,
용기 있는 사람은 두려워하지 않는다 ❞

우리는 '명함사회'에 살고 있다.

주민등록증이 국민과 비(非)국민을 구분한다면 명함은 직업,
해당 분야의 전문성과 지위를 나타낸다. 명함은 조직이나 단체의
정체성을 어필하는 좋은 PR 방법 중 하나다. 비즈니스맨에게는 자
신과 회사를 알리는 중요한 수단이 되고, 정치인들은 최고의 선거
홍보물로 활용한다. 또한, 개성 넘치는 기발한 가게 명함은 다음
달 매출을 끌어 올리는 광고물이 된다.

명함에는 자신이 속한 조직, 직책, 주소, 전화번호 등이 적혀
있다. 사람들은 이를 통해 상대의 정보를 알게 되고, 다음 만남의
연결고리로 활용한다. 한 마디로 명함은 '상대방에게 나를 알리는

제2의 얼굴이자 연결 매체다.' 특수 재질로 만든 명함, 화려한 디자인과 컬러 명함, 찢어지지 않도록 만든 명함만이 상대에게 당신을 기억하게 하는 것은 아니다. 과유불급이다. 당신만이 가지고 있는 진실된 모습을 담는 것이 중요하다. 진정성 있는 몇 글자의 인상적인 표현만으로도 상대방을 감동시키고, 신뢰감을 줄 수 있다.

CEO는 책임대표사원이다.

신임 대표이사 취임 인사차 우리 회사를 방문한 협력업체 사장으로부터 명함을 받은 적이 있었다. 첫인사를 나누고 명함을 교환하는 순간, 그의 명함에서 새롭고 신선한 감동을 받았다.

협력사 대표 명함 예시

명함 직책 표시란에 '대표이사' 또는 '사장'이라고 표시되어 있지 않았다. 대신 '책임대표사원'이라고 적혀 있었다. 명함 속에 있는 '책임대표사원'이라는 여섯 글자를 통해 신임 대표의 경영철학, 향후 회사를 어떻게 운영하게 될 것이라는 모습이 그려졌다. 그날

신임 '책임대표사원'에게서 받은 영향으로 해당 협력회사 임직원에
대한 필자의 관심이 과거보다 많이 달라졌다. 일종의 후광효과다.
현장방문 시 해당 회사 임직원들을 만나면 예전보다 더 큰 관심으
로 그들을 지켜보고 격려한다.

우리는 안전경영에 대한 회사의 명함이 있는가?

안전경영에 대한 우리의 명함은 어떤 모습인가? 고객이나 지역
사회가 기대하는 '안전경영 명함'을 우리는 가지고 있는가?
   "한 장의 명함이 그 기업의 명암(明暗)을 가를 수 있다."
협력업체 대표와의 만남을 통해 명함에 대한 새로운 생각을 갖
게 되었다. 지금까지 사용했던 명함도 비지니스에 큰 불편함이나
어려움은 없다. 하지만 청주공장에 대한 안전경영과 조직문화 변
화 활동을 방문자들에게 소개하고 싶었다. 외부 사람들에게도 청
주공장 안전문화 변화 이야기를 통해 보다 안전한 일터, 안전한
사회에 대한 기운을 확산·전개하고 싶었다.
기존의 명함에 있었던 총괄공장장 직책 표시와 함께 Safety School
교장이라는 직책을 함께 새겨 넣었다. 안전학교(Safety School)는
공장의 안전교육과 안전의식 변화를 총괄하고 주관하는 곳이다.
명함 뒷면에는 청주공장의 만사(10004)OK 안전경영을 한 번에 설
명할 수 있는 내용을 요약했다. 우리 공장이 3년째 추진하고 있는
안전경영 활동 내용을 소개하고 우리 활동의 진정성과 성과를 그
들에게 알리고 싶었다.

2020 안전경영 명함 제작 예시: 명함(전면) 명함(후면)

　　새로 제작된 '만사(10004)OK' 명함은 대외적인 행사에서 만나는 사람들과 인사할 때 명함을 건네주며 청주공장의 안전경영을 지속적으로 소개하고 있다. 또한, 공장을 방문하는 고객은 물론 새로 입사한 신입사원들과의 첫 만남에서도 신입사원 모두에게 반드시 나누어 준다.

　　이제 필자에게 있어 명함은 단순한 개인 명함이 아니라 청주공장 안전경영의 의지와 '사람이 다치지 않는 공장'을 만들겠다는 고객과 이해관계자 및 지역사회에 대한 약속이자 꼭 달성해야 할 안전경영의 목표가 되었다. 약속은 실천하라고 있는 것이고 목표는 달성해야만 진정한 가치가 있다.

　　아직 우리가 가야 할 무재해의 길은 아직 멀고 험하다. 의지가 있고 결집된 힘이 있으면 두려울 것이 없다. '안전하지 않으면 작업하지 말자'라는 '만사(10004)OK' 깃발을 펄럭이며 계속 또 계속 전진해야 한다. 언젠가는 도달할 가상의 「안전구 행복동 무사고길 10004」의 마지막 목적지에 영광의 '무재해' 깃발이 꼽힐 날을 상상해 본다.

06

'한 글자'로 아버지를 추락시킬 수 있다.

" 안전에는 베테랑이 없다 "

세상을 살면서 수많은 소통을 하지만 제대로 된 소통방법을 익히기가 그리 쉽지 않다.

더군다나 어떤 목적달성을 위해 자신이 하고자 하는 바를 상대방에게 명쾌하게 전달하고 설득시키는 일은 더욱 어렵다.

특히, 비즈니스 관계에 있어 커뮤니케이션 기술의 중요성은 말할 필요가 없다. 그래서 지금도 많은 기업에서는 다양한 소통교육 프로그램을 운영하고 있고 이를 통해 구성원의 커뮤니케이션 스킬을 높이고자 노력하고 있다. 훌륭한 커뮤니케이션 기술은 대인관계나 비즈니스 세계에서 남들과 구별되는 차별화된 강점이자 리더십의 원천이다.

반면에 잘못된 소통은 인간관계에서 오해와 상처를 남기고, 그 문제를 해결하기 위해 불필요한 에너지를 쏟게 만든다. 비즈니스 수행과정에서 단 한 번의 잘못된 소통은 자신이 속한 회사나 조직에 엄청난 손해를 끼치기도 한다.

공공시설이나 고객과의 커뮤니케이션에 있어서는 보다 더 정확하고 세심한 주의가 필요하다. 필자가 일상 속에서 실제로 경험했던 웃지 못할 커뮤니케이션 오류 사례를 소개한다.

🔍 사례01   동시흥분기점이 있다고?

몇 년 전 휴가차 서울에서 강릉으로 이동할 때 영동고속도로에서 본 도로안내 표지판이다. 휴가시즌이라 도로의 차량이 정체와 지체를 반복하고 있어서 스마트폰으로 담은 사진이다.

사진속 도로 표지판을 보라. 당신은 어떻게 읽었는가?

필자는 '동시 흥분 기점'으로 읽었다.

"6km 전방에 동시에 흥분하는 기점이 있다고? 뭐지? 대박~~... ㅋㅋ"

함께 동승한 가족들도 그렇게 이해를 했고 엉뚱한 상상력으로 웃음이 터져 나왔다.

사람의 뇌는 낯선 말을 받아들일 때 대개는 자신에게 익숙한 단어로 인식하는 체계로 구조화되어 있다. 도로공사 관계자가 운전자에게 알리고자 했던 정보는 무엇이었을까?

'동시흥 분기점'이었을 것이다. 아마 종전에 사용하던 '동시흥JC'와 같은 정보를 보다 읽기 쉽고 알기 쉽게 하고자 했던 과정에서 생긴 실수일 것이다.

그렇다면 이 표지판은 어떻게 표현해야 했을까?

제작상의 배치 공간 제약이나 또 다른 시스템의 문제도 있을 수 있다(실제 당시 국토교통부령 제294호 도로표지규칙 제7조에는 원칙적으로 한글은 띄어쓰기하지 않는다고 명시되어 있었다).

하지만 도로안내 정보는 도로를 이용하는 운전자 관점에서 제공돼야 한다. 도로를 이용하는 운전자가 한 번에 명확하게 이해하면 최고의 정보다. "동시흥분기점'이 아니라 "동시흥 분기점"이다. 디테일한 소통과 띄어쓰기 중요성을 직접 경험한 실제 사례다.

운전자들에게 '엉뚱한 상상력'을 제공하던 이 안내판은 얼마 지나서 "동시흥 분기점"으로 바뀌었다.

몇 년 전 영동고속도로를 이용하는 기회가 있어 그 지점을 지나가면서 도로 안내판을 유심히 살펴봤다. 다행히 "동시흥분기점"은 사라지고 "동시흥 분기점"이 있었다.

🖥️ 사례02   발정 난 우리 아빠?

엄마, 동생아~!!
우리아빠 드디어 발정났대!!
동생: ? 미쳤냐 머라는 거야
어무니: 지금 발정나서 뭐하니
          이미. 쓸데도 없어
아부지: ??
아 아니 발령났나고 발령
오타 썩을

최근 지인에게서 SNS로 받은 글이다. 내용상 작위적인 면도 있었지만, 충분히 그럴 수 있겠다는 생각을 했다.

글자 한 자에서 오는 엄청난 결과의 차이다.

디테일이 중요한 시대다. SNS의 세상 속에서는 한 글자로 '훅~' 갈수 있는 환경이다. 한 글자의 '오타'가 점잖은 아버지를 발정 난 아버지로 추락시켰다.

당신도 일상에서 이런 사례를 봤거나 직접 경험해 본 적이 있는가? 멀쩡한 아버지를 발정 난 아버지로 만드는 실수를 해서는 안 된다.

앞에서 언급한 두 가지는 소통에서 실패한 사례다.

작업 현장이나 일상생활 속에서도 마찬가지다. 사소한 실수 하나가 엄청난 재해를 불러올 수 있고, 한 번의 말실수가 신뢰 관계에서 멀어지게 할 수 있다.

좀 더 세심하게 들여다보고 좀 더 철저하게 기본과 원칙을 지키자. 이것이 당신의 일상이나 일터에서 추락하지 않는 비결이다.

07

LED등으로 안전을 지킨다.

LED 조명으로 쓰레기를 줄인다.

2019년 여름, 속초 해안가에 1기당 1억여 원 상당의 대형 고성능 LED 조명탑 2기가 세워졌다. 속초해수욕장 야간개장을 목적으로 설치된 LED 조명은 더 쾌적한 야간 해수욕을 가능케 하여 이용자들의 만족도를 높였다. 이에 따라 속초시는 더 많은 관광객을 유치할 수 있었다. 야간개장으로 인해 속초시에는 그해 여름 피서 기간 동안 286만 명이 넘는 사람들이 찾았다.

여기서 주목할 만한 사실이 한 가지 더 있다. 이 2억짜리 LED 조명이 해변의 쓰레기와 안전사고를 대폭 줄였다는 것이다. 매년 여름 전국 해수욕장에는 피서객이 버리는 쓰레기로 몸살을 앓는다. 속초해수욕장은 2018년 개장 기간(45일) 동안 155톤의 쓰레기가 발생했다. 하루 평균 3.4톤이다. 하지만 LED 조명탑이 설치된

2019년은 하루 평균 1.7톤으로 전년 대비 절반 수준으로 줄었다. 이와 동시에 안전사고도 없었다. 속초시 관계자는 "야간 해수욕은 저녁 6시부터 9시까지 가능하지만, LED 조명을 새벽 4시까지 켜 놓은 것이 효과를 보는 것 같다"고 했다.

야간조명이 없던 해는 밤마다 피서객들이 먹고, 마시며 놀다가 버리고 간 쓰레기가 해변을 뒤덮었다. 새벽이 되면 밤사이 피서객들이 버린 술병과 음료수병, 과자봉지와 같은 각종 쓰레기를 치우기 위해 전쟁을 치르곤 했다. 하지만 조명탑 설치 후에는 자정이 가까운 시간에도 술을 마시거나 담배를 피우는 피서객들이 줄었고 대부분 가족 단위 피서객들이 사진을 찍으며 즐겁게 지내는 모습이 많이 보였다. 모래사장에서 쓰레기를 보기도 어려웠다. 어둠 속에서 쓰레기를 버리던 검은 양심들이 환하게 밝히는 조명 탓에 그 양심도 밝아진 것이다. 생활 속의 깨진 유리창 법칙을 적용한 성공사례다.

깨진 유리창 법칙

안전에 관한 너무나 잘 알려진 깨진 유리창 법칙을 다시 기억해 보자.

1969년 스탠포드 대학 심리학 교수였던 필립 짐바르도(Philip Zimbardo)가 실험을 했다. 치안이 비교적 허술한 골목길에 두 대의 자동차를 세웠다. 보닛을 열어 놓은 채 그중 한 대는 창문을 깬 상태로 일주일을 방치하여 사람들의 행동을 관찰하는 실험이었다.

일주일 후 어떤 결과가 나왔을까? 깨끗한 자동차는 그대로였다. 하지만 창문을 깨뜨려 놓은 자동차는 모든 유리창이 깨지고 차 안에 쓰레기가 가득 찼다. 거기에다 배터리나 타이어 같은 부품은 훔쳐갔고, 더 이상 훔쳐갈 것이 없자 자동차를 마구 파괴했다. 이 실험결과를 깨진 유리창 법칙(Broken Windows Theory)이라고 부른다.

'깨진 유리창 법칙'은 작고 사소한 문제라도 소홀히 하면 나중에 큰 문제가 된다는 점을 강조하고 있다. 비록 아무리 작은 부분일지라도 '사회질서'를 무너뜨리는 행위는 그 시점에 통제하지 않으면 전체를 뒤흔들 만한 강력한 파장으로 되돌아올 수 있다는 것이다.

작은 차이로 큰 변화를 일으킨다는 이론과 사례는 우리 생활 속에서도 흔히 찾아볼 수 있다. '하수도 꽁초이론'이다. 흡연자 한 사람이 다 피운 담배를 재떨이에다 버리는 대신, 바로 앞에 보이는 하수도에 던진다. 다음, 그 자리에서 담배를 피운 사람은 앞선이의 행동을 그대로 따른다. 얼마 뒤엔 하수도에 버려진 담배꽁초가 수두룩하다. 이런 행동을 그대로 두면 얼마 지나지 않아 그곳은 이미 하수도가 아니라 하나의 거대한 재떨이가 되어 있다.

깨진 유리창 법칙을 적용하면 사회가 당면한 문제나 범죄율을 줄일 수 있다. 1993년 당선된 줄리아니 뉴욕시장은 뉴욕 지하철의 높은 범죄율을 줄이기 위해 깨진 유리창 법칙을 적용했다. 지하철 내 범죄율을 줄이기 위해 순찰을 강화하고 처벌하는 방식에 앞서 우선 거의 방치되다시피 한 뉴욕 지하철 낙서를 모두 지우고 후미진 곳을 청소하는 작업을 5년 이상 계속해서 실시했다. 다수의 사람이 실효성 없는 정책에 시간과 돈을 낭비한다고 비난했고 불만

을 제기했다. 하지만 그의 강력한 리더십이 이를 극복했고 2년 후
부터 지하철 내 중범죄가 감소하기 시작해서 94년도에는 절반 가
까이 줄어들었다. 사소하다고 생각했던 지하철 환경 개선이 범죄
율 감소로 이어진 것이다.

일상이나 마케팅에도 깨진 유리창 법칙은 다양하게 적용할 수
있다. 음식점을 예로 들어보자. 아무리 음식 맛이 좋은 최고의 식
당이라고 하더라도 벽면에 늘어진 거미줄이나 식기에 얼룩이나 이
물질이 묻어있다면 고객은 어떤 반응을 보일까? 깨진 유리창을 방
치하듯 위생에 대한 사소한 부분을 면밀하게 챙기지 않으면 손님
들은 발길을 돌린다. 그래서 결국 이류식당으로 전락하고 나중에
는 문을 닫는 상황까지도 올 수 있다.

생활 속 쓰레기 문제도 같은 맥락에서 들여다볼 수 있다. 최근
지자체에서 벌이고 있는 쓰레기 무단투기 금지 캠페인이 대표적인
사례다. 전국의 어느 도시에서든 주택가 쓰레기 무단투기는 해결
해야 할 골칫거리 중 하나다. 시민 의식변화를 위한 다양한 캠페
인과 단속 활동을 해오고 있지만 만족할 만한 가시적인 효과를 내
기가 쉽지 않다. 따라서 보다 더 적극적인 방법으로 무단투기 장
소를 클린화단으로 만들거나 소리나는 CCTV를 설치하는 등 다양
한 아이디어를 동원하고 있다.

이러한 다양한 활동 중에서 신박한 아이디어로 눈길은 끄는 방
법이 있다. 쓰레기 무단투기 장소 바닥에 LED 그림자 조명을 설
치하는 것이다. 쓰레기를 주로 버리는 밤시간 동안 조명으로 주변
을 밝게 하고, 거기에 공동체의 일원으로서 동참해달라는 감성적
인 문구로 사람들의 마음을 움직이는 방법이다. 이 방법은 쓰레기

투기를 예방하는 효과와 더불어 심야의 방범효과도 거둘 수 있어 주민들에게 인기가 높다고 한다.

무단투기 방지 그림자 조명

출처: 대구광역시 동구청 블로그

깨진 유리창을 갈아 끼워라.

안전과 사고 예방 차원에서 깨진 유리창 법칙을 적용하면 어떤 효과가 있을까? 그 대상이 사람이라도 동일 연장선상에서 보면 그 결과 또한 같다고 생각한다.

우선 사람 관점에서 살펴보자.

현장 작업 중 기본과 원칙에 대한 인식이 낮고 업무 집중도가 떨어져 종종 실수하는 작업자가 있다면 그대로 방치하면 안 된다. 이러한 직원 한 명이 팀 전체의 업무 프로세스를 방해하거나 업무가 지연되게 만들고, 전체성과를 만들어내는 데 장애 요인이 된다.

안전측면에서도 더욱 그러하다. 이를 방치할 경우 치명적인 안전 사고 유발 가능성이 높을 수밖에 없다. 또 조직의 분위기나 사기 면에서도 부정적인 영향을 끼칠 수 있다. 사소한 문제나 위험요소를 방치하면 독이 되어 다시 돌아온다는 깨진 유리창 법칙과 일맥상통하다. 무심코 버린 담배꽁초 한 개가 대형 산불이 되듯이 조직 내 사소한 문제를 그대로 두면 큰 재난이 되어 돌아온다.

이럴 경우 개인에게 제대로 피드백해야 한다. 업무 지도나 면담을 통하여 문제점을 알려주고 그런 실수가 재발하지 않도록 해야 한다. 그럼에도 불구하고 그런 상황이 계속된다면 그 사람에게 적합한 직무를 찾아주고 이동시키는 것이 현실적인 대안이고 합리적인 선택이다. 안전에 있어 깨진 유리창을 방치하는 것은 조직 책임자의 직무유기이며 조직의 큰 잠재위험을 묵인하는 최악의 행위이다.

아무리 사소한 위험요소라 하더라도 소홀히 생각해서는 안 된다. 위험요소가 있는 곳에는 반드시 사고가 발생한다. 다만 그 시기가 언제일지 모를 뿐이다. 당신의 눈앞에 보이는 깨진 유리창을 결코 방치하지 말라.

08

안전, 다음역은 '행복역'이다.
『경험을 통해서 배우는 안전』

어떤 것을 배우는 효과적인 방법의 하나는 일상 속 경험을 통해 배우는 것이다.

지난 주말 지인과 약속이 있어 청주 지웰시티에 갔다. 주차장에 차를 세우고 건너편에 있는 약속 장소로 가기 위해서 횡단보도 앞에 섰다. 주말이고 번잡한 도심이라 횡단보도 앞에는 사람들이 많았고, 도로에는 끊임없이 차들이 달려가고 있었다. 드디어 파란 신호가 켜졌다. 기다리던 사람들이 건너려고 했다. 이때 흰색 승용차가 한 대가 쏜살같이 사람들 앞을 지나갔다. 노란색에서 빨간색 신호로 바뀌는 순간을 이용해 무리하게 지나가려고 했던 것 같았다. 사람들이 흠칫 놀라며 물러섰다. 다행스럽게 사고는 나지 않았다. 하지만 찰나의 순간에 끔찍한 사고의 상황이 빠르게 스쳐갔다. 사람들 사이에서 분노와 탄식이 튀어나왔다. 필자 또한 사고 공포

감에 대한 전율을 느꼈다. 그리고 멀어져가는 차량 번호판을 본능
적으로 확인했다.

이때 경찰차 사이렌의 굉음이 요란하게 울렸고 경찰차가 그를
제지했다. 때마침 순찰 중인 경찰차가 그 광경을 목격한 것이다.
놀란 가슴을 진정시키던 사람들 사이에서 안도와 탄성이 동시에
쏟아져 나왔다. 그날의 짧은 순간에 횡단보도 보행과 자신의 운전
습관에 대해 돌아보게 되었다.

도로교통 전문기관 조사에 의하면 전체 교통사고 중 횡단보도
에서 발생하는 사고는 50% 수준이라고 한다. 사람의 안전과 생명
보호를 위해 만들어진 횡단보도가 오히려 사고 다발장소라는 점이
놀랍다. 횡단보도가 사람들의 절대 안전을 보장하지 못한다는 의
미다. 횡단보도에서 보행자 스스로가 자신의 안전 확보를 책임져
야 한다. 먼저 위험을 보는 것이 안전의 시작이다.

도로에서 운전자이자 보행자인 우리는 교통사고 가해자가 될
수 있고 또한 피해자도 될 수 있다. 운전 중 성급한 판단으로 다
른 사람을 다치게 할 수 있고 타인의 실수와 착오로 자신이 불의
의 교통사고 피해자가 될 수 있다.

안전한 도로, 안전한 운전습관을 위해서 어떻게 하는 것이 좋
을까?

우선, **보행자는 도로에서 개인의 적극적인 안전 확보 자세가
무엇보다 중요하다.**

횡단보도 앞 대기시간이나 건너갈 때 당신의 모습은 어떤가?
횡단보도에서 도로의 교통상황과 안전을 살피는 습관을 들여야 한
다. 횡단보도를 건너기 전에는 도로가 아닌 보도블럭 위에서 기다

려야 한다. 도로에 내려와서는 안 된다. 우회전하는 차량이 당신을 미처 보지 못해 치일 수 있고 주행하던 차들이 돌발적으로 도로 밖으로 달려올 수 있다. 파란색 신호로 바뀌더라도 우선 좌우측을 살펴보고 건너라. 신호등이 절대적인 안전을 지켜주지 않는다. 길을 건너며 스마트폰을 보는 스몸비족은 자신의 생명을 스마트폰에 맡기는 꼴이다.

운전자는 교통법규를 준수하는 운전습관이 중요하다.

'5분 먼저 가려다 50년 먼저 간다.' 현대 과학기술의 편의성을 지나치게 믿고 속도를 올리고 신호를 무시하면 당신의 목적지는 저승으로 바뀐다.

신호등은 생명이자 운전자와 보행자 상호 간 약속이다. 자신의 생명과 불특정 다수의 고귀한 생명을 보호하기 위해서는 교통신호 준수가 절대적이다. 약속은 지키라고 있고 신호등은 준수할 때 더 큰 의미와 가치가 있다.

도로안전은 자신만의 문제가 아니라 사회 구성원으로서 지키고 보호해야 할 최소한의 책무이자 절대가치이다. 안전에 있어 자칫 소홀히 하기 쉬운 신호 미준수와 나쁜 운전습관은 남의 생명을 해치는 최악의 결과를 가져온다는 것을 명심하자.

'안전', 다음역은 '행복역'이다.

안전해야 행복해질 수 있습니다.
누구나 안전하고 모두가 건강한 사회
나와 우리가 진정한 행복으로 가는 길은

바로 안전에서 시작됩니다.

출장길에서 '한국산업안전공단'이 제작한 안전포스터를 봤다.
짧은 글 속에 큰 울림이 있다. 모두가 추구하는 삶의 행복은 안전
해야 행복해질 수 있다는 것이다.

09

당신의 체온은 몇 도인가?

체온에 대한 관심이 높아졌다. 코로나19 때문이다. 건강 정상 체온 36.5도보다 37.5도라는 수치가 코로나19 이상 유무의 바로미터가 되는 상징적인 숫자가 되었다. 다중 시설 이용 시 출입구에서 발열 화상 카메라로 전신을 스캐닝(?) 당하는 것에도 이젠 어색하지 않고 자연스럽다.

직장인들에게는 매일 아침 출근 시 정문에서 체온 측정 절차를 거치는 출입단계가 하나 더 늘어났다. 심지어 근무 중에도 하루에 한 번씩 개인별 체온을 측정하고, 이를 기록, 관리하는 것도 일상화되었다.

한마디로 요즘의 일상은 코로나19와의 전쟁이자 체온과의 전

쟁이다. 그만큼 감염병 확산에 대한 불안감이 크고, 이를 막아내기
위한 절박함을 말해주는 단면이기도 하다.

일본인 의사가 쓴 건강 베스트셀러인 '체온 1도가 내 몸을 살
린다'라는 책이 있다.

건강한 사람의 평소 체온은 36.5~37.1도다. 신이 정한 체온은
37도라고 말한다. 사람들이 일반적으로 생각하는 36.5도를 넘어선
수치다. 체온이 1도 내려가면 면역력이 30% 떨어지고, 체온이 1
도 오르면 면역력이 5~6배 높아진다. 35도가 되면 암세포가 활발
하게 움직이기 때문에 암을 예방하기 위해서는 높은 체온을 유지
하라고 강조한다.

코로나19가 체온의 중요성과 수시로 개인별 체온을 확인하도
록 만들어 주었다. 코로나19 발생 전에는 건강검진이나 외래진료
로 병원을 방문할 때, 혈압의 중요성은 종종 들었어도 체온이 얼
마인지, 우리 몸에 있어 체온이 미치는 영향에 대해서는 들은 적
은 거의 없었다. 과거에는 평소 자신의 체온이 얼마인지에 대해서
는 둔감했고, 실제 일상에서 체온을 측정해보는 데는 거의 관심이
없었다.

체온은 상황에 따라서 조금씩 바뀐다.

날씨가 추운 겨울철에는 평소보다 체온이 더 내려간다. 또 외
출, 운동, 목욕하고 난 뒤에는 체온이 오르며, 식사 후에는 약
0.2~0.3도가 올라간다고 한다. 또 나이가 들수록 떨어지는 경향이
있다. 65세 이상 노인의 평균체온은 성인의 평균체온보다 0.5도
정도가 낮다. 이처럼 우리 몸은 외부인자로부터 가해지는 끊임없
는 변화를 감지하고, 전반적인 대사 활동에 문제가 생기지 않도록

'체온 자동조절 시스템'이 365일 가동하고 있다.

문제는 저체온이다.

출근길, 매일 체온을 측정하면서 필자의 체온이 겨울철에는 정상 체온보다 낮은 36도임을 알게 되었다. 신의 체온이라고 하는 37도에 1도가 낮은 수치다. 겨울이 되면 평소보다 손발이 차가워진다. 날씨가 추워질수록 은근히 신경 쓰이는 것이 차가워진 손이다. 특히, 회사를 방문하는 중요한 외부고객을 응대하는 날이나, 임직원들과 만나기 위해서 현장을 방문할 때, 차가운 손으로 악수하게 되는 상황이 더욱 그렇다. 그래서 겨울이 되면 고객과 사원들을 만나기 전에는 필수적으로 장갑을 끼거나 휴대용 핫팩을 주머니에 넣고 손을 데운다. 처음 만나는 고객이나 현장에서 근무자에게 따스한 온기를 전달하고자 하는 필자 나름의 작은 성의와 노력이라고 할 수 있다.

내 체온이 기준치보다 저온이고 체온에 대한 지식이 어느 정도 있다면 저체온 문제를 해결하는 방법을 찾을 수 있다. 체온을 올리는 것이다. 요즘 필자는 하루하루 체온을 확인하고 점검한다. 또 '체온UP 건강법'을 통해 낮은 체온 1도를 올리는 데 관심을 가지고 실천하고 있다. 시작이 반이다. 내가 실천하고 있는 '**생활 속 체온을 올리는 6가지 방법**'을 소개한다.

첫째, 규칙적이고 질 좋은 수면시간이다.

사람에게 적절한 수면시간은 7시간에서 8시간이라고 한다. 저녁 10시에 잠자리에 들어서 새벽 5시에 일어나는 수면패턴이 생체리듬에 가장 이상적이라고 수면학자들은 추천한다. 만약 수면시간이 부족하다고 생각되면 점심시간을 이용해서 10분에서 20분

정도의 낮잠도 효과적인 방법 중 하나다. 개인적으로 수년 전부터 해오던 수면습관이라 실제 이 효과에 대해서는 매우 동의한다.

둘째, 따뜻한 물을 정기적으로 마셔라.

일상 활동에 있어 운동, 호흡, 땀, 소변을 통해서 많은 양의 수분이 배출된다. 갈증이 난다고 느껴 물을 먹는 것은 이미 늦다. 정기적이고 의도적으로 물을 마시는 습관이 중요하다. 사람에게 하루 필요한 수분량은 1.5~2리터가 적당하다고 한다. 아침에 일어나서 미지근하거나 따뜻한 물을 마셔라. 찬물은 당신의 체온을 떨어뜨린다. '냉수 먹고 속 차려라'라는 속담은 건강에서는 바람직하지 않다. '찬물 먹고는 속이 차려지지 않는다. 오히려 체온과 면역력이 떨어져서 속 망가진다'라는 말에 필자는 공감한다. 요즈음 나는 사무실에서 몸을 따뜻하게 해주는 '무'차를 즐겨 마시고, 퇴근해서도 의도적인 물 마시기를 실천하고 있다.

셋째, 매일 아침 침대에서 스트레칭을 하라.

사람의 체온은 깊은 잠을 자고 난 후인 새벽 4~6시 정도에 가장 낮다고 한다. 떨어진 체온을 짧은 시간에 올릴 수 있는 효과적인 방법은 몸을 움직이는 것이다. 필자는 아침 잠자리에서 일어나기 전 10분에서 20분 정도 스트레칭으로 내 몸에 불을 지핀다. 먼저 손가락과 발가락부터 팔, 무릎, 목, 다리, 허리까지, 누워서 할 수 있는 모든 동작을 반복하면서 밤새 내려간 체온을 올린다. 그러면 자연스럽게 잠은 몸에서 떨어져 나가고 정신이 점점 맑아지면서 침대에서 한결 쉽게 내려올 수 있다.

넷째, 직장에서 실내운동으로 근육을 단련하라.

근육은 최대의 열 생산기관이다. 단순히 근육량을 늘리라는 의미하고는 다르다. 자기 몸의 근육을 자극해서 기초 대사량을 올려야 한다는 말이다. 체온과 기초 대사량은 비례한다. 일상생활에서 근육 단련을 통해 의도적으로 체온을 올리는 것이 중요하다. 짬짬이 시간을 내어 당신만의 방법으로 근육을 단련시켜라. 직장에서 여건이 허락되지 않는다고 할 수 있다. 그것은 당신의 게으름을 합리화하는 변명이다. 일상에서 근육을 강화시켜 체온을 올리는 방법 중 추천하는 것은 계단 오르기, 팔 굽혀 펴기와 스쿼트다. 별도의 장비나 도구가 필요 없다. 자신만의 의지만 있으면 가능하다.

다섯째, 몸을 따뜻하게 해주는 음식을 섭취하라.

음식은 사람이 삶을 살아가는 최대의 즐거움이자 행복이다. 반면에 과도하거나 자신에게 맞지 않는 음식은 질병을 유발하여 피폐한 삶을 만드는 요소이기도 하다. 우리는 그만큼 음식의 맛을 통해 즐거움을 느끼기도 하고, 음식의 부작용을 통해 질병의 고통을 경험하기도 한다. 그래서 음식은 자신의 몸과 건강상태에 적합한 것을 취하고 즐기는 것이 중요하다. 당신의 체온이 평균보다 낮은 사람이라면 몸을 따뜻하게 해주는 음식을 섭취하는 데 관심을 가져라. 개인적으로 추천하는 음식은 닭고기, 부추, 무, 대추다.

여섯째, 걸어라. 걷기는 건강의 종합선물세트다.

기초 대사량을 늘리는 데 가장 좋은 방법은 몸을 움직이는 것이다. 걷는 것은 인간의 기본동작이며 본능적인 이동수단이다. 더군다나 걷기는 특별한 장비나 금전적인 투자 없이도 누구나 할 수 있는 가장 안전한 유산소운동이다. 사람들은 평균적으로 하루에 2,000보 정도를 걷는다고 한다. 전문가들은 하루 7,000보 이상을 걷기를 권하고, 하루 30~60분 주 5일 이상 실천하기를 권한다.

걷기 운동효과는 너무나 많고 그에 대한 열기 또한 뜨겁다. 그래서 많은 사람이 문밖을 나선다. 몇 년 전 영화배우 하정우의 '걷는 사람 하정우' 에세이집이 베스트셀러가 되기도 했다. 무엇보다 중요한 것은 걷기는 기초대사량을 늘리고 근육을 단련하여 당신의 체온을 올려준다는 것이다.

건강하게 삶을 살아간다는 것은 모든 사람에게 희망이자 축복이다. 하지만 모두가 그렇지 못하다.

사람들은 건강의 소중함과 건강관리에 대한 필요성은 가지지만, 정작 바쁜 일상 속에서는 늘 후순위로 미뤄진다. 그래서 건강은 개학을 앞둔 학생들의 방학숙제 같은 존재다. 올 초에도, 이번 달이 시작되는 첫 주에도 건강관리에 대한 생각은 우리들의 마음속에 밀린 숙제처럼 늘 찜찜하게 남아 있다.

왜일까? 건강관리, 지금까지 우리는 실천하기 어려운 과도한 목표나 거창한 실행 계획만을 믿고 무작정 남들이 하는 방식으로만 하려고 했지 않았는가? 잡지나 TV에 나오는 전문가나 프로들의 근육질 몸짱, 멋진 몸매만을 상상하면서, 무작정 헬스장 문턱만을 넘나들지 않았는지….

기본으로 돌아가자. 우선 자신의 몸 상태를 세밀하게 체크해보고, 나에게 가장 적합한 건강관리 방법이 무엇인지를 들여다보자. 건강한 몸과 마음을 만드는 데 필요한 기본적인 요소가 무엇인지를 돌아볼 때다. 그 다음이 멋진 근육과 몸매다.

당신의 체온은 몇 도인가?

먼저, 당신의 체온을 확인하라. 그리고 신의 체온인 37도보다 낮다면 체온을 올리는 것부터 실천하라. 그것이 건강해지는 출발점이자 당신의 건강과 행복한 가정을 만드는 비결이다.

코로나19를 통해 '건강과 체온을 다시 생각한다.'

'코로나19'로 알게 된 19가지

1. 내가 받는 의료서비스는 세계 최고 수준이다.
2. 유럽은 보이는 것만큼 선진국이 아니었다.
3. 돈 없는 미국인은 더 이상 미국인이 아니다.
4. 일본은 후진국이다. 지도자도 의료시스템도….
5. 중국은 사회주의 국가임이 분명하다.
6. 한국의 힘은 정치가 아니라 국민이다.
7. 3차 세계대전은 세균전쟁이 될 것이다.
8. 미디어와 정치인은 사실보다 Impact를 중시한다.
9. 세균은 부자와 가난한 사람 앞에 평등하다.
10. 의료인들이 사회의 숨은 영웅이다.
11. 소비 없는 사회에 석유는 쓸모없다.
12. 격리되어 보니 동물원 동물들의 심정을 알겠다.
13. 감기에는 예방접종보다 마스크가 낫다.
14. 병원이 병을 치료하는 장소만은 아니다.
15. 재택근무가 성과에 영향을 미치지 않는다.
16. 외식과 회식 없어도 사는 데는 별 지장 없다.
17. 위생수칙 지키는 일상도 그리 어렵지는 않다.
18. 평범한 일상이 소중한 행복이다.
19. 대한민국은 참 좋은 나라다.

2020. 4. 18

사회적 거리두기로 자발적 격리 중인 나의 주말,
SNS를 통해 소통되는 코로나에 대한 재치 있는 글들에
나의 생각을 다시 담았다.

사회적 거리두기의 자발적 실천,
우리가 모두 숨은 영웅이다.

제 6 장

기억은 기록을 이기지 못한다.

— 만사(10004)OK 활동자료 모음 —

기억은 기록을 이기지 못한다.

사람은 잊어버린다.
기억은 한계가 있기 때문이다.
그래서 우리는 일상에서 기록한다.
메모는 인간의 훌륭한 발명품 중 하나다.
그래서 기억은 기록을 이기지 못한다.

우리는 기록을 통해서 과거의 역사를 돌아보고
과거의 기록을 바탕으로
현재의 우리를 더 나은 모습으로 발전시킨다.

오늘의 우리도 기록을 통해서
미래의 후손들에게 계승될 것이며
우리가 경험한 지금은
기록 속에서 영원히 살아있을 것이다.

지난 3년간, 만사(10004)OK 안전경영 활동에
청주공장 구성원 전원이 열정을 태웠다.

하지만, 우리가 가야 할 길은 아직 멀고 험하다.

아쉬운 점도 있고 부족한 부분도 있다.
하지만 우리는 최선을 다해 달려왔고 지금 여기 와있다.

앞만 보고 달려왔던 숨 가빴던 여정을 돌아보고
그 기억 속에서 우리를 끄집어내어 기록으로 정리한다.

이 기록은 우리가 꿈꾸며 가는 길의 안내지도가 되고
목적지와 방향을 잃지 않도록 나침반이 될 수 있다.

이와 더불어
무재해와 안전이라는 목적지와 항로를 찾지 못하고
표류하는 또 다른 배들의 길을 밝혀주고 도움을 주는
어둠 속의 안전 등대 역할 또한 할 수 있을 것이다.

그래서 지난 3년간 함께한 만사(10004)OK 활동은
청주공장 기록물 이상의 소중한 가치와 의미가 있다.

더욱 중요한 것은
그 기록 속 영광의 주인공은 바로 청주공장의
모든 임직원이라는 것이다.

안전한 회사, 안전한 사회, 안전한 국가를 만들어 가는 데
지나온 우리의 시간과 경험이,
이 책은 보는 이에게 작은 도움이 되었으면 한다.

01

『만사(10004)OK 무재해 나무』가
안전을 지킨다.

만사(10004)OK 무재해 나무

특정 대상이나 사물을 설명할 때 말이나 글로 표현하는 것보다 상대를 쉽게 이해시키는 방법 중 하나는 그림이다. 청주공장 '안전경영 전체상'을 쉽게 설명하기 위해 나무의 생장 상태를 가정하여 '만사(10004)OK 무재해 나무'를 그려 봤다.

나무는 뿌리, 줄기, 그리고 가지로 이루어져 있다. 나무가 무럭무럭 성장하기 위해서는 각각의 역할이 중요하다.

만일 뿌리는 썩고 줄기는 말라가는데 가지에만 비료와 영양분을 준다고 해서 나무가 살아나지는 못한다.

만사(10004)OK 안전경영 활동도 마찬가지다. 이러한 활동의 기본은 뿌리와 줄기, 가지에 그에 적합한 관리가 될 수 있도록 보다 더 근본적이고 실질적인 활동을 추진해야 한다. 가지고 있는 문제점이나 병폐가 있다면 과감하고 솔직하게 인정하고 가지를 자르고 병충해 방재작업을 해야 한다. 변화는 결코 쉽지 않다. 뿌리가 튼튼해야 나무가 산다. 줄기가 힘이 있어야 성장할 수 있고 가지가 건강해야 광합성을 할 수 있다.

안전경영: 하늘에는...

먼저, 그림 왼쪽 상단에 만사(10004)OK 활동의 방향성을 가리키는 '안전경영' 태양이 떠 있다. 안전경영을 위해서는 TOP의 방향 제시와 경영 철학이 무엇보다 중요하다.

안전은 어떠한 경영활동 보다 우선되어야 하고 경영의 요소 중에 가장 첫 번째로 고려되어야 할 절대가치이다. 따라서 안전경영은 청주공장의 비전을 달성하고 건강한 성장과 발전을 가능케 하는 태양의 빛과 같은 존재다.

"조직 최고 책임자가 무재해에 대한 '진정성'과 강력한 '의지'와 '열정'을 가지고, '지속'적이고 '일관'되게 '안전리더십'을 발휘하면 무재해는 반드시 실현된다." 한마디로 말하면 '지속적이고 일관된 안전경영'이 핵심이다.

안전경영: 뿌리에는...

그림 하단에 보이는 부분은 '우.지.할 조직문화'다. 나무의 뿌리다. 지금까지 다양한 안전관리 활동에도 불구하고 사고는 왜 줄지 않는 것일까? 단지 땅 위에 있는 나무줄기나 나뭇잎에만 관심을 가진 것은 아닌가? '표면인자'와 더불어 '이면인자'라고 할 수 있는 나무의 뿌리에 관심을 가져야 한다.

나무나 식물의 성장을 위해서는 건강하고 비옥한 토양이 기본이다. 흙은 주성분인 산소, 규소, 알루미늄, 철과 같은 다양한 물질로 구성되어 있지만, 더불어 소량의 질소, 인산, 마그네슘, 칼슘, 붕소와 같은 다양한 영양성분이 필수적이다. 그렇지 않으면 나무와 식물은 정상적으로 성장하지 못하거나, 병충해로 시들거나 고사하게 된다.

현장의 안전 조직문화도 마찬가지다. 안전이라는 절대가치가 성장하기 위해서는 나무를 지탱하고 있는 뿌리가 튼튼하게 자리잡고 있어야 하고, 필요한 조직문화의 각각의 요소가 제대로 공급되어야 가능한 일이다.

청주공장의 우.지.할 조직문화는 **첫째, 현장중심 소통, 둘째, 기**

본준수, 셋째, 목표달성이다. 소통, 기본준수, 목표달성 문화라는 세 가지 요소와 함께 현장에서 탄탄하게 다져야 할 부분은 **3정 5S 와 안전제일**이다.

3정 5S는 제조공장 특성상 기본 중의 기본이자 기초체력이다. 정리정돈 청소가 되지 않는 현장은 그만큼 위험에 노출되기 쉽고, 품질 생산성 또한 제대로 성과를 낼 수 없다. 또한, '안전제일'은 결국 '사람제일'이라는 말이다. 작업 현장에서 지켜야 할 절대 행동수칙은 "안전하지 않으면 작업하지 말자"이다.

안전경영: 줄기와 잎에는...

뿌리 부분이 안전문화에 비유된다면 나무의 줄기 부분은 **안전 조직과 시스템**이다.

역할과 책임이 분명한 튼튼한 조직과 체계적인 안전시스템의 효과는 더욱 강력하다. 나무는 **뼈대가** 튼튼해야 외풍에도 흔들리지 않고 견딜 수 있다. 제조공장은 **안전사고 예방을 위한 체계적인 조직과 시스템을 구축**하고 **그것이 제대로 작동하고 유지될 수 있도록 수많은 노력을 해야 한다.**

부임 이후 청주공장에도 안전 환경에 대한 조직과 인원이 대폭 강화되었다. 안전 환경에 대한 높은 사회적 요구 수준과 전사 차원의 안전·환경 우선 경영의 영향이기도 하지만 청주공장은 계속되는 증설로 조직과 인력의 보강이 필요한 시점이었다. 안전환경팀을 안전보건팀과 환경파트로 구분하고 별도의 방재조직(방재실)을 신설해서 인원을 충원하였다.

안전경영: 만사(10004)OK 활동

다음은 **안전경영의 전략이자 핵심활동**이라고 할 수 있는 **만사** (10004)OK 활동이다. 전략이란 어떤 목표에 도달하기 위한 최적의 방법이다. 안전비전과 조직문화, 조직시스템 작동만으로 무재해 사업장을 만들기에는 부족하다. **목표를 달성하기 위한 구체적인 전략과 실행력이 확보**되어야 가능한 일이다.

현장은 움직이는 생물이다. 작업 여건에 따라 각종 위험에 노출되고, 예상치 못한 변수가 발생하여 기계가 가동 정지되는 위급한 상황을 만날 수 있다. 이러한 위험과 돌발적인 사고를 최소화하는 현실적인 방법은, 문제나 이슈를 선취하고 선행 대응하는 방법이 해결책이다. 사고 난 이후에 신속한 대응과 사후 처리는 결국 상처와 아픔일 뿐이다.

만사(100004)OK **활동은** 이러한 **문제를 해결하기 위한 사전적 위험요인 제거 활동이다.** 『**만사**(10004)OK』는 매월 **(100)건 이상 위험요인을 발굴하고 개선하여 무사고(04) 공장을 실현(OK)하자** 는 의미다. '모든 일이 뜻한 바대로 잘된다'라는 한자성어 만사형통(萬事亨通)과 숫자와 영문을 합성하여 만들었다.

만사(10004)OK 활동은 청주공장에 근무하는 모든 사람은 반드시 동참해야 한다. 임직원이든 상주 협력사 직원이든 청주공장을 출입하는 사람이라면 예외가 없다. 그래서 **만사**(10004)OK **활동의 주인공은 우리 모두이자 나 자신**이라고 생각해야 한다.

또한, 이 활동은 단기간 이벤트성 활동이 아니라 **일관성을 가지고 앞으로 계속 지속되고 반복되어야 하는 활동**이다. 변화와 혁신활동의 효과는 적어도 3년에서 5년이 지나야만 기대해 볼 수 있는 일이기 때문이다.

안전경영: 위험 제초작업과 방재작업

나무가 성장하는 과정에서도 많은 위험에 노출된다. 땅에는 무성한 잡초가 양분을 계속 빼앗고, 각종 해충이 수시로 줄기와 잎을 갉아 먹으려고 한다. 가뭄이 땅을 메마르게 하는가 하면 갑자기 닥친 태풍과 바람은 나무와 가지를 쉴 새 없이 흔든다. 새들과 벌레는 익어가는 열매에 끊임없이 다가와 눈독을 들인다. 하나의 맛있는 과실은 이렇듯 수많은 난관과 위험요소를 극복해야 비로소 맛볼 수 있다.

작업현장 또한 마찬가지이다. 무사고와 무재해라는 달콤한 성과를 맛보기 위해서는 현장에 잠재된 많은 위험요소와 수시로 직면하는 돌발상황에 대처해야 한다. 또 건강하고 튼튼한 조직과 안전시스템을 운영하기 위해서 환경의 변화에 따라 인력과 시스템을 보강하되, 현장에는 안전한 작업환경과 미흡한 안전장치를 개선하고 보완하는 투자를 지속해야 한다.

위험요인 발굴과 개선이 나무의 제초작업과 방재작업이라면 안전한 작업환경을 만드는 작업은 메마른 토양에 물과 비료를 주는 원리와 같다. 성숙한 과실을 얻기 위해 자연에서 벌어지는 제초작업과 방재작업, 추비와 물주기는 안전관점에서 바라보면 우리가 추진하고 있는 만사(10004)OK 활동과 같다.

안전교육: Safety School

안전교육은 안전의식 혈관에 꽂은 영양주사다. 바람에 흔들리고 병충해에 노출되어 몸살을 겪고 있는 나무의 누적된 피로를 한 방에 회복할 수 있도록 식물 영양제를 투여하는 이치와 같다. 하지만 교육은 휘발성이 있다. 아무리 감명 깊고 훌륭한 강의를 들었더라도 시간이 지나면 사람들의 기억 속에서 점점 사라져 간다. 그래서 교육학자나 심리학자들 사이에서도 교육을 통해 사람을 변화시킬 수 있느냐에 대한 효과성을 두고 찬반이 갈린다.

'안전은 아는 것 만큼 보인다.' 내부 위험요인을 발굴하고 문제를 개선하기 위해서는 안전에 대한 법규나 지식, 스킬이 필요하다. 안전에 대한 다양한 법규 변화나 기술 발전에 대해서 교육을 통해서 사고 예방과 안전시스템을 정교화하는 데 노력이 필요하다. 그래서 교육 효과의 지속성을 감안하여 어떻게 하면 효과적인 안전교육이 될 수 있을까 하는지에 대한 고민을 계속해야 한다.

안전교육은 콩나물시루에 물을 주는 것과 같다. 단기적인 효과만을 보고 교육을 하는 방식보다 장기적인 관점에서 지속적이고 꾸준하게 교육을 한다는 마음으로 접근해야 한다. 그러면 어느덧 콩나물시루에 콩나물이 자라듯 교육 효과가 점점 나타날 것이다. 서두르면 실패하고 조급해지면 효과가 보이지 않는다. 장기적이고 지속적인 차원에서 시작된 교육이 청주공장 Safety School(안전학교)이다.

청주공장 만사(10004)OK 무재해 나무를 설명했다. 물과 퇴비로 가꿔진 건강한 토양에 우.지.할 조직문화가 튼튼하게 뿌리 내리고 있다. 뿌리에서 빨아드린 물과 비료, 각종 영양 성분들은 나무의 밑 줄기에서 시작되는 안전시스템이 작동하여 자양분이 만들어지며 필터링 과정을 거쳐 삼투압 작용을 통해 위로 올려보낸다. 줄기와 가지를 통해 잎에 도달한 수분과 자양분은 안전경영에서 비춰주는 빛과의 광합성으로 건강하고 안전한 나뭇잎을 더욱 풍성하게 만든다. 이러한 과정에서 더 강력하고 빠르게 영양분을 높이 밀어 올리는 삼투압 작용과 각종 병충해와 잡초를 제거하는 일상적인 활동이 만사(10004)OK 활동이다.

02

안전경영 특강
"만사(10004)OK를 말한다."

특강 개요

- 일시: 2020. 5. 7 11:00~12:00
- 장소: 대강당
- 강사: 청주 총괄공장장
- 참석자: 공장장, 팀장, 파트장, 실장, Safety 엔지니어, 본사 환경안전담당부문장, 협력사 대표
- 행사명: 만사(10004)OK Jump−up K.O.M 행사

안전하십니까? 총괄공장장입니다.

만사(10004)OK 안전경영활동에 수고가 많습니다.

청주공장 안전경영 추진방향

제조공장에서 해야 할 미션의 우선순위는 무엇입니까?

생산, 품질, 수율, 원가절감입니다. 하지만 이보다 더 중요한 것이 있습니다.

생산제일이 아니고 안전제일이 되어야 합니다.

"사업이 안전에 우선할 수 없고 성과가 환경에 우선할 수 없습니다." Safety First, Business Follow가 되어야 합니다.

왜 그럴까요?

생각하기도 싫은 일이지만 만약, 우리 공장에서 중대재해가 발생한다면 어떤 일이 벌어질까요?

함께 했던 동료가 생명을 잃을 수 있고, 그가 부양하는 가족들과 주변인들이 감당할 수 없는 어려움을 겪을 수 있습니다.

사업 측면에서도 마찬가지입니다.

안전을 제대로 확보하지 못해 중대재해가 발생하면 과거와는 다른 환경과 사회적 챌린지가 우리 앞에 놓여질 것입니다.

우선 정부의 '가동중지' 행정명령이 내려질 가능성이 높습니다. 엄포용이 아닙니다. 이런 사례들이 속속 나오고 있습니다.

지난해 우리 공장과 가까운 OO제지에서 그런 일이 있었고, 우리가 즐겨 찾는 유명 생수회사를 포함한 몇몇 기업에서 그런 사례들이 발생했습니다.

청주공장에서 2개월간 조업이 중지되면 매출 0000억 영업이익 약 000억 이상의 손실이 발생됩니다.

이뿐만이 아닙니다. 한해 경영 목표달성 문제를 넘어 고객 문제와 사회적 압박이 이어질 것이고, 이에 따른 기업 이미지 실추와 더불어 회사 전체의 미래 생존 이슈로 직결될 수 있습니다.

'중대재해 발생은 곧 생존의 문제다'라는 사실을 몇 년 전 울산공장 사례를 통해서 우리는 똑똑히 경험했습니다.

12년 11월 16일

울산 OO 공장에서 화재가 발생했습니다.

4명의 사상자가 났고 그중 한 분은 애석하게도 사망했습니다. 240일간 설비 부동이 있었고, 복구 투자비용으로 000억 이상이 투입되었습니다. 사고가 없었다면 동일한 규모의 공장을 하나 더 확장할 수 있는 큰 금액입니다.

사고 발생 후 고객과의 납기 약속을 지키기 위하여 협력회사를 포함한 사외 긴급 생산시설을 확보하고 대체 생산을 통해 가까스로 해결했습니다.

혹한의 겨울 날씨와 열악한 임시생산시설에서 추위를 녹이며 혼신을 다해 해결했습니다. 울산공장 임직원들의 처절한 노력이 아직도 기억에 생생합니다.

그러나 그것이 끝이 아니었습니다.

우리 제품의 차별화 된 기술과 품질을 믿고 장기 독점계약 형태로 구매하던 핵심 거래업체가 리스크 관리를 위해 공급선 이원화 정책을 실시했습니다.

경쟁사가 진입하는 계기를 화재 발생으로 우리 스스로가 만들었습니다.

매년 수백억을 벌어주던 최고의 주력 제품이 사고일부터 수년

이 지난 지금, 수백억 적자를 내는 사업으로 추락하였습니다. 일주일에 며칠밖에 가동하지 못해 이제는 구조조정과 사업 존폐를 걱정하는 최악의 상황까지 와 있습니다.

좋은 품질과 합리적 가격, 높은 생산성이 우리의 현재와 미래를 절대적으로 담보하는 시절이 있었습니다.

지금도 그러한 기준에는 변함이 없습니다. 하지만 한 가지 더 중요한 사실이 있습니다.

앞에서 말했듯이 안전과 환경이 확보되지 않는 제품은 이제 더 이상 고객이 그것을 허용하지 않습니다.

이뿐만이 아닙니다. 이제는 국가나 사회로부터 강력한 제재와 함께 고객들로부터도 외면받을 수밖에 없는 시대가 되었습니다.

회사 내부적으로도 마찬가지입니다.

2016년 11월, 청주공장에서 발생한 중대재해 사망사고는 우리에게 참으로 큰 충격을 주었습니다.

늘 함께 했던 훌륭한 동료를 잃었고, 사업적으로는 사상 최대의 성과에도 불구하고 최악의 조직평가를 받았습니다. 그뿐만이 아니었습니다. 공장의 최고책임자는 보직해임되었고, 법적 책임도 져야 했습니다.

지난해 5월 1일부터 우리는 만사(10004)OK 안전경영 활동을 해 왔습니다. 그동안 수고 많으셨고 잘했습니다.

1년간 우리는 6천 건 이상의 위험요인을 발굴하여 개선하였고 임직원들의 안전의식 또한 높아졌습니다.

특히, 만사(10004)OK 활동 이전에는 20일마다 발생한 사고 주기가 활동 이후 120일로 대폭 개선되었습니다.

모두 다 여러분이 현장에서 활동한 결과이자 자랑할 만한 소중한 성과입니다. 이러한 작은 성공체험이 모인다면 우리가 소망하는 안전한 일터, 무재해 사업장으로 갈 수 있을 것이라고 확신합니다.

'우리 함께' 다시 만사(10004)OK 스크럼을 짜고

2020년 5월 1일을 기점으로 『만사(10004)OK Jump - up』 활동을 시작하고자 합니다.

1차 활동이 전원 참여 위험요인 발굴, 개선방식의 '양(量)적 실천 활동' 중심이었다면, Jump - up **활동은 '질(質)적 변화'로의 전환을 통하여 무재해 달성에 재도전**하는 연장선이라고 보면 됩니다.

한 마디로 **"발굴 건수는 줄이고 점검의 질은 높이자"**라는 활동입니다. 따라서 오늘 이 활동에 대해서 좀 더 구체적으로 설명하도록 하겠습니다.

만사(10004)OK 추진배경

먼저, 지난해 시작했던 만사(10004)OK 활동에 대한 전반적인 추진배경과 개요를 다시 한번 설명하겠습니다.

요즘 시대를 일컬어 뷰카시대(VUCA)라고 합니다.

VUCA는 변동성(Volatility), 불확실성(Uncertainty), 복잡성(Complexity), 모호성(Ambiguity)의 약자입니다. 즉, 변화무쌍하고 불확실하며 복잡하고 모호한 현대의 사회 환경을 말합니다. 이 용어는 1990년대 초반 미국 육군 대학원에서 처음 사용되기 시작했다고 합니다.

이러한 VUCA 시대에는 개인이나 기업에 요구하는 법적 사회적 기준이 더 엄격해지고 높아집니다.

잘 아시다시피 우리나라에서도 최근 환경 안전에 대한 법적 기준과 사회적 요구 수준이 더욱 강화되고 있습니다.

문재인 정부의 공약 중 하나가 임기 內 사망률 50% 줄이기입니다. 자살, 교통사고, 산재사고를 대폭 줄여서 전체 사망률을 50% 줄이자는 것입니다. 정권의 공약을 넘어 공감이 됩니다. 또 정부가 해야 할 바람직한 정책 방향이라고 생각됩니다.

그렇지만 기업 입장에서는 산재 사고율 감소는 반가운 일이지만 실행 측면에서는 부담스러운 것 또한 사실입니다. 그렇지만 반드시 해야 할 일입니다. 산재 사망률 감소에 대한 정부의 강력한 정책 시행은 산업현장의 안전사고 예방 활동에도 더욱 많은 Challenge가 있을 것입니다. 따라서 중대재해 발생 시 과거에는 경험하지 못했던 숯 '공장 가동 정지'라는 엄청난 리스크도 현실이 되었습니다.

안전과 환경이 확보하지 않는 비지니스는 이제 더 이상 성공할 수 없는 시대가 온 것 입니다.

둘째는 사고 발생 내용입니다. 2015년부터 공장의 안전사고가 다시 증가했습니다.

2009년부터 2019년까지 청주공장은 생산시설이 아닌 사고예방을 위해서 안전 바(Bar)와 Blocking system과 같은 안전시설과 환경분야에 100여 억 원 이상을 투자했습니다. 그 결과, 과거에 자주 발생했던 협착사고나 베임사고 등 공정 내에서 발생하던 사고는 대폭 줄었습니다.

공정 내 사고는 줄어든 반면, 사고 건수는 2017년부터 다시 증가했습니다.

특히, 사고 내용 중 주목할 사항은 공정 외 사고가 대폭 늘어났다는 현상입니다. 3년간 전체 사고의 70%가 공정 內가 아닌 공정 外에서 발생했다는 사실을 살펴보면 과거와는 달리 설비, 시스템, 작업환경의 문제가 아니라 임직원들의 안전의식에 대한 문제로 귀결됩니다.

셋째는 우리 공장의 인적 구성입니다.

2020년 5월 현재 평균 근속 3년 미만 사원이 50%를 넘었습니다. 지금까지 우리 회사의 성장과 발전을 가져오게 만들었던 베이비부머 선배세대들이 은퇴하고 있습니다.

또 다른 30년 이상 우리 공장 미래를 이끌고 갈 새로운 주역들이 매번 수십 명씩 입사하고 있다는 말이겠지요. 안전 측면에서 큰 시사점을 주고 있습니다.

직무지식과 경험이 부족한 주니어 사원들이 작업현장의 위험에 노출될 수밖에 없고 사고 개연성이 높아진다는 것입니다.

전문지식은 학교에서 배워올 수 있지만, 경험은 단시간에 확보할 수 있는 것이 아닙니다. 따라서 현장에서 이들이 작업을 수행할 때 안전사고 위험에서 보호하고 제대로 적응할 수 있도록 세심한 관심과 지도를 해야 합니다.

만사(10004)OK 안전경영 활동방향

다음은 안전경영에 대한 원칙, 철학, 가치관, 행동수칙에 대해 말씀드리겠습니다.

먼저 '그룹 안전 환경 원칙'입니다.

지난해 제정된 '그룹 안전 환경 원칙' 핵심을 정리하면 **'모든 법적기준을 준수하며 안전은 경영의 경제성과 효율성에 우선한다'** 입니다. 또한 **'안전 환경 기준을 지킴에 있어 임직원 모두가 예외 없이 준수해야 하고 이에 따른 모든 불편을 감수한다'**는 내용입니다. 요약해서 한마디로 말하면 **"사업이 안전에 우선할 수 없고 성과가 환경에 우선할 수 없다"**라는 말이라고 생각됩니다.

다음은 공장을 책임지고 있는 총괄공장장으로서 안전경영에 대한 저의 소신과 철학을 말씀드리겠습니다.

"조직 최고책임자가 무재해에 대한 진정성과 강력한 의지로 지속적이고 일관되게 현장에서 계속 또 계속 안전리더십을 발휘하면 무재해는 반드시 달성된다"입니다. 현장 조직책임자이자 안전관리 감독자인 리더들의 **진정성 있는 안전리더십**이 정말 중요합니다.

'우리 함께 지킬 건 지키고 할 건 하자'라는 「우.지.할 문화」 **행동수칙 준수에 솔선수범해야 합니다.** 현장 작업자가 '절대 안전 행동수칙'을 반드시 지킬 수 있도록 시스템화하고 의식이 변할 수 있도록 지도해야 합니다. 안전하지 않으면 작업하지 말아야 합니다. 이러한 **변화관리와 혁신은 적어도 3년에서 5년을 지속적이고 일관되게 해야 합니다. 핵심은 '지속성과 일관성'입니다.**

2019년, 1단계 만사(10004)OK 활동성과는?

지난해 5월부터 시작한 만사(10004)OK 1단계는 양적 활동을 기반으로 했습니다.

Top-down 방식의 Boom-up 단계라고 말할 수 있습니다. 모든 구성원이 참여하여 **매월 (100)건씩 현장의 위험요소를 발굴·개선하여 무재해(04)를 달성(OK)하자**는 활동이었습니다.

현장 전문기술직 사원 및 협력사 임직원, 사무기술직 현장순찰 활동, 일·당직자 위험요인 발굴, 高 위험설비 및 전문 기술팀의 활동을 통하여 무재해 일수를 6배로 증가시키는 작은 성공체험을 하였습니다.

과거 3년간 20일마다 발생하던 사고빈도는 120일로 늘어났습니다. 지난달 설문조사에서 임직원들의 안전의식 또한 상당 폭 개선되었습니다. 모두 고생하셨고 잘하셨습니다. 이 자리를 빌어 공장 총괄책임자로서 '고맙고 감사하다'는 말씀을 드립니다.

2020년, 만사(10004)OK Jump를 말한다.

지금부터 시작하는 Jump-up 단계는 양적 활동에서 질적 향상 활동입니다. 지난해와 달리 Top-down 방식에서 Bottom-up 방식으로의 전환이 필요합니다. Jump-up 단계를 거친 후 제대로 된 성과를 낸다면 우리는 계획된 그 다음 단계인 성숙단계로 갈 수 있습니다.

이 단계는 만사(10004)OK 활동이 임직원들에게 행동 습관으로 체화되고 구성원의 자발적 동참으로 청주공장만의 고유한 안전문화로 정착되어 시스템적으로 작동하는 단계입니다. 거기가 우리 여정의 종착지입니다.

만사(10004)OK Jump – up 주요 활동에 대해서 구체적으로 말씀드려 보겠습니다.

2020년 안전경영 슬로건은 "YES! **만사**(10004)OK"입니다. 지난해와 변함이 없고 앞에 YES만 추가되었습니다.

YES란 Y: You & I, E: Environment, S: Safety**를 의미하며, 청주공장의 환경안전 YES라는 긍정의 의미가 담겨있고, 만사**(10004)OK**의 OK라는 말과 일맥상통하는 뜻입니다.** 다시 한번 정리해 보면 **"우리 모두 환경안전에서 월 (100)건 이상 위험요소를 점검, 발굴, 개선하여 무재해(04)를 달성(OK)하자"**는 청주공장의 '전원 참여형 안전 확보 One – team 활동'입니다.

주요한 3가지 활동은

① **안전소통 향상**

② **위험요소 점검 · 발굴 · 개선 활동**

③ **비상 대응역량 강화입니다.**

먼저, **「현장 중심의 쌍방향 소통활동을 강화」**로 안전의식을 더욱 **높이도록 하겠습니다.**

지난달 임직원 대상 설문조사가 있었습니다. 설문조사 결과 만사(10004)OK 활동과 안전의식에 대한 긍정평가가 많았습니다. 이와 더불어 리더와 현장 사원 간 안전소통이 더 필요하고 활동기간 동안 성과나 우수사례에 대한 공유가 부족하다는 의견도 있었습니다. 동감합니다.

월 1회 「총괄공장장의 안전 메시지」를 통해 임직원과 더 자주 소통하도록 하겠습니다. 팀장, 단위 공장장, 총괄공장장의 One on One Meeting을 통해 안전소통 기회를 더 높이도록 해야 합니다.

지금까지 Off－line 방식이나 사내 전자게시판을 통한 홍보방식에서 SNS 등을 활용한 다양한 방법을 통해서 소통의 기회를 강화하겠습니다.

둘째는 「**위험요소 발굴 개선 활동 지속**」입니다.

지금까지의 만사(10004)OK 활동을 지속하겠습니다. 다만 건수 지향방식의 양적 활동에서 벗어나 해당 공장별 맞춤형의 질적 향상 방식으로 전환이 필요합니다. 이러한 활동으로 전 사원이 자발적으로 동참하도록 하는 선순환 시스템 체계가 심화되도록 해야 합니다.

현장 전문기술직은 월 100건 위험요소를 점검, 발굴, 개선하는 활동과 실별 Big 테마과제 개선활동을 합니다.

지난해부터 안전교육 방식에서 큰 변화가 있었습니다. 과거 관행적인 교육을 중단하고 공장 가동정지 후 실제 집체교육 방식으로 전환했습니다. 임직원들의 설문조사에서도 교육방식의 변화에 있어서 큰 의미를 부여하고 있습니다.

더 효과적이고 체감하는 안전교육으로의 Jump－up이 필요합니다. 일(一)방향의 강의식 교육에서 사원이 주도적으로 경험하며 체험방식이나 토론식 교육으로 전환하도록 해야겠습니다. 보다 실질적이고 효과적인 안전교육 방법에 대해서 관련 팀에서는 고민하여 주시기 바랍니다.

노동조합과 공동으로 실시하는 노사합동 안전점검은 월 1회 계속 실시하고, 분기 1회 안전공동 캠페인 활동을 지속하겠습니다. 특히, 지난해 제정했던 청주공장 '8대 절대 안전 수칙'에 대해서는 실질적인 실행력을 확보하기 위한 노사공동의 노력이 요구됩니다.

순번을 정해서 공장 전역을 순찰을 하며 위험요인을 발굴하던 '사무직 환경안전 순찰'은 기본준수 캠페인의 연장선상에서 「테마별 기본준수 점검」으로 전환하겠습니다. '일·당직 위험요소 발굴 활동'은 지난 한 해 동안 의미 있는 성과를 가져왔다고 생각합니다.

2020년도 더 집중하고 강화해야 할 활동은 「**高위험 공정·설비에 대한 전문팀 심화 활동**」입니다.

생산·기술·설비·안전·환경부문의 전문가들이 모여 우리 공장의 高위험 공정과 설비에 대한 점검을 강화하도록 하겠습니다. 실질적인 점검 효과가 최대화되도록 교육과 훈련, 타사 벤치마킹을 통해 설비 및 공정 역량을 높이는 노력을 해야 합니다.

필요하면 외부 전문가를 초빙하거나 LG화학이나 먼저 경험과 역량을 확보한 회사와의 공동 활동을 통해 자기 완결형 Risk management 역량을 확보해야 합니다.

셋째, 비상상황 발생 시 「자기완결형 대응체계를 구축」하는 것입니다.

지금까지 만사(10004)OK 활동으로 위험요인 점검, 발굴, 개선을 통해서 무재해 사업장을 만들자고 했습니다.

그렇다면 과연 완벽한 무재해라는 것은 가능한 것일까요?

무재해는 이상적인 목표치입니다. 안전·환경에 대한 첨단 과학기술이 발달하고 시스템적으로 안전한 작업환경을 유지하더라도 완벽한 무재해란 있을 수 없습니다.

왜 그럴까요? 거기엔 사람이 있기 때문입니다.

인간은 본질적으로 실수를 할 수밖에 없습니다. 행동심리학자의 연구에 의하면 사람은 **하루 평균 13~15회 정도 실수한다**고 합니다. 다만 그것이 나쁜 결과로 나타나지 않기 때문에 여러분이 인지하지 못하고 있는 것입니다. 예를 들어 횡단보도나 거리에서 순간의 실수가 다른 위험요인과 연결이 되어 나타나는 결과가 바로 사고라고 생각하면 됩니다.

그렇다면 어떻게 해야 할까요?

누구나 실수할 수 있고 어떤 조직이든 재해가 발생할 수 있다면 해야 하는 대응방식은 무엇일까요?

사고는 발생할 수 있지만 사고의 크기는 그 조직이나 사회의 대응역량에 따라 달라집니다. 이러한 대응역량이 안전역량입니다. 사고나 재해가 나더라도 이것에 대한 크기를 줄일 수 있는 역량을 높여야 합니다.

우리 공장도 마찬가지입니다. 지금처럼 안전사고 예방을 위한 다양한 활동에도 불구하고 사고 위험은 늘 우리 곁에 있고, 사고는 불가피하게 발생할 수 있습니다.

사고 초기 단계의 신속한 초기 대응능력을 높이기 위해 공장 「합동 소방기동대」를 운영하겠습니다. 편성된 소방기동대의 역할과 임무를 명확히 하고 반복적인 교육과 훈련을 통해서 비상상황 발생 시 초기 대응능력을 확보하도록 하겠습니다.

소방기동대는 해당 기능별, 교대조별로 안전팀 방재요원, 설비팀 PM요원, 보안실, 유틸리티센터 교대근무자들을 대상으로 합동으로 구성됩니다. 무전기와 비상 연락망을 통해 실시간 연락과 상황전파가 가능해야 합니다.

종합 비상상황 훈련 방식에 대해서도 대폭적인 변화가 필요합니다. 지금까지의 비상대응훈련은 사전에 정해진 시간과 장소에서 정해진 시나리오에 따라서 실시해 왔습니다. 하지만 재해는 정해진 시간과 장소에서 발생하지 않습니다. 더군다나 사고 발생의 통계를 보면 주간이나 정상근무시간이 아닌 취약시간대라고 할 수 있는 주말, 심야시간대에 다수 발생하고 있습니다.

어떤 상황하에서 사고가 발생하더라도 365일 24시간 어느 때나 즉각적인 대응이 가능하도록 불시 소방훈련을 단위 생산팀과 지속 반복적으로 실시해야 합니다. 더불어 관리감독자들 대상으로 공장 비상 연락망 가동과 비상상황 대응훈련을 불시에 소집하도록 하겠습니다. 일상에서 건전한 긴장감이 중요합니다.

'훈련은 실전처럼, 실전을 훈련처럼'하는 것이 중요합니다.

안전 · 환경의 주인공은 당신입니다.

오늘 행사장에 오는 중에 국기 게양대를 보신 분이 있는지요? 아니면 평소에 국기 게양대에 어떤 깃발이 게양되어 있는지 관심을 가지신 분이 있는지요?

본관 앞에 국기 게양대에는 5개의 기봉이 있습니다.

태극기와 그룹기가 나란히 게양되어 있고, 그 옆에 6 – 시그마 깃발이 보일 겁니다. 그 옆에 또 하나의 깃발이 있습니다.

무엇일까요? 바로 '초록색'의 무재해기가 펄럭이고 있습니다. 보신 적이 있는지요? 대부분 인지하지 못했을 것입니다.

"안전은 관심을 가지는 만큼 알게 되고, 아는 것만큼 개선할 수 있습니다."

국기 게양대에 걸려있는 무재해기를 끌어내려서 작업현장의 모든 사람이 볼 수 있도록 펄럭이게 해야 합니다.

사무실 액자 속에 갇혀 있는 '안전보건 방침'과 '회사 안전·환경 원칙'을 현장에 녹아들게 해야 합니다. 노사합동으로 천명했던 '절대 안전수칙'을 현장에서 살아 숨 쉴 수 있도록 행동해야 합니다. 기억 속에서 점점 사라져가는 안전사고에 대한 그날의 아픈 상처를 기억해야 합니다.

안전하지 않으면 작업하지 말아야 합니다.

그래서 사람을 먼저 보아야 합니다. 그러면 안전한 일터가 보입니다. 그 중심에 여러분이 있습니다. 우리는 서로에게 용기이자 무재해에 대한 희망이며 안전경영의 견인줄입니다.

"안전·환경의 주인공은 바로 당신입니다."

긴 시간동안 경청해주셔서 감사합니다.
감사합니다.

2020. 5. 7
청주 총괄공장장 이성호

03
안전경영 메시지

#1 작은 성공체험이 또 다른 큰 성공체험을 만듭니다.

청주공장 임직원 여러분 안녕하십니까?

지난 11월 20일부로 무재해 120일을 달성하였습니다.

"정말 수고하셨고 잘하셨습니다."

지난 5월 1일부터 시작한 "만사(10004)OK 안전 확보 활동"에 구성원 모두가 동참하여 우리 스스로가 이루어 낸 값진 성과입니다.

무재해와 안전한 일터확보라는 당면과제에 대해서 노사가 따로 없었고, 임직원과 파트너사인 사내협력업체 구성원 전원이 실천으로 함께한 시간이었습니다.

"안전하지 않으면 작업하지 말자"는 캐치프레이즈 아래, 현장에는 1개월에 공장별 (100)건 이상의 위험요인을 발굴·개선하여 무사고(04)를 달성(OK)하자는 "만사(10004)OK 활동"이 전개되었고, 임직원은 물론 사내협력업체와 공사도급업체에 대한 특별안전교육도 실시하였습니다.

특히, 노사 간 공감을 통해 3/4분기 산업안전보건위원회에서 **"청주공장 절대 안전수칙"**을 제정하고, 이에 따른 실행력을 높이기 위한 '노사합동 안전 확보 캠페인' 활동도 이어졌습니다.

또한, 안전환경팀과 생산·기술팀의 전문가 집단이 高위험설비에 대한 예방 차원의 "안전 확보 심화점검활동"을 주기적으로 실시하고 있습니다.

더불어 사무기술직 사원들은 개인별 순번을 정해서 실시하는 "일일 안전 확보 패트롤 활동"과 야간과 주말 취약시간에 현장 순찰을 통한 "일·당직근무자 위험요인 발굴" 활동으로 24시간 全방위적인 만사(10004)OK 활동 체제를 유지·운영하고 있습니다.

이런 **다양한 활동과 전원동참 만사(10004)OK 활동으로 상반기에 발생한 다수의 산재사고와 화재사고 등은 지난 5월 이후로 발생 건수가 줄어들었습니다.**

그래서 지난 11월 20일에는 1차 목표인 120일 무사고라는 소중한 성과를 만들어냈습니다. 또한, 최근에 실시한 '안전의식과 조직문화에 대한 설문조사' 결과 우리 사원들이 안전에 대한 중요성과 만사(10004)OK 활동 및 안전우선 인식이 높아지고 있다는 사실은 어떠한 성과보다도 더욱 의미 있고 값진 성과라 말할 수 있습니다.

임직원 여러분!!

"작은 성공체험은 또 다른 성공체험을 만들어냅니다."

이번 성공체험에서 얻은 자신감과 무재해 실현에 대한 간절한 마음을 모아서 무재해 1배수 달성(180일)을 위해 새로운 도전을 시작하고자 합니다.

더 나아가 궁극적으로는 "先 안전확보 後 작업"이라는 안전우선 문화정착을 통해 사고로부터 나 자신을 보호하고 지켜내는 건강하고 행복한 일터를 만들어내야 합니다.

지난 2009년 이후로 청주공장은 생산시설이 아닌 안전 확보 설비투자에 100억 이상을 투자하였습니다. 이런 투자금액은 청주공장의 개별 생산 공장을 추가로 더 증설할 수 있는 수준의 큰 금액입니다.

앞으로도 안전 확보와 무재해를 실현하기 위한 투자는 회사 경영의 우선순위로 고려될 것이고, 구성원들의 안전의식 변화를 위한 교육은 지속적으로 계속될 것입니다.

최근 그룹차원에서 정해진 그룹 안전 환경 원칙에서도 이러한 "안전 최우선경영"에 대한 명확한 방향과 의지를 단적으로 보여주고 있습니다.

청주공장 사우 여러분!!

"안전은 기본입니다. 안전하지 않으면 작업하지 말아야 합니다."

사업이 안전에 우선할 수 없고 기본을 지키지 않고 만들어낸 결과는 선(善)이 아니라 독(毒)이 되어 돌아옵니다. 안전에는 어설픈 타협이 있어서는 안 되고, 안전 확보를 위해서는 어떠한 불편도 감수하는 노력과 인내가 필요합니다.

안전과 기본준수는 누가 시켜서 하는 것이 아니라 스스로 떳떳해지고 나에게 당당해져야 합니다. 회사를 위한다는 생각, 성과와 목표달성을 위한다는 생각으로 기본과 원칙을 지키지 않는 행동은 이제 더 이상 용납되지 않는 과거의 잘못된 관행이자 고쳐져야 할 대상입니다.

무재해 사업장은 회사의 안전에 대한 확고한 방침과 선행적이고 적극적인 투자가 필요합니다. 하지만 더 중요한 것이 있습니다. 무엇보다도 임직원들의 안전의식 변화가 가장 중요한 선결요소입니다.

안전에 대한 회사의 적극적인 투자와 임직원들의 안전의식 변화 노력이 모여서 멀지 않는 시기에 우리가 소망하는 무재해 사업장이 실현되도록 각자의 자리에서 최선을 다해주시기 바랍니다. 그 대열의 최일선에서 저부터 먼저 솔선수범하겠습니다.

쌀쌀한 날씨에 건강에 유념하시고 가정에 행복이 충만하시기를 빌겠습니다.

감사합니다.

2019. 11. 25.
청주 총괄공장장 이성호

#2 사업이 안전에 우선할 수 없고, 성과가 환경에 우선할 수 없습니다.

청주공장 임직원 여러분 안녕하십니까?

지난해 5월 1일부로 시작했던 만사(10004)OK 활동이 1년을 맞았습니다. 정말 수고하셨고 잘하셨습니다.

"만사(10004)OK 활동"은 무재해와 안전한 일터를 만들기 위한 청주공장만의 '전원 참여형 One–team 활동'입니다.

"안전하지 않으면 작업하지 말자"라는 캐치프레이즈 아래,

1. 月 100건 이상의 위험요소 발굴, 개선

2. 사무직 환경 · 안전순찰

3. 일 · 당직자 위험요소 발굴, 개선

4. 高 위험공정/설비 심화점검 활동을 통해서

안전경영에 대한 작지만 값진 성공체험을 하였습니다.

노사가 따로 없었고, 공장 직원과 파트너사인 사내협력업체 구성원 전원이 실천으로 함께한 시간이었습니다.

활동 기간 동안 위험요소 6,047건을 발굴 · 개선하여 현장은 보다 안전한 작업장으로 변화되어 가고 있습니다.

사고는 감소했고, 무재해 일수는 6배 증가, 사고빈도는 20일에서 120일로 개선되었습니다.

지난 4월 초에 실시한 임직원 대상 설문조사에서도 이에 대한 긍정평가와 더불어 임직원들의 안전의식이 더욱 높아지는 의미 있는 결과를 보여주고 있습니다.

임직원 여러분!!

"사업이 안전에 우선할 수 없고, 성과가 환경에 우선할 수 없습니다."

'先 안전 後 작업'이라는 안전우선문화를 정착해야 합니다.

사고로부터 나 자신을 보호하고 안전하고 행복한 일터를 만들어야 합니다.

무재해 사업장을 달성하기 위한 조건은

1. 최고책임자의 무재해에 대한 진정성과 강력한 의지,

2. 관리감독자들인 리더의 솔선수범 안전리더십,

3. 기본을 준수하는 현장 구성원들의 실행력입니다.

무엇보다 중요한 것은 무재해 운동에 대한 정책의

4. 지속성과 일관성입니다.

지난 1년간의 활동경험과 성공체험을 바탕으로 안전한 일터에 대한 간절함을 모아서 [YES! **만사**(10004)OK Jump−up] 활동을 시작하고자 합니다.

우선, 「현장중심 '우.지.할' 소통」을 더욱 강화하겠습니다.

안전경영에 대한 회사의 의지와 방향을 제시하는 메시지를 강화하고, 공장별 One on One(1:1) 미팅과 안전소통 간담회를 확대하겠습니다.

또한, 공장 內 활동 우수사례와 안전의식 제고를 위한 컨텐츠를 SNS 등을 통해 소통하도록 하겠습니다.

둘째, 「전원 참여형 잠재위험 요소 발굴, 개선작업을 심화」하겠습니다.

잠재적 위험요소를 제거하는 만사(10004)OK 활동은 지속하겠습니다.

하지만 건수보다는 실질적이고 효과적인 방법으로 先순환될 수 있도록, 주체별, 기능별, 역할별 활동을 Review하고, 시스템적으로 작동되도록 보완하겠습니다.

셋째, 「자기 완결형 비상대응 체계를 구축」하고 역량을 높이겠습니다.

사고 예방을 위한 다각적인 노력에도 불구하고 사고는 일어날 수 있습니다.

만사(10004)OK Jump−up을 통해 사고 발생 시 초기에 진압

할 수 있는 기능별 합동 '소방기동대'를 편성하여, 교육·훈련을 통해 비상대응역량을 확보하겠습니다.

함께하는 청주공장 임직원 여러분!!

안전과 기본준수는 누가 시켜서 하는 것이 아니라 스스로 떳떳해지고 나에게 당당해져야 합니다.

'우리 함께 지킬 건 지키고 할 건 하는 우.지.할 조직문화'를 통해서 우리가 소망하는 청주공장의 꿈이 이루어질 수 있도록 자발적, 주도적인 동참을 부탁드립니다.

혼자서는 할 수 없지만 함께라면 할 수 있습니다.

"안전은 기본입니다. 안전하지 않으면 작업하지 말아야 합니다."
"청주공장 환경 안전의 주인공은 당신입니다."

감사합니다.

2020. 5. 1.
청주 총괄공장장 이성호

#3-1 환경 · 안전의 주인공은 당신입니다 ㅣ

"안전하지 않으면 작업하지 말아야 합니다."

사업이 안전에 우선할 수 없고, 성과 또한 환경에 우선할 수 없습니다. 회사를 위한다는 생각으로 기본과 원칙을 지키지 않고 만들어낸 결과는 선(善)이 아니라 독(毒)이 되어 돌아옵니다.

안전은 사회 구성원을 지키는 최소한의 울타리이며, 조직에서 개인이 해야 할 기본 책무입니다. **환경안전에 어설픈 타협이 있어서는 안 되며, 안전 확보를 위해서는 어떠한 불편도 감수하는 노력과 인내가 필요합니다. 안전과 기본준수는 누가 시켜서 하는 것이 아니라 스스로 떳떳해지고 나에게 당당해져야 합니다.**

회사의 안전수준은 안전을 바라보는 구성원의 눈높이를 넘지 못하며, 안전은 아는 만큼 보이고 보이는 만큼 개선할 수 있습니다.

청주공장은 2019년부터 '안전우선문화' 정착을 위해 '만사(10004)OK' 활동과 '우.지.할' 안전문화 캠페인을 추진해 오고 있습니다. **'만사(10004)OK'란 매월 (100)건 이상 현장 위험요소 점검·발굴·개선을 통해서 무사고(04)를 달성(OK)하자는 전원 참여형 안전확보 활동입니다.**

『우.지.할』은 '우리 함께, 지킬 건 지키고, 할 건 하자'라는 청주공장만의 조직문화 캠페인입니다. 지금도 현재진행형인 이 활동을 통해 위험요소로부터 나를 보호하고, 우리가 바라는 안전한 작업환경을 만들 수 있습니다.

지금 근무하는 작업 현장은 안전하십니까?

안전하지 않으면 '먼저 안전을 확보하고 나중에 작업'해야 합니다. 그것이 진정한 성과를 내는 현명한 업무처리 방식이며, 나를 사고로부터 보호하는 안전조치입니다. 그 실천의 중심에 여러분이 있고 **환경안전의 주인공은 바로 당신입니다.**

안전을 위해 '우리 함께, 지킬 건 지키고, 할 건 하는' LG 하우시스인이 됩시다.

감사합니다.

#3-2 환경 · 안전의 주인공은 당신입니다 II

전사 안전환경 메시지 中

Safe Way Right Way 안전한 방법이 옳은 방법입니다

환경안전 Message | 청주공장 이성호 총괄공장장
환경안전의 주인공은 당신입니다.

Safe Way Right Way

안녕하십니까? 청주 이성호 총괄공장장입니다. 코로나19와 추운 날씨에 건강 잘 챙기시고 안전하시기 바랍니다.

안전에 대한 시대적 사회적 요구가 점점 높아지고 있습니다. 이제 기업에서 환경안전 문제는 피해가야 할 이슈가 아니라 경영의 선결조건이자 생존의 문제가 되었습니다.

"안전하지 않으면 작업하지 말아야 합니다."

사업이 안전에 우선할 수 없고, 성과 또한 환경에 우선할 수 없습니다. 회사를 위한다는 생각으로 기본과 원칙을 지키지 않고 만들어낸 결과는 선(善)이 아니라 독(毒)이 되어 돌아옵니다.

안전은 사회 구성원을 지키는 최소한의 울타리이며, 조직에서 개인이 해야 할 기본 책무입니다. 환경안전에 어설픈 타협이 있어서는 안되며, 안전확보를 위해서는 어떠한 불편도 감수하는 노력과 인내가 필요합니다. 안전과 기본준수는 누가 시켜서 하는 것이 아니라 스스로 떳떳해지고 나에게 당당해져야 합니다.

회사의 안전수준은 안전을 바라보는 구성원의 눈높이를 넘지 못하며, 안전은 아는 만큼 보이고 보이는 만큼 개선할 수 있습니다.

청주공장은 2019년부터 '안전우선문화' 정착을 위해 **'만사(10004)OK'** 활동과 **'우.지.할'** 안전문화 캠페인을 추진해 오고 있습니다. **'만사(10004)OK'**란 매월 (100)건 이상 현장 위험요소 점검·발굴·개선을 통해서 무사고(04)를 달성(OK)하자는 전원 참여형 안전확보 **활동**이며, **'우.지.할'**은 '**우**리 함께, **지**킬 건 지키고, **할**건 하자'라는 청주공장만의 조직문화 캠페인입니다. 지금도 현재진행형인 이 활동을 통해 위험요소로부터 나를 보호하고, 우리가 바라는 안전한 작업환경을 만들 수 있습니다.

지금 근무하는 작업현장은 안전하십니까?

안전하지 않으면 '먼저 안전을 확보하고 나중에 작업'해야 합니다. 그것이 진정한 성과를 내는 현명한 업무처리 방식이며, 나를 사고로부터 보호하는 안전조치입니다. 그 실천의 중심에 여러분이 있고 환경안전의 주인공은 바로 당신입니다.

안전을 위해 **'우리 함께, 지킬 건 지키고, 할건 하는'** LG하우시스인이 됩시다.

감사합니다.

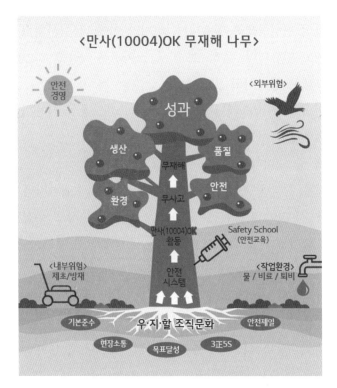

"환경안전의 주인공은 당신입니다"

#4 당신은 청주공장의 '스몸비족'인가?

'스몸비족'이란 '스마트폰'과 '좀비'를 합성한 신조어로 스마트폰에서 눈을 떼지 못하고 걷는 사람을 일컫는 말입니다.

여러분은 지금 어떻습니까?

디지털 기술혁명이 일상의 많은 것을 스마트폰 속으로 끌어들여 생활의 편의성을 높였습니다. 하지만 이에 따른 사회적 부작용도 커지고 있습니다. 특히, 보행 중 스마트폰 사용으로 인한 사고 건수가 대폭 증가하고 있습니다.

우리 공장에서도 지난해 말 보행 중 스마트폰을 사용하다가 지게차와 추돌한 사고가 실제로 발생되었습니다.

보행 중 시야각은 120도 정도라고 합니다.

사람은 시각을 통해서 90% 정도의 정보를 수집하지만 스마트폰 사용 시 시야 각도는 10도 미만으로 좁아져 정보 수집량이 절반으로 줄어듭니다. 그래서 다가오는 차량이나 앞에 있는 장애물을 보지 못해 사고가 일어날 가능성이 높아집니다.

스마트폰을 스마트하게 사용하면서 사고 예방을 하는 효과적인 방법은 무엇일까요?

첫째, 보행 중에는 사용하지 않는 것이고, 둘째, 불가피하게 사용할 경우 멈춰서 하되 사용 후에는 호주머니에 넣는 것입니다.

지난 9월부터 '그린보드'와 '위하여' 대표들이 "**보행 중 스마트폰 사용은 멈춰서**"라는 캠페인을 전개하고 있습니다. 설문조사, 홍보 동영상 제작, 도로 위 안내 표지 설치, NEGO 왕 전원동참 서명 캠페인 등 다양한 활동이 이어지고 있고, 앞으로 진행될 내용이 무엇인지 기대가 되기도 합니다.

이 캠페인 활동에 수고하고 있는 분들에게 고맙고 감사를 드리며 이러한 활동결과로 청주공장에 작은 변화가 나타나고 있습니다.

보행 중 스마폰을 보며 걷는 사람이 줄었고, 보행 중에 무의식적으로 스마트폰을 보면서 걸어가려는 동료에게 캠페인을 환기시키거나, 스스로 멈춰서 스마트폰을 보고 주머니에 넣는 사원들의 모습도 보였습니다.

반가운 일이자 바람직한 방향입니다.

우리는 다치지 않아야 합니다.

내 주변에 있는 위험요소가 사고로 연결될 수 있는 어떠한 경우에도 이를 차단하고 멀리해야 합니다.

그것이 나를 지키고 사고로부터 우리를 보호하는 현실적인 대안입니다. 청주공장에는 100여 대가 넘는 지게차가 있고, 하루 3~500여 대 이상의 차량이 출입하고 있습니다. 따라서 보행 중 스마트폰 사용은 그만큼 사고로부터 나를 노출시키는 위험한 행동이 될 수 있습니다.

나를 위해서 나의 안전과 내 가족의 행복을 위해서 "보행 중 스마트폰 사용은 멈춰서" 캠페인에 적극적으로 동참해서 실천으로 화답해주시기 바랍니다.

여러분의 작은 실천 하나가 안전한 청주공장과 우.지.할 안전 문화를 만들어 가는 데 큰 힘이 됩니다.

"안전의 참된 가치는 실천하는 것입니다."

사고 위험요인에 노출되는 '스몸비족'이 될 것인가?

스마트폰을 스마트하게 사용하면서 나의 안전지킴이가 될 것
인가? 행동으로 보여주시기 바랍니다.
감사합니다.

2020. 11. 11
청주 총괄공장장 이성호

#5 유쾌한 변화이야기: 안전경영 메시지

119 유쾌한 변화 이야기 총괄공장장 안전경영 메시지

안전, 위험커뮤니케이션이 답이다

'위험커뮤니케이션'이란 위험을 회피하지 않고 적극적으로 소통하고 공유함으로써 위험을 관리하고 대처하는 과정이자 기술입니다.

위험은 작업 현장에서 필연적으로 발생합니다. 피할 수 없는 게 위험이라면 위험을 피하는 최적의 방법은 위험요소를 사전에 발굴하고 차단하는 것입니다. 이는 청주공장이 2019년부터 3년째 추진하고 있는 만사 (10004)OK 안전확보 활동과 맥락을 같이 합니다.

'위험커뮤니케이션'을 활성화하기 위해서는 어떻게 해야 할까요?
먼저, **작업현장에서 인지한 위험요소에 대해서 서로 편안하고 솔직하게 이야기하고 공유될 수 있도록 '심리적 안전감'을 줘야** 합니다. 현장 근무자가 작업과정에서 느꼈던 위험요소나 문제를 즉각적으로 동료나 반장, 실장, 팀장에게 이야기하면, 이에 대한 현상 파악과 개선방안에 대해 스스럼 없이 토론하고 개선하는 것입니다. 결국, 문제는 현장에 있고, 그에 대한 해답 또한 현장과 현장 근무자에게 있기 때문입니다.

비록 제기된 문제나 위험요소가 현실에 맞지 않거나 개인의 실수라 하더라도, 새로운 각도에서 현장의 안전 문제점과 안전환경 시스템을 점검하는 기회로 활용하여 작업현장에 위험커뮤니케이션이 더욱 활성화되도록 유도하는 것이 바람직한 안전문화입니다.

> 위험에 대한 사전 인식과 자발적·주도적·적극적 위험커뮤니케이션 은
> 청주공장 만사(10004)OK 안전확보 활동의 핵심 성공요소입니다

---

120 유쾌한 변화 이야기 총괄공장장 안전경영 메시지

'사람이 다치지 않는 공장'을 만듭시다

"사람이 다치지 않아야 합니다. 청주 공장에 있는 어느 누구도 다쳐서는 안됩니다."
회사는 안전한 작업환경을 만들고 개인은 사고로 부터 나를 보호하는 안전수칙을 반드시 지켜야 합니다.

회사를 위해서 안전수칙을 준수한다는 생각은 잘못된 생각입니다. 자신을 위험과 사고로부터 보호하기 위해 스스로 정해진 절차를 지키고 안전 수칙을 지켜야 한다는 생각을 가지는 것이 중요합니다.

여러분 개인은 출근하면 청주공장 구성원의 한 사람이 됩니다. 하지만 가정으로 돌아가면 한 가정의 모두 입니다. 가정을 이끌어가는 가장이자, 남편 또는 아내, 내가 보살펴야 하는 자식들의 부모가 되기도 하고, 또한 나를 길러준 사랑하는 부모님들의 소중한 자식이기도 합니다.

내가 다치면 나의 가정과 사랑하는 가족들의 마음을 다치게 하고 그들에게 고통을 가져다 주는 결과를 가져 다 줍니다. 나는 단 한 사람의 개인이 아니라 우리 가정의 전부이기 때문입니다.

위험으로부터 나를 지키기 위한 최적의 방법은 위험을 사전에 점검·발굴·개선해서 차단하는 것이며, 사고 예방을 위해 내가 할 수 있는 가장 손 쉬운 방법은 작업현장에서 안전수칙을 지키는 일입니다.
"안전하지 않으면 작업하지 말아야 하고 안전을 확보한 후에 작업해야 합니다"
이것이 나를 지키고 나의 가정을 지키는 최선의 방법입니다.

> 만사(10004)OK 안전확보 활동과 우.지. 할 (우리 함께, 지킬 건 지키고, 할 건 하자) 조직문화로
> "사람이 다치지 않는 안전한 청주공장"을 만들어 갑시다.

121 **유쾌한 변화 이야기**   총괄공장장 안전경영 메시지

안전제일은 사람제일이다

'안전제일'이란 표현은 1906년 미국 최대 철강회사 U.S. Steel에서 철판작업을 하던 근로자가 사망했을 때 게리(E.H. Gary) 사장이 안전을 생산의 상위개념으로 도입하여 사회적으로 큰 울림을 주었습니다.
당시 성장위주의 산업환경에서 '안전'이 '생산'에 우선한다는 것 자체가 대단한 결단력이자, '생산이 사람의 생명에 결코 우선할 수 없다'는 그의 진정한 경영철학이 담겨져 있었다고 볼 수 있습니다.

'안전제일'이라는 구호가 생겨난 지 한 세기가 흘렀습니다. 지금도 작업현장이나 일상에서 '안전제일'이라는 구호를 자주 접합니다. 하지만 사람의 생명이 가장 소중하고 보호받아야 할 핵심가치라는 안전제일의 진정한 의미가 정착되기 위해서는 개인과 우리사회가 가야 할 길이 아직 멀다고 생각합니다.

지금, 당신의 '안전'은 어떻습니까? 당신은 안전제일을 실천하고 있습니까? 안전제일은 **사람제일**입니다. 안전은 더 이상 타협해야 할 대상이 아니라 반드시 지켜야 할 절대가치입니다. 안전하지 않으면 작업하지 말아야 합니다. 안전하지 않으면 작업하지 말자는 어떠한 상황에서도 사람이 다치지 않게 안전을 확보하고 작업하자는 말입니다. 그렇지 않다면 작업을 멈추고 우선 안전을 확보해야 합니다.

사업이 안전에 우선할 수 없고 성과가 환경에 우선할 수 없습니다. 사람이 제일입니다.

---

122 **유쾌한 변화 이야기**   총괄공장장 안전경영 메시지

만사(10004)OK 무재해 나무

사람이 다치지 않는 무재해 공장!! "당신이 주인공입니다."

청주 공장 「만사(10004)OK 무재해 나무」를 아십니까? 사람이 다치지 않는 안전한 공장을 만들기 위한 청주공장의 안전경영 무재해 나무가 자라고 있습니다.

무재해 나무가 외부환경이나 내부위험으로부터 보호받고 건강하게 자라나 열매를 맺게 하도록 하는 자양분은
① 안전한 작업환경 구축과 Safety school을 통한 교육
② '우리 함께 지킬건 지키고 할건하자'는 우.지.할 조직문화,
③ 안전하지 않으면 작업하지 않는 선.안.후.작(先.安.後.作),
④ 매월 위험 요소 100건을 점검발굴.개선하는
   전원 참여형 만사(10004)OK 안전확보 활동입니다.

"청주공장 환경안전과 무재해 주인공은 당신입니다."

환경.안전이 확보된 진정한 성과창출을 위해서 각자의 자리에서안전하지 않으면 작업하지 말고, 우.지.할조직 문화를 나부터, 작은 것 부터, 지금부터 실천 합시다.

123 **유쾌한 변화 이야기**   총괄공장장 안전경영 메시지 **1**

실패의 경험에도 깨닫지 못하면 사고는 계속된다.

과거에 발생했던 사고가 똑 같은 형태로 계속 발생되는 것을 '후진국형 사고'라고 합니다. 최근 언론을 뜨겁게 달구었던 이천 냉동창고 사고사례를 보면 몇 년 전에 발생했던 인근의 냉동창고 화재사고와 그 원인과 문제점이 거의 흡사합니다.

동일한 사고나 비슷한 유형의 사고가 반복되는 이유는 무엇일까요?
후진국형 사고가 계속되고 있는 이유는 사고를 겪고도 그것을 통해서 제대로 깨닫지 못하고, 그에 대한 근본 해결책을 찾지 못하고 있다는 의미입니다. 실패의 경험에도 교훈을 얻지 못하고 깨우치지 못하면 안전에 대한 희망이 없습니다.

최근에 우리공장에서도 과거 있었던 비슷한 유형의 사고가 발생했습니다. 자신이 속한 조직이나 작업현장에서 사고가 발생 했다면 이에 대한 심각한 고민과 절박함으로 정확한 원인규명과 함께 근본적인 개선 대책을 수립하고 실행해야 합니다. 그렇지 못하면 현장 작업자와 관리감독자로서 안전을 이야기할 자격이 없습니다.

사고를 바라보는 생각과 태도가 달라져야 합니다. 사고 발생 시 사람관점에서 보다 근본적인 사고원인을 밝혀내고 다각적인 분석과 대책수립을 통하여 동일.유사한 사고가 재발되지 않도록 해야 합니다. 이것이 만사(10004)OK 안전경영이 추구하는 핵심가치이자 본질입니다.

> **사고에 대한 정확한 원인규명과 근본적인 개선대책 수립**
> **"사람이 다치지 않는 청주공장"을 만드는 필수요건입니다.**

---

124 **유쾌한 변화 이야기**   총괄공장장 안전경영 메시지 **1**

햇빛이 비치는 곳에 곰팡이가 슬지 않는다.

「위험을 보는 것이 안전의 시작」입니다.
안전은 관심을 가지는 만큼 알게 되고 아는 만큼 보입니다. 또 아는 만큼 실천할 수 있습니다.

청주공장이 3년째 실시하고 있는 「만사(10004)OK 활동」 또한 위험을 점검하고 발굴하는 데서 시작되며, 발굴된 위험 요소를 제거 및 개선해야만 현장 안전을 확보할 수 있습니다.

「햇빛이 비치는 곳에 곰팡이가 슬지 않는다」라고 했습니다. **우리의 눈길이 닿는 곳에 위험요소는 제거되고, 우리의 손길이 가는 작업현장에 더 이상 사고는 없습니다.**

안전에 있어서는 아는 것이 힘이 아닙니다. **실행이 곧 힘입니다.** 안전에 대한 문제를 알고도 해결책을 찾지 않고 실천하지 않는 것을 경계히야합니다.

사무실 액자 속 안전환경방침을 끄집이내이 현장에서 숨쉬게 하고, 국기 게양대에 걸린 무재해 깃발을 현장에 펄럭이게 실친하는 깃이 만사(10004)OK 사상(思想)이자 지향점입니다.

> **위험을 보는 눈길과 손길이 닿는 곳에 더 이상 사고는 없습니다.**

04

조직문화 변화 활동 체계도

#1 조직문화 전체상

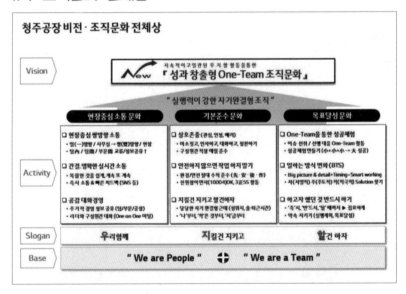

#2 공유가치 및 Ground rule

#3 만사(10004)OK 안전경영 체계도

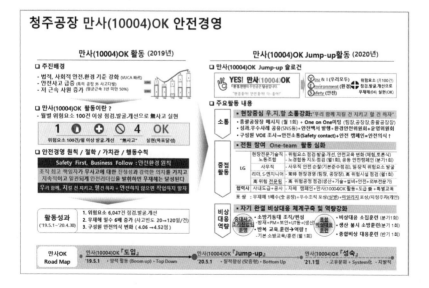

#3-1 만사(10004)OK 안전경영 Action plan

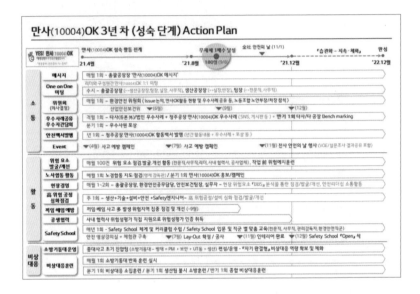

#4 만사(10004)OK 안전경영 7S Frame-work

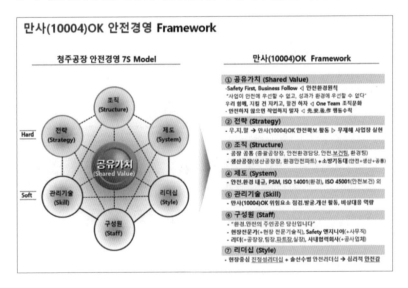

#5 만사(10004)OK 변화관리 모델

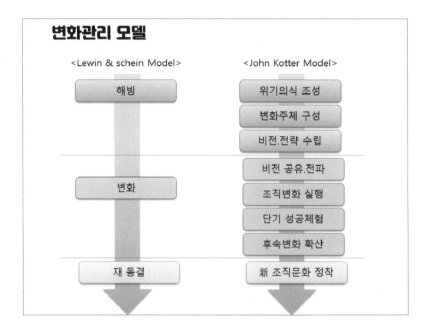

05

『우.지.할 뉴스』

〈2020. 2-3월호〉

발행일 2020.4.2

리더 한마디

안녕하십니까? 이성호 총괄공장장입니다.

코로나19 대응과 20년 경영목표 달성에 정말 수고가 많습니다.

격월로 발행되는 청주공장 『우.지.할 뉴스』 발행을 축하합니다. 우.지.할 뉴스가 우리가 지향하는
"현장중심의 소통문화"를 더욱 활성화하기를 기대합니다.

더불어 매 분기 실시했던 '공장 임직원 분기모임'을 대신해서공장 내 에서 발생하는
다양한 소식과 정보 공유를 통해 서로에 대한 이해와 소통의 질을 넓히는 좋은 소식지가
되었으면 좋겠습니다.

잘 아시다시피,
코로나19로 인해 2분기에는 한번도 경험해보지 못했던 엄청난
시련이 우리 앞에 놓여 있습니다.

불감당일 것 같은 위기상황을 이겨내는 Solution은 우리의 담대한 마음과 한 방향으로
결집된 힘입니다. 어떠한 위기상황도 우리는 이겨낼 수 있고 또 그렇게 될 것입니다.

우리는 서로에게 용기이고 희망입니다.
우리는 One – team입니다.
혼자서는 할 수 없지만 함께라면 할 수 있습니다.

"성과 창출형 One-team 활동"을 통해서
우리 앞에 닥친 이 위기를 기회로 바꾸는
2020년이 되도록 각자의 자리에서 최선을 다합시다.
제가 그 선두에 있겠습니다.

〈이성호 총괄공장장〉

Hot Topic_ 花이팅!! 함께라면 이길 수 있습니다.

청주공장 노사 합동 화훼농가 돕기 활동

올 초 부터 시작된 '코로나 19'로 인해 많은 이들이 힘든 시기를 보내고 있다.
그 중 졸업식, 입학식 등 각종 행사 취소로 인해
큰 어려움을 겪고 있는 화훼농가를 위해 청주공장이 나섰다.
지난 5월 7일 노사합동 TFT를 통해 '화훼농가 돕기 행사'가 실시 되었다.
임직원들의 신청을 받아 화훼농가로부터 꽃을 직구매 하는 형태로 진행된
금번 행사에는 노동조합과 파트너사 관계자까지 300여명이 참여하였다.
이성호 총괄공장장과 류호종 지부장은 " 코로나 19로 인해 어려움을 겪고
있는 지역사회 화훼농가에 조금이나마 도움을 드리게 되어 기쁘게 생각하며,
앞으로도 지역 사회와 함께하는 LG하우시스 청주공장이 되기 위해
계속 노력하겠다." 고 말했다. 코로나 19로부터 우리 사업을 지켜내고
지역 사회에도 도움을 주고자 하는 우리 청주공장의 임직원들
노력 덕분에 청주공장은 " 함께 " 코로나 19를 이겨내고 있다.

지킬 건 지키는 문화_ '명찰패용' 小+小+小＝大 우수사례 공유

" 물방울이 모여 바다가 되듯 작은 것이 모이면 큰 것이 된다."

금번 小+小+小=大 우수사례로 선정된 프로파일 생산팀 배합실 정광재 실장의 소감이다.
『**프로파일 생산팀 배합실』**은 소소소대 이벤트에 '명찰패용'을 목표로 참여하였다.
초반에는 모두들 명찰을 패용 해야 한다는 사실은 알고 있지만 작업복 자주 갈아입다 보니
자기도 모르게 잊어버린 경우가 많았다고 한다. 하지만 그럴 때 마다 실원들 서로
명찰에 대해 이야기 해주고 신경 써주며 명찰 패용이라는 목표를 지키기 위해 노력했고
1달 가량 지났을 때 부터 실에는 조금씩 분위기의 변화가 느껴졌다고 한다.
먼저 명찰에 대한 관심이 동료에 대한 관심으로 이어졌고
이를 통해 실원들 간의 대화도 더 많아졌다고 한다.
그리고 무엇보다 중요한 것은 실원들의 생각 변화였다고 한다.
명찰을 패용에서 부터 시작되어 기본을 준수하는 문화가 점점 자리잡은 것이다.
다른 부분에서도 그 동안 쉽게 지나쳤던 기본에 대해서 다시 생각하는
분위기가 만들어졌고 이것이 금번 이벤트에 가장 의미 있는 부분이였다고 정광재 실장은 말하였다.
명찰패용이라는 작은 목표에서부터 기본에 대한 문화 정착까지 경험한 금번 프로파일생산팀 배합실의 사례를 통해 우리 모두 큰 성과를 위
해 먼저 작은 성공을 하나씩 만들어 나가는 것이 중요함을 다시금 느낄 수 있었다.

함께 하는 문화_ 그린보드 & We하女 『덕분에 칭찬합니다』 캠페인

5/18일부터 6월 26일까지 6주간 '그린보드 & We하女'가 함께 주관하는 『☞ 덕분에 칭찬합니다』 캠페인이 진행됩니다.
최근 중앙재난안전대책본부에서 고생하는 의료진들을 응원하고자 진행하는 '덕분에챌린지' 릴레이에서 모티브를 딴 금번 캠페인은
코로나19로 인해 고생하는 청주공장 임직원들이 서로 칭찬을 주고받으며 응원하기 위해 기획되었습니다.
칭찬대상자로 선정된 인원은 수어로 '존경합니다'의 의미를 담은 엄지를 치켜세운 사진과 함께 소감, 앞으로의 다짐,
그리고 다음 칭찬대상자를 소개하게 된다. 코로나19로 다소 침체되고 힘든 시기를 보내고 있지만
금번 『덕분에 챌린지』를 통해 우리 임직원들끼리 서로 격려하고 응원하여 조금이나마 이 힘든 시기를 이겨낼 힘을 얻기를 바란다.

"코로나19 예방을 위해 새벽까지
방역에 힘쓰고관련부서와 협업하는
모습이 인상 깊었습니다."
〈총무팀, 김하연 반장〉

● 소감 및 다짐

당연히 해야 할 업무를 했을 뿐인데, 선정되어 영광입니다.
20년간 이렇게 한 곳에서 근무할 수 있던 것은 주변 동료들의 도움 덕분
인 것 같습니다. 그 동안 받은 도움과 행운을 후배님들에게 돌려드리고
싶습니다.

"코로나19 예방을 위해 현업의
다양한 문의를 해결해주시고
마스크 수급에 힘써주셔서 감사합니다."
〈안전보건팀, 권준희, 서민원 간호사〉

● 소감 및 다짐

보이지 않는 곳에서 더 고생하시는 사원님들이 많습니다.
캠페인의 첫번째 주인공이 되어 기쁘고 미안한 마음이 큽니다.
저의 업무를 이해하고 지원해주시는 많은 분들이 있음에
감사드리며 더욱 노력하는 건강관리실이 되겠습니다.

만사(10004)OK _ 무재해 공장을 향한 두 번째 도약

『2020 만사(10004)OK Jump up』Kick off

작년 5월부터 시작되었던 청주공장 고유의 안전경영활동 『만사(10004)OK』활동이 어느덧 1주년을 맞이 했다. 이에 청주공장은
양적 활동에서 질적 활동으로 더욱 향상시켜 나간다는 목표를 세우고 『만사(10004)OK Jump-up』 Kick off 행사를 개최했다.

청주공장 임직원, 노동조합, 협력업체, 본사 환경안전담당이 참석한 금번 행사는
'만사(10004)OK 조직문화 동영상 시청, 전사 안전문화 개선활동 발표,
노동조합 청주 지부장 인사말, '만사(10004)OK 안전경영 추진 방향공유,
'만사(10004)OK' 나무지정 기념식 및 타임캡슐 묻기 순서로 진행됐다.
금번 행사를 통해 '청주공장 안전경영, 추진방향을 명확히 하고 Jump up을 위한
①현장중심 소통, ②전원 참여형 심화 활동, ③자체 비상대응역량 강화 등의
중점 추진활동에 대해서 구성원들과 상호 소통하는 시간이 되었다.

〈만사(10004)OK 안전경영 추진방향 공유〉

실내에 이어 실외에서 실시한 행사는 청주공장 전 임직원 모두의 마음을 담아
'만사(10004)OK 무재해 나무'를 지정하였으며, 무재해 기원 메시지를 담은
타임캡슐을 묻으며 안전한 일터와 무재해 사업장의 결의를 다졌다.
이성화 총괄공장장은 " 지속적이고 일관된 '현장중심 우.지.할 조직문화'와 '전원 참여형
만사(10004)OK 활동'을 통해 보다 안전하고 쾌적한 무재해 청주공장을 함께 만들어 가자" 말했다.

〈만사(10004)OK 무재해 나무 지정〉

만사(10004) OK 그린보드&We하女와 함께하는 『안전문화 캠페인』

청주공장에 못 보던 표지판이 생겼다! 과연 어떤 표지판일까?

이 표지판은 그린보드와 We하女에서 진행하는 '보행 중 스마트폰 사용 금지' 캠페인의 일환으로 제작되었다. 우리 모두 보행 중 나도 모르게 카카오톡, 동영상 시청 등을 하며 스마트폰을 사용한 경험이 있을 것이다.
하지만 이러한 스마트폰 사용은 우리의 안전에 매우 큰 위험이 되기도 한다.

그린보드와 We하 女는 금번 '보행 중 스마트폰 사용 금지' 캠페인을 통해 이러한 위험을 구성원들에게 알리기 위해 홍보 영상도 함께 제작하였다.

홍보영상은 청주대학교 All-set 프로그램의 지원을 받아 제작되었으며 설비팀 김민교 책임과 노경팀 곽훈용 책임의 자녀가 직접 출연하였다. 수고해준 청주대학교 학생들과 출연진들 덕분에 재미있고 유익한 동영상이 완성되었다.
전체 영상은 '청주공장 카카오톡 채널'을 통해 만나볼 수 있다.

영상에서 확인 할 수 있듯 보행 중 스마트폰 사용은 자칫 우리를 소중한 가족에게서 멀어지게 만들 수 있다.
우리모두 안전을 위해 잠시 "멈춰서" 사용하는 것은 어떨까? 우리의 작은 실천 하나가 안전한 LG 하우시스 청주공장을 만드는 데 큰 힘이 될 수 있음을 기억하자!

Hot Topic _ 노경합동 코로나 예방 TFT 활동

청주공장은 노경이 힘을 합친 '노경합동 코로나 TFT'를 통해 코로나19 예방을 위해 최선을 다하고 있다.
코로나 19라는 유례없는 위기 앞에 우리공장 사업을 지키기 위해 노경합동 TFT는 다양한 코로나 19 예방 활동을 진행 중이다.

먼저 구성원들의 코로나 예방에 대한 경각심 제고를
위한 홍보활동을 실시하고 있다.
지난 8월 19일 노경이 합동으로 코로나 예방수칙
준수를 홍보하는 활동을 진행하였으며,
중식 시간을 활용하여 식사 전 손 소독 홍보를
주 2회 진행하고 있다.

< 코로나 예방수칙 준수 홍보활동 >

홍보활동과 더불어 예방을 위한 방역활동 점검,
예방수칙 준수 점검도 진행되고 있다.
공장 내 통근버스, 정문/동문 안내실 공장 내 외곽 등에 대한
방역 현황을 점검하고 있으며
현장 내 방역수칙이 잘 준수되고 있는지에 대해서도
주 2회 점검에 나서고 있다.

< 노경합동 코로나 예방 TFT 현장점검 활동 >

9월 2일에는 노경합동으로 마스크 포장 이벤트 행사를 진행하였다. 이날 행사에는 총괄 공장장, 환경안전 공무담당,
HR담당, 노동조합 청주 지부장, 수석부지부장, 노동안전 부장, 그린보드&We하女 대표 등이 참석하여 청주공장
구성원들에게 배포될 마스크에 예방 수칙 스티커를 부착, 포장하였다.

< 노경합동 코로나 예방 TFT 마스크 분출 포장 이벤트 >

이 밖에도 코로나 19 우수 대응 현황 벤치 마킹 및 사회적 거리두기 단계 별 임직원 대응/행동 지침
제정 등 청주공장은 노경이 하나되어 코로나 19를 극복하기 위해 최선을 다하고 있다. 이러한 노력을 통해
코로나 사태가 진정되는 그 날이 빨리 오기를 기원한다.

06

활동사례:
『보행 중 스마트폰 사용금지』

당신은 '스몸비족'인가?

세계 곳곳 어느 거리에서나 '스몸비족'이 대세다. 당신도 '스몸비족'인가? '스몸비족'이란 '스마트폰'과 '좀비'를 합성한 신조어이다. 스마트폰에서 눈을 떼지 못하고 걷는 사람을 일컫는다.

디지털 기술혁명이 일상의 많은 것을 스마트폰 속으로 끌어들여 생활의 편의성을 높였다. 하지만 이에 따른 부작용도 점차 커지고 있다. 지금도 많은 국가에서 스몸비족과의 전쟁이 벌어지고 있다.

예컨대, 미국 호놀룰루시에는 보행 중 스마트폰 사용을 금지하는 법이 시행되고 있다.

'산만한 보행금지법'이라는 이 법은 횡단보도 또는 도로에서 휴대전화를 보거나 메시지를 보내다 적발되면 최고 99$ 벌금을 부과한다. 스웨덴 스톡홀름에서는 보행 중 스마트폰 사용금지를 알리는 표지판이 설치되었고, 중국 시안과 충칭에는 최근 스마트폰 전용도로가 만들어졌다.

우리나라 또한 정부 및 공공기관, 언론, 기업 등에서 다양한 제도 도입 검토와 캠페인 활동을 전개하고 있다. 2018년, 18세 이상 성인기준 대상으로 조사한 통계는 한국의 스마트폰 보급률은 94%로 단연 세계 최고다. 2위를 차지한 이스라엘보다도 무려 11%나 앞선 수치이다. 세계 평균 스마트폰 보급률은 59%로 전 세계 인구 10명당 약 6명은 스마트폰을 가지고 있다는 조사결과가 나왔다.

보행 중 스마트폰 사용에 따른 교통사고 건수는 2009년 437건에서 2015년 1,360건으로 3.2배 늘었다. 우리 사회가 해결해야 할 또 하나의 시급한 과제로 등장했다.

스마트폰, 스마트하게 사용하는 법

보행 중 시야각은 120도 정도라고 한다.

사람은 시각을 통해서 90% 정도 정보를 수집하지만, 스마트폰 사용 시 시야 각도는 10도 미만으로 좁아져 정보 수집량은 절반으로 줄어든다. 그래서 다가오는 차량이나 앞에 있는 장애물을 미쳐 보지 못해서 사고 가능성이 높아진다.

스마트폰 사용 중 안전사고를 예방하는 효과적인 방법은 무엇일까?

보행자 스스로의 안전의식 개선이 무엇보다 중요하다. 스마트폰을 스마트하게 사용하는 법을 실천해야 한다. 길을 걸을 때는 스마트폰을 호주머니에 넣고 다녀야 한다. 불가피하게 스마트폰을 사용할 경우에는 멈춰서 보는 것이다.

스마트폰 안전사고 예방 캠페인에 앞서

청주공장에는 '그린보드'와 '위하여(爲하女:여사원 대표)'라는 사무직 사원 대표자 회의체가 있다. 이는 일반 기업에서 운영하고 있는 '주니어보드' 조직이다.

주니어보드란 기업에서 젊은 직원과 경영진과의 소통채널이며, 구성원 간 다양한 수평적 의견수렴을 통해 발굴된 아이디어나 요구사항을 회사정책에 반영하는 제도라고 할 수 있다.

'그린보드'와 '위하여'에서 대표자 회의를 거쳐 공장 內 '기본준수 조직문화' 정착을 위해 '공장 내에서 스마트폰 사용자제' 캠페인 활동을 추진하겠다고 사무실을 찾아왔다.

스마트폰 과다사용 문제는 산업현장에서도 큰 관심거리이자 골치 아픈 이슈 중의 하나다. 특히, 제조공장 현장에서는 안전사고와 직접 관련이 있는 위험요소라 더욱 심각한 문제다. 올해 초 공장 내에서 보행 중 스마트폰 사용으로 지게차와 추돌하여 안전사고가 발생한 사례도 있었다. 그들의 제안에 박수를 보냈고, 캠페인의 성공을 위해서 공장 총괄책임자로서 지지하고 함께하겠다고 즉석에서 약속했다.

활동방향에 있어 유의할 몇 가지 사항을 부탁했다.

"사람을 변화시킨다는 것은 쉽지 않은 일이다. 시작부터 너무 큰 목표와 성과를 기대하지 말자. 개인에게 있어 민감도가 너무 높은 이슈이고 의욕만 앞서 돌진하다 보면 상대의 저항에 부딪쳐 좌절한다. 진정한 변화는 순간의 이벤트가 아니라 현장에서 지속적으로 실행되는 것이다. 강요나 강제적인 접근보다는 감성적으로 다가가서 설득하고 스스로 느끼게 해서 변화하는 것이 효과성이 높다. 작고 소박하더라도 천천히 단계별로 실행하는 것이 좋겠다."라고 말했다.

당초 계획한 '공장 내 스마트폰 사용금지'에서 '보행 중 스마트폰 사용금지'로 범위를 구체화하고 목표를 수정했다. '공장 내 스마트폰 사용금지'는 실행력 측면에서 포괄적이고 목표 또한 애매하다. 반면에 '보행 중 스마트폰 사용금지'는 활동영역이 구체적이고 목표 또한 명확하다. 온종일 많은 화물차량과 지게차가 오가는 공장에서 생활하는 사원입장에서는 평소 사고 위험성을 인지하고 있었을 것이고 자발적 캠페인 동참 가능성이 높으리라고 판단했다.

2020년 1년간 그린보드가 주관하여 추진했던 추진사례를 소개한다. 지금 또한 이 활동은 계속 중이다. 거창한 목표와 높은 성과보다는 자발적 동참을 위한 신박한 아이디어로 작은 변화를 이끈 조직변화 활동의 좋은 사례라고 생각된다.

보행 중 스마트폰 사용금지 캠페인: By 그린보드

1단계: 설문조사

임직원 대상 스마트폰 사용에 대한 현상파악이 필요하다. 공장 임직원 전체를 대상으로 온라인 설문조사를 했다. 현상을 파악해야 문제를 알 수 있고 문제와 원인을 알게 되면 대안을 제시하고 개선활동을 시작할 수 있다.

〈설문 항목〉

1. 당신은 최근 1주일 내 보행 중 스마트폰을 사용한 경험이 있습니까?
2. 당신은 보행 중 스마트폰 사용으로 사고를 당할 뻔한 경험이 있습니까?
3. 당신은 보행 중 스마트폰 사용으로 사고를 당한 적이 있습니까?

....

〈사례: 캠페인 설문조사 결과〉

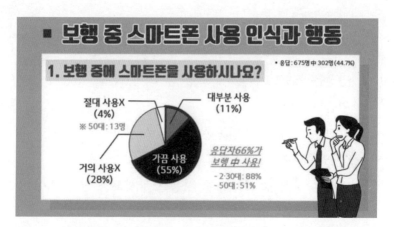

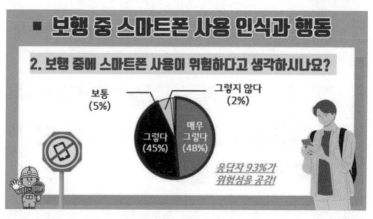

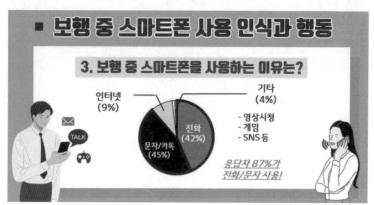

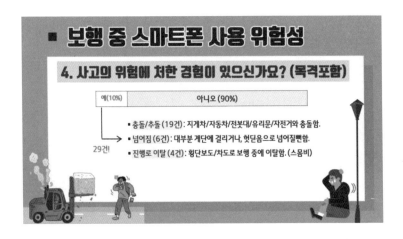

　　공장 임직원 전체 대상으로 일주일 동안 실시한 설문조사 결과, **보행 중 스마트폰 사용 인식과 행동면**에서, 첫째, **보행 중 스마트폰 사용 경험이 있다**고 답한 사람은 66%였고, 둘째, **사용 중 위험성을 인식 했느냐**라는 질문에는 93%가 위험성을 느꼈다고 답했으며 그중에서 10%는 자동차, 자전거 또는 전봇대에 부딪힐 뻔했거나 계단을 헛딛고, 횡단보도를 이탈하는 경험이 있다고 답했다. 실제로 사고가 난 경험자도 2%였다.

2단계: "스마트폰을 내려놓으면 하늘이 보입니다."

설문조사를 통해 현상과 문제를 파악했다. 그린보드의 첫 번째 활동이 현장에서 시작되었다. 젊은 주니어 세대에 걸맞는 신박한 아이디어다. 출근 후 공장에서 벌어지는 임직원들 일상의 단면을 잠시 살펴보자.

공장 내 도로에 일부 사원들이 스마트폰을 보면서 걷는다. 습관적이다. 스마트폰을 보면서 생각 없이 그냥 앞으로만 걸어간다. 인도 옆 화단에 피어난 예쁜 봄꽃도, 긴 장마를 끝내고 더 높아진 파란 하늘도 늘 외면한다. 그린보드 멤버들이 이런 점에 착안해서 표지판을 만들었다. 임직원들에게 스마트폰이 빼앗아 간 하늘과 봄꽃을 돌려주는 감성적 아이디어가 돋보인다.

그날 이후 공장 임직원들이 가장 많이 다니는 식당, 복지관 인도 주변에 아래와 같은 감성적인 표지판이 설치되었다.

지금, 스마트폰을 보면서 걷고 있나요?
당신의 스마트폰을 잠시 내려놓으세요.
그러면
당신이 보지 못한 파란 하늘이 보이고
당신이 즐기지 못한 예쁜 꽃이 보입니다.

보행 중 스마트폰 사용은 멈춰서 표지판 예시

3단계: 동영상 "보행 중 스마트폰 사용은 멈춰서 Ⅰ"

짧은 시간에 특정 주제에 보다 더 몰입을 높이고 효과적인 메시지를 전달하는 수단 중의 하나는 동영상이다. 보고 듣고 느끼는 시청각 효과다. 특히, 제작된 영상이 자신과 관련이 있거나 임직원들의 정서에 동질감을 주는 내용이라면 더욱 몰입되고 감동은 극대화된다.

그린보드 멤버들이 청주대학교 동영상 동아리와 협업해 직접 스토리를 만들고 기획했다. 거기에 사원들과 사원 가족이 직접 출연했고, 제작된 동영상은 사원식당 및 사내 카페에 있는 홍보 사이니지를 통해 실시간 방영했다. 또한, 현장사원들의 접근성을 높여 스마트폰으로 실시간으로 볼 수 있도록 공장 자체적으로 개설된 SNS(카카오채널)에 올렸다. 새로운 방식의 영상물 소통방법에 임직원들이 신선한 반응을 보이기 시작했고 그에 따른 호응이 높아지기 시작했다.

보행 중 스마트폰 사용금지 캠페인 1차 영상

4단계: 싸인블록 "보행 중 스마트폰 사용은 멈춰서 II"

바닥용 표지 '싸인블록'이란 용어가 생소할 수 있다. 싸인블록 (Sign-block)이란 바닥에 설치되어 보행자와 운전자 등 사용자에게 다양하고 유용한 정보를 효과적으로 전달하는 블록으로 내구성과 가독성이 우수하다.

쉽게 말하면 보행도로의 바닥 표면에 안내 표지판 기능을 추가

한 것이라고 이해하면 된다. 일반적으로 광고나 홍보를 위해 사용되는 배너(Banner), 플래카드, 사이니지(Signage) 등은 설치비용이 들고 사후관리가 번거롭고 불편하다. 요즈음 새로 도입되고 있는 이 방식은 한번 설치하면 유지관리에 대한 시간과 비용이 거의 없다는 장점이 있다. 특히, 바닥에 있는 표지판은 고개를 숙여 스마트폰을 보며 걷는 사람들의 시선이 향하고 있는 곳이라 시인성이 높다.

보행 중 스마트폰 사용금지 싸인블록 예시

5단계: 동영상 "우리들의 자랑스러운 모습"

보행 중 스마트폰 사용금지 원칙을 준수하는 첫 번째 펭귄은 누구일까?

내 앞에서 캠페인에 동참하는 내 주변의 사람들이 목격된다면 사람들은 더 공감하고 변화의 필요성을 느끼지 않을까? 첫 번째 캠페인 전개 한 달 후 공장 내 보행통로에서 변화를 지켜보고 이

장면을 영상으로 담아 보자고 제안했다. 더불어 공장의 리더들, 그린보드와 위하여 대표들이 일상에서 솔선수범하는 모습을 보이도록 했다.

한 달이 지났지만, 보행통로에는 여전히 스마트폰을 보며 걷고 있는 스몸비족들이 다수다. 하지만 그런 와중에 첫 번째 펭귄이 카메라에 잡혔다. 보행 중 멈춰서 스마트폰을 보는 또 다른 사원들이 발견되었다. 영상에 담았다. 다음날도 관찰이 계속된다. 변화의 선을 넘어오는 사람들이 점점 더 늘어난다. 차곡차곡 영상으로 담았다. 이걸 영상물로 제작하였다. 우리들의 이야기를 직접 담은 두 번째 동영상이다.

보행 중 스마트폰 사용금지 캠페인 2차 영상

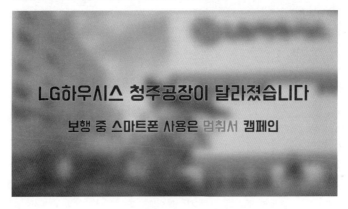

6단계: 캠페인 - 우리 함께 해요! "스마트폰 사용은 멈춰서"

이루고자 하는 목표에 대한 실행력을 높이는 방법 중 하나는 '자기선언'을 통해 타인에게 약속하는 것이다. 대표적인 사례가 금연이다. 금연은 혼자서 목표를 달성하기 어려운 과제이지만 가족이나 지인들 앞에서 '자기선언'을 통해서 주변 사람들의 관심과 지지로 금연 성공체험을 할 수 있다. 우리는 일상 속에서 이러한 사례를 종종 목격할 수 있다.

보행 중 스마트폰 사용금지 플래카드

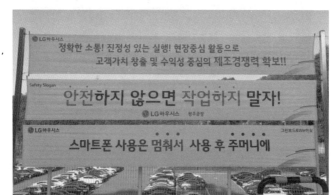

그린보드 대표가 다시 사무실을 찾아왔다. 그동안 임직원들의 감수성을 터치하는 활동들에 대한 반응은 좋았고 주관했던 멤버들도 사기가 높아졌다. 그래서 공장 전체 사원을 대상으로 재미있고 호응이 높은 이벤트를 했으며 한다고 했다.

그린보드 대표는 공장 전 구성원이 '보행 중 스마트폰 금지'를 약속하겠다는 서명을 하면, 서명하는 사원들에게 총괄공장장이 사내 카페에서 커피를 쏘면 어떤지를 제안했다. 재미있고 기발한 의견이라고 피드백했다. 만약, 실시한다면 캠페인 전원동참 분위기 확산을 위해 개인을 포함한 조직별 서명도 추가하면 조직단위로

커피쿠폰을 일괄 지급하는 것은 어떤지 역제안했다. 그렇게 하겠
다고 했다. 그래서 그린보드 사원대표와 총괄공장장 간의 'NEGO
왕' 협상은 성사되었다.

총괄공장장이 쏜다? NEGO 왕 이벤트

다양한 감성적 이벤트와 캠페인 활동으로 '보행 중 스마트폰 금지'에 대한 분위기는 어느 정도 만들어졌다. 점심시간을 이용해서 '보행 중 스마트폰 사용 시 멈춰서'라는 서명 캠페인이 시작되었다. 공장 단위별 그린보드 멤버들이 주도하고 공장장 팀장들을 포함한 리더들이 솔선수범했다. 협력회사 임직원들도 기꺼이 함께했다.

자기선언과 서명을 통한 약속은 실행력이 높았다. 사람은 심리적으로 다수의 사람 앞에서 공언한 자기 말에 대해서 행동으로 지키려는 심리적인 속성이 강하기 때문이다.

7단계: 설문조사 - 캠페인 성과 및 효과 파악

2020년 1년간의 활동을 점검하는 설문조사를 했다. 상반기에 실시했던 설문조사를 토대로 전 구성원에게 온라인 설문조사를 했다. 지금까지 활동의 성과를 평가하고 앞으로 더 강화해야 할 활동을 분석해 보는 절차다.

07

Safety School 교육 체계도

교육 체계도 예시

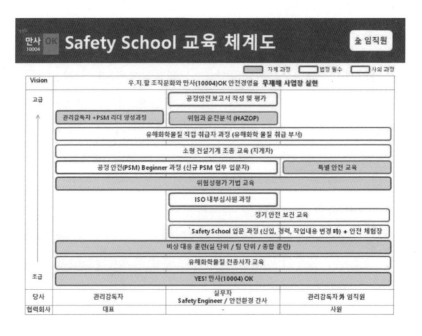

교육과정 예시

YES! 만사(10004)OK

초급 | 술 사원 No.1

과정일정

2시간

교육 기관

청주.Safety School

참가 비용

-

담 당 자

청주. 안전.보건팀
청 안 전 사 원
safety@lghausys.com
☎043-716-1004

과정 실시 목적

청주공장만의 무재해 안전경영 활동인 'YES! 만사(10004)OK'에 대한 개념 및 활동 내용에 대한 교육을 통해 임직원의 안전 의식 수준 향상을 도모하기 위함

주요 학습 내용

과목	주요 내용
YES! 만사(10004)OK 개요	YES! 만사(10004)OK 정의 YES! 만사(10004)OK 진행 경과
YES! 만사(10004)OK 활동	조직 별 / 일.당직자 별 YES! 만사(10004)OK 활동 사무직 안전순찰 활동 / 高 위험 공정 전문팀 활동 안전 문화 활동(E-Poster) 및 기타 캠페인 활동
실적 / 향후 활동방향 공유	유해위험요인 발굴 실적 공유 우수 사례 및 마일리지 포상 등 공유

과정 참가 대상

• 신입 및 경력사원, 직업훈련생 등 청주공장 입사자 전원 (입사 후 1개월 이내 의무교육)

08

만사(10004)OK 활동 홍보동영상

만사(10004)OK 홍보동영상 #1

만사(10004)OK 홍보동영상 #2

만사(10004)OK 홍보동영상 #3

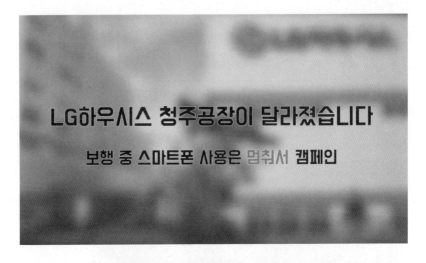

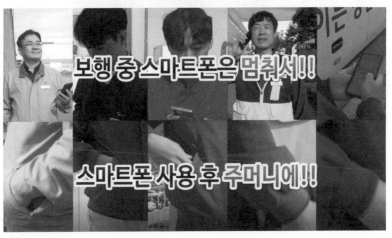

09

대외 수상 사례

전국품질분임조 안전부문 대통령상(금상) 수상

'2021 전국 품질분임조 경진대회' 금상 수상
'창호공장 프로파일 생산팀 『개미 분임조』

지난 8월 23일~27일 울산광역시 울산전시컨벤션센터에서 개최된 '2021 전국 품질분임조 경진대회'에서 창호공장 '개미' 분임조가 안전분야에서 대통령상인 '금상'을 수상했다.

올해로 47회를 맞이하는 '전국 품질분임조 경진대회'는 기업의 현장문제를 해결해 품질향상에 기여한 우수한 분임조를 발굴·육성하고, 분임조의 우수 개선사례를 공유해 기업의 품질혁신과 경쟁력 강화를 도모하기 위해 매년 개최되는 대회다.

이번 전국 품질분임조 경진대회는 지난 6월 지역 예선을 거쳐 선발된 288개 팀 2,600여 명 분임원이 참가해 최종 경합을 벌였다.

'창호 배합공정 개선으로 안전 위험요소 감소'를 주제로 이번

대회 안전분야에 출전한 청주 창호공장 프로파일생산팀은 그동안의 노력과 성과를 인정받았다. 개미 분임조는 밀폐공간 스마트 안전시스템 구현 및 커버타입 개선, 안전사다리 설치, 난간대 높이 개선 등의 활동으로 배합공정 위험지수를 기존 대비 36% 감축한 것을 높이 평가받으며 대통령상(금상) 수상의 영예를 안았다.

특히, 이번 수상은 안전분야에서는 청주공장 최초 수상이라는 점에서 그 의미를 더했다. 청주공장은 2011년부터 2020년까지 매년 전국 품질분임조 경진대회 현장개선 분야에 출전하여 금상 8회, 은상 2회를 수상한 바 있다.

현장에서 품질분임조 활동에 최선을 다해 품질혁신을 위해 노력한 창호 품질분임조에 뜨거운 박수를 보내며, 품질분임조 활동을 통해 앞으로도 더욱 안전한 사업장 환경이 조성되길 기대해 본다.

<2021년 9월 전자 사보 기사 발췌 후 작성>

에필로그

"안전한 나, 안전한 대한민국"

당신의 일터는 안전합니까?

안전은 사회 구성원을 지키는 최소한의 울타리다. 기업의 안전문화는 차별화된 경쟁력의 원천이자 지속 가능한 성장을 보장하는 브랜드가치다. 세계 최강 국가인 중국이 선진국이 되기 위해서 넘어야 할 최대요건은 무엇일까? 경제규모와 국민소득이 아니라 국민의식이다. 기업도 마찬가지다. 진정한 Global 초우량 기업은 탁월한 경영성과에 앞서 ESG 경영을 바탕으로 법과 기준을 준수하며 사회적 요구에 부응하는 기업이다.

VUCA시대의 변화무쌍한 경영환경이 기업의 존립을 위태롭게 하고 있다. 또한, 갈수록 높아지고 있는 안전·환경에 대한 법규 강화와 사회적 책임에 대한 요구와 압박에 기업 경영하기가 갈수록 힘들고 어려워진다. **'경제가 먹고사는 문제라면 이제 안전과 환경은 죽고 살고의 문제'**라는 의미다. **'지혜로운 사람은 당황하지 않고, 어진 사람은 근심하지 않으며, 용기 있는 사람은 두려워하지 않는다.'**고 했다. 어렵고 힘든 경영환경이지만 이럴 때일수록 당황하지 말고 용기를 내서 슬기롭게 대응해야 한다. '미시적 우연'이라고 할 수 있는 단기간의 요행으로 무사고를 바랄 것이 아니다. **'거시적 필연'의 장기적이고 체계적인 안전경영 활동을 실천하고**

집중해야 한다.

'회사의 안전수준은 안전을 바라보는 리더의 눈높이를 넘지 못한다'고 했다. 또한, 안전은 아는 만큼 보이고 보이는 만큼 개선할 수 있다. 안전은 사업장을 책임지고 있는 조직책임자들의 역할이 절대적이다. 형식적으로 안전 면제부를 받기 위한 소극적인 업무 자세가 아니라, **무재해에 대한 진정성과 강력한 의지로 본질적인 3현(現)활동을 통해서 주도적인 안전리더십을 발휘해야 한다.**

'햇볕이 드는 곳에 곰팡이가 슬지 않는다.' 관리감독자들의 눈길과 관심이 현장에 닿아야 문제점을 발견하고 그에 대한 개선방안을 찾을 수 있다. 현장 속으로 가라. 액자 속에 갇혀 박제되어있는 안전보건 환경방침을 밖으로 끄집어내어 일상 속에서 숨 쉬게 하라. 국기 게양대에 홀로 나부끼는 무재해 깃발도 현장에서 펄럭이게 해야 한다. 우문현답, 우리의 문제는 현장에 답이 있기 때문이다. **안전하지 않으면 작업하지 말아야 하며 안전을 확보한 후 작업하는 안전문화를 만들어야 한다.**

어느 책에서 적혀 있던 글을 메모했던 내용이다. "**안전이란 군대와 같다. 군대는 100년 동안 한 번도 사용 못하기도 하지만, 단 한시라도 없어서는 안 되기 때문이다**"

안전은 비용이 아니라 투자다. 당신의 산업현장에 평화를 원하는가? **사람이 다치지 않는 안전한 작업현장과 무재해를 원한다면** 당신 주위에 잠재된 위험요소를 먼저 들여다보라. 그리고 구성원의 마음속에 있는 안전 불감증과의 전쟁을 준비하라. **변화하라! 변화가 곧 생존이고 변화 속에 우리의 미래가 있다.**

당신이 지금 만들고자 하는 안전한 작업현장과 사람에 대한 변화관리 활동에 지금까지 우리가 고민하고 경험했던 이 책의 내용과 사례가 많은 도움이 되었으면 하는 바람이다. 우리는 무재해 목표달성을 위해 싸우는 '산업안전 연합군'이다. 산업평화를 지키기 위한 이 전쟁은 앞으로도 계속될 것이고, 그 전쟁에서 우리 모두가 꼭 승리해야 하기 때문이다.

이 책을 출간함에 있어서 많은 사람의 도움을 받았다.

안전·환경을 책임지는 공장장은 업무와 관련하여 대외적인 행사 참석이나 관련 기관을 종종 방문하게 된다. 필자는 이때 만나는 분들에게 만사(10004)OK 안전경영이 인쇄된 명함을 드린다. 명함을 받은 상대방은 뒷면의 청주공장 안전경영을 궁금해하며 대화를 시작하게 된다. 그런 대화 도중에 많은 분들이 청주공장 만사(10004)OK 활동을 지역사회나 타 기업에 소개해서 확산 전개하는 것이 어떻겠느냐는 제안을 받곤 했다. 그때마다 필자는 이 활동은 아직 진행 단계이고 변화를 위해서 더 많은 노력과 시간이 필요하다고 했다. 그리고 우리의 활동이 성공할 수 있도록 관심과 응원을 부탁드렸다. 그리고 언젠 가는 그런 기회가 왔으면 좋겠다고 덧붙였다.

시간이 다소 흘렀다. 아직 가야 할 길은 멀다. 하지만 활동기간 3년이 된 이 시점에서 지지하고 응원해주신 분들 덕택에 용기를 내게 되었다. 또 3년간의 활동을 정리하고 돌아보는 것 또한 앞으로 청주공장 안전경영이 가야 할 여정에 큰 도움이 될 것이라는 판단을 했다.

하지만 이 책의 주인공은 따로 있다. 지금도 청주공장 만사(10004)OK 활동현장에서 안전한 일터를 만들기 위해 힘쓰고 계시는 청주공장 임직원들이 이 책의 진정한 주인공이다. "고맙고 감사합니다."

특히, 2019년 5월부터 시작된 만사(10004)OK 활동에 변화관리자로서 자기 역할을 충실히 해준 안전환경부문과 노동조합, 관련부서 직제장, 담당자, Green Board 대표, Safety engineer... "수고 많이 하셨고 잘하셨습니다."

또, 무한신뢰로 남편을 늘 지지하고 응원해준 아내와 멋진 사회인으로 새롭게 출발한 두 아들에게도 축하와 감사인사를 드린다.

마지막으로 시 한 편을 소개드리고 저의 글을 마치고자 한다. 지난 추석 명절 때 필자가 존경하는 박진수 부회장(前 LG화학 CEO)께서 보내주신 울림이 있는 시다. 사람이 다치지 않는 안전한 사업장과 무사고를 위한 여정은 바로 이런 것이 아닐까?

대추 한 알

장석주

저게 저절로 붉어질 리는 없다
저 안에 태풍 몇 개
저 안에 천둥 몇 개
저 안에 벼락 몇 개
저 안에 번개 몇 개가 들어 있어서
붉게 익히는 것일 게다

저게 혼자서 둥글어질 리는 없다
저 안에 무서리 내리는 몇 밤
저 안에 땡볕 두어 달
저 안에 초승달 몇 날이 들어서서
둥글게 만드는 것일 게다

대추야
너는 세상과 통했구나

참고문헌

안전한 일터가 행복한 세상을 만든다: 허남석, 행복에너지, 2019

안전경영, 1%의 실수는 100%의 실패다: 이양수, 이다미디어, 2015

안전은 사람이다: 강부길·김수연, 보민출판사, 2019

당신의 직장은 안전합니까?: 후루사와 노보루, 한언, 2015

안전의식혁명: 하가 시게루, 한언, 2017

위험과 안전의 심리학: 마사다 와타루, 한언, 2015

현장으로 간 심리학: 김석미, 박영스토리, 2020

심리학을 만나 행복해졌다: 장원청, 미디어숲, 2020

4차 산업혁명시대 안전여행: 이승배, 한언, 2019

생각을 바꿔야 안전이 보인다: 유인종, 새빛, 2020

깨진 유리창 법칙: 마이클레빈, 흐름출판, 2006

사고는 왜 반복되는가?: 이시바시아키라, 한언, 2015

안전심리학: 이순열·이순철·박길수 공저, 학지사, 2019

넛지: 리처드탈러·캐스 선스타인, 리더스북, 2013

디테일의 힘: 왕중추, 올림, 2005

아주 작은 습관의 힘: 제임스 클리어, 비즈니스북스, 2019

여덟단어: 박웅현, 북하우스, 2020

걷는사람: 하정우, 문학동네, 2021

체온1도가 내몸을 살린다: 사이토마사시, 나라원, 2017

긍정심리학: 마틴 셀리그만, 물푸레, 2014

저자약력

이성호
e—mail: lpclsh@naver.com

20년 이상 기업에서 HR 직무를 수행했고, 대학원에서 조직과 변화관리를 공부하고 관련 논문을 썼다. 사람을 좋아하며, 서울, 청주, 울산, 여수 등 다양한 지역에서 근무하면서 사람의 변화와 동기부여를 통해 성과를 만들어내는 데 관심이 많았고, 그것을 실천해 오고 있다.

청주공장 총괄공장장으로 부임 후 그간 공부하고 익힌 경험을 토대로 공장 현안 과제인 안전문제를 들여다봤다. 그 속에 사람이 보였다. '사람을 보면 안전이 보인다'는 신념과 열정으로 지속적이고 일관되게 『만사(10004)OK』 활동현장에서 변화를 이끌어 왔다.

LG화학(석유화학) 본사 인사팀장
LG하우시스 청주공장 지원 부문장
LG하우시스 울산공장 HR 부문장
LG하우시스 청주공장 총괄공장장
연암공과대학교 겸임교수
청주상공회의소 위원, 청주시 투자유치자문관

고려대 경영정보대학원 인사·조직관리 전공
충북대학교 경영대학원 최고경영자과정

논문 (대한경영학회지 제31권 제8호 2018. 8)
「진정성 리더십이 조직변화몰입 및 변화지향 행동에 미치는 영향과 긍정심리자본의 매개 효과」

사람을 보면 안전이 보인다

초판발행	2022년 1월 5일
초판3쇄발행	2023년 3월 31일
지은이	이성호
펴낸이	안종만·안상준
편 집	김민조
기획/마케팅	김한유
표지디자인	Benstory
제 작	고철민·조영환
펴낸곳	(주)박영사

서울특별시 금천구 가산디지털2로 53, 210호(가산동, 한라시그마밸리)
등록 1959. 3. 11. 제300-1959-1호(倫)

전 화	02)733-6771
f a x	02)736-4818
e-mail	pys@pybook.co.kr
homepage	www.pybook.co.kr
ISBN	979-11-303-1451-8 03320

정 가	16,000원